物理化学实验

Physical
Chemistry
Experiments

乔艳红
张治元 | 主编
李春举

化学工业出版社

· 北 京 ·

内容简介

本书是天津师范大学物理化学教学团队凝聚二十年教学经验编写的实验教材，立足学科基础，融合现代技术，构建了"理论奠基-实践强化-创新延伸"的实验教学体系。全书分为三部分："实验基础"系统讲解实验设计逻辑、误差分析、数据表达与分析、实验室安全，为实验操作奠定方法论基础；"实验项目"设置了22个经典与创新性实验，覆盖热力学、电化学、动力学、表面与胶体化学等物理化学实验核心内容，实验设计注重从现象观察到数据分析再到理论推导的完整科学思维训练；"附录"收录了物理化学常用数据表（含20类物质的热力学、电化学参数），配套标准物质参考值，为实验提供精准数据支撑。

本书突出绿色化教学改革，既可作为化学、化工、材料等专业实验课程教材，也可为科研工作者提供方法学参考。

图书在版编目（CIP）数据

物理化学实验 / 乔艳红，张治元，李春举主编.
北京：化学工业出版社，2025. 7. -- （普通高等教育教材）. -- ISBN 978-7-122-47944-0
Ⅰ. O64-33
中国国家版本馆 CIP 数据核字第 20252H9E63 号

责任编辑：李晓红 　　　　　　　　装帧设计：刘丽华
责任校对：宋　玮

出版发行：化学工业出版社
　　　　　（北京市东城区青年湖南街 13 号　邮政编码 100011）
印　　装：北京天宇星印刷厂
787mm×1092mm　1/16　印张 13　字数 323 千字
2025 年 7 月北京第 1 版第 1 次印刷

购书咨询：010-64518888　　　　　　售后服务：010-64518899
网　　址：http://www.cip.com.cn
凡购买本书，如有缺损质量问题，本社销售中心负责调换。

定　　价：39.80 元　　　　　　　　版权所有　违者必究

物理化学实验是化学实验教学体系中的一门独立基础课程，对培养学生统筹规划能力、团队协作意识、创新思维以及综合分析解决问题的能力具有重要作用。通过系统的实验训练，学生不仅能深化物理化学理论知识的理解，更能全面提升科学素养与实践能力。

随着社会对人才培养需求的演变，以及科学技术与仪器设备的快速发展，物理化学实验教学持续深化改革。尽管核心实验内容保持学科基础框架，其实验方法、技术手段与设备体系已显著革新：数字化仪器广泛应用，智能化数据采集逐步普及，绿色化试剂全面替代传统有毒物质。为适应新时代教学需求，本书充分借鉴国内高校物理化学实验教学改革成果，结合编写团队多年教学实践与创新经验，形成了兼具传承性与创新性的实验教学体系。

本书编写遵循"立足基础、注重实用、强化创新"的原则，具体特色如下：

• **实验选题科学实用**　精选 22 个基础实验，涵盖物理化学各分支核心内容，既保留经典实验的科学价值，又通过仪器升级（如数字化温度控制等）提升实验精度。同时为教学留有灵活调整空间，便于各校根据实际需求选做。

• **技术方法与时俱进**　在传统实验原理基础上，引入现代仪器操作指南，同步配套Excel 与 Origin 数据处理教程，强化学生信息化技能。例如"表面张力测定"实验详细给出了 Origin 数据处理的方法步骤。

• **教学内容层次分明**　实验原理阐述注重与理论课程的衔接，语言简明扼要；新增"实验指导"模块，针对常见操作问题（如凝固点降低实验中搅拌速度不当、双液系实验中气液相取样不当等），明确注意事项与关键操作要点，帮助学生规避典型失误。

• **能力培养多维拓展**　增设"实验拓展"模块，结合社会实际应用案例（如药物动力学研究、水质的控制和分析、表面活性剂环境效应分析等），引导学生将实验技能迁移至实际问题解决，激发科研兴趣与创新意识。

• **数据体系规范严谨**　每个实验均明确操作规范要求，新增文献数据对照表（如溶液表面张力标准值、乙酸乙酯皂化反应速率常数参考值），辅助学生进行误差分析与实验反思，培养严谨的科学态度。

全书由三部分组成："**实验基础**"部分系统阐述误差分析与数据处理方法及实验室安全；"**实验项目**"包含基础实验与拓展训练，配套关键操作示意图；"**附录**"收录物理化学常用数据表、安全规范及仪器操作速查指南。作为特色亮点，本书特别注重绿色化教学：改良传统实验方案（如用环保溶剂替代苯类试剂）；优化实验流程降低试剂用量；增设"实验注意事项"专项指导；通过案例渗透绿色化学理念。

本书由天津师范大学物理化学实验教学团队编写，凝聚了编者二十年教学经验与改革成果，既可作为化学相关专业实验教材，也可为青年教师提供教学参考。我们期待本书的出版能为物理化学实验教学的高质量发展贡献绵薄之力。

本书获天津师范大学教材建设基金立项资助，由乔艳红、张治元、李春举担任主编，具体编写分工如下：乔艳红（物理化学实验基础知识，实验三至实验六、实验九、实验二十二及所有"实验指导"模块）；李春举（所有实验的"计算机处理"及"实验拓展"模块）；张治元（实验一、实验十二至实验十七）；谢小英（实验二）；唐波（实验七、实验八）；杨华（实验十、实验二十一）；毛文峰（实验十一、实验十九）；杜桂香（实验十八）；程琳（实验二十）。李春举和张敬波负责理论部分的整体指导。郭建华参与了书稿的审校并提出了宝贵的修改意见。全书最后由乔艳红、张治元统稿，李春举审定。

　　本书虽经编者团队反复推敲修订，然疏漏之处仍在所难免。我们诚挚欢迎读者与同行专家批评指正，所有宝贵意见将作为后续修订的重要参考，以期不断完善教材内容体系。

编者

2025 年 4 月于天津师范大学

目录

实验基础

第一节　物理化学实验教学目标与要求

一、物理化学实验的学习目的

物理化学是一门实验科学。物理化学实验研究物质的物理化学性质以及这些性质与化学反应之间的关系，使学生通过实验形成规律性的认知，深化对物理化学理论的理解，并熟练掌握实验方法和实验技术。物理化学实验作为化学实验科学的重要分支，是对所学物理化学基本理论的实践和延伸，也是化学及药学专业学生必修的一门独立的重要基础课程。

物理化学实验的基本目的是：

① 巩固和加深对物理化学课程中有关理论和概念的理解。

② 通过对物理化学实验过程的规范操作、实验现象的观察和所获取实验数据的记录整理及处理，锻炼学生的动手能力和正确分析数据的能力，掌握对实验数据的归纳和处理方法以及对实验结果的分析方法，从而增强解决实际化学问题的能力，进一步培养学生严肃认真的科学态度、增强创新意识和创新能力以及勤学、求实的优良品德，实现由学习理论知识→基本技能培养→探索科学研究的逐步深入，为后续化学专业课程的学习、毕业论文研究工作的开展以及今后从事化学、化学教育、药学研究等工作打下坚实的基础。

③ 掌握物理化学实验的基本方法、技能以及一些重要物理化学参数的测量方法，学会科学、合理地设计仪器、选用仪器以及选定测量方法。熟练掌握常用物理化学实验仪器的构造、原理、性能和使用方法以及在物理化学实验中的应用。

④ 通过对实验结果的分析总结找出实验成败的关键，提出个人改进意见或建议。由此可以培养学生的反思意识，运用多元思维方式和批判性思维方法、技能，对教学对象、教学内容、教学方法等进行反思并对出现的问题进行有效诊断，提出改进思路。

⑤ 通过分组实验培养学生的沟通合作能力，掌握基本的沟通合作技能与方法，使学生可以在未来的教育实践、社会实践中与同事、同行、专家等进行有效沟通交流。同时，深入理解学习共同体的作用，掌握团队协作的基本策略，使学生具有小组互助合作的学习能力。

⑥ 厚植爱国情怀，培养创新意识和科技兴国观念。通过改进实验引导学生树立绿色发展理念，融合传统实验与实际应用，借助实验的实用性激励学生树立"为科技兴国而努

力读书"的社会使命感，并着重强调原创性成果和人才强国的关键作用，进而激发学生的爱国情怀。

二、物理化学实验的要求

为了达到学习目的，必须对学生提出明确的要求。本课程的具体要求如下：

1. 实验前预习

对初学者来说，物理化学实验课程内容较难理解，因此要求学生实验前必须充分预习。

① 认真研读实验教材与理论教材相关内容，明确实验的目的、要求及基本原理，熟悉实验仪器的构造、使用方法及实验操作步骤，明确需要进行哪些测量，实验中的每一步如何进行，以及为什么要这么做；了解所需记录的数据及规范记录、归纳和处理实验数据的方法。总之，要对整个实验内容有一个大概的了解。

② 仔细阅读实验指导部分，了解实验中应注意的问题，对教材中提供的思考题、实验指导和实验拓展内容提前作出思考，以便在实验中进一步解决。必要时可以查阅相关的文献资料，对实验方法有进一步的了解和估测，思考是否还有值得改进的地方。

③ 在充分预习的基础上写出简明实用的预习报告。预习报告应至少包括简明的实验步骤、注意事项和经预习设计好的数据记录表格，以及预习中产生的疑难问题等。上实验课时要将预习报告带上，实验指导教师在实验前要检查，并作必要的提问。实践证明，未经充分预习者不能达到预期的实验效果。

2. 实验操作过程

① 按实验分组进入指定的实验台位置，并迅速熟悉实验室环境，对照实物检查实验所需的仪器设备、试剂及材料是否完备，一旦发现缺失或损坏，应立即向指导教师报告，以便及时补充或更换。

② 由于物理化学实验所用的许多仪器，必须通过操作才能掌握其原理和使用方法，因此学生必须先在教师的现场指导下熟悉仪器或仔细阅读说明书，掌握使用方法后才能进行实验。发现问题应及时找教师处理，仪器线路连接完需经教师检查允许后方可接通电源开始实验。

③ 实验过程中要严格按照实验操作规范进行，严禁边看书边操作。同时在实验过程中要仔细观察实验现象，特别是对一些反常现象不应放过，要认真详细客观地做好记录，分析、判断是否属于操作不当所致。

④ 严格按照教材进行实验，控制实验条件，如有更改，需与指导教师进行讨论，经教师同意后方可施行。实验过程需秉持严谨的科学态度，鼓励积极思维，对实验过程中遇到的问题尽量独立思考、解决，无法独立解决时应及时向指导教师请教。

⑤ 公用仪器和药品用毕应立即放回原处，药品应随时盖好塞子，不要随意乱放，以免混淆。

⑥ 实验过程中需注意人身及仪器设备安全（详见第五节实验室安全与仪器操作规范），爱护仪器设备，遇异常或损坏立即报告老师。同时，节约药品水电，保持室内安静整洁，实验废液须回收至指定废液缸。

⑦ 实验完毕应将原始数据记录交由指导老师签字后，洗净玻璃仪器，拔掉电源，整理好仪器设备及台面方可离开实验室。

3. 原始实验数据记录

① 原始实验数据应随时完全、准确、整洁地记录在预习报告纸上，建议尽量采用表格形式记录，确保数据真实无误，避免主观筛选或随意修改。

② 原始数据包括在实验过程中某一步骤所取试剂的实际用量及具体操作。实验结束时，必须准确记录实验日期、实验温度、室温、大气压、合作者姓名，以及使用的仪器名称、型号或规格，药品名称、纯度或浓度等关键信息。

③ 根据实验用仪器设备以及量器的精密度准确记录实验数据。例如，用分析天平称得某试样的质量为 1.3420g，这个数据表明该称重 1.342g 是准确的，最后一位数字"0"是估计值，可能有 ±0.0001g（二级分析天平是 ±0.0004g）的误差；若将此测量结果记录为 1.342g，则表明 1.34g 是准确的，最后一位数字"2"是估计值，可能有 ±0.001g 的误差。可见在记录测量结果时，小数点后末尾的数字对测量精密度有重要影响。因此用分析天平称得某试样的质量为 1.3420g，如果最后多写或者少写一位数字"0"，尽管两次测量结果的绝对值大小看似相同，但是所反映的测量精密度却相差 10 倍，这与准确度和精密度的概念密切相关。

4. 实验报告的撰写

实验报告的撰写不仅是物理化学实验课程的基本训练，更是化学工作者必备的科学素养。实验报告是学生对整个实验过程的记录整理，也是学生对实验数据的误差分析、技术处理及作图、理论解释与讨论、总结与反思等方面训练结果的体现，更是学生动手动脑综合能力的整体体现。写好实验报告将为今后撰写毕业论文和学术论文打下坚实的基础。

实验报告的撰写要求如下：

① 实验报告必须在规定时间内独立完成，字迹工整，叙述清晰明了，条理分明。数据处理务必实事求是，认真进行计算或作图，确保实验结果的得出科学客观。

② 实验报告的书写内容应包括实验名称、实验目的、简明原理（包括简单装置示意图）、实验仪器及药品、实验步骤（应该是根据实验记录整理的真正实验过程的重现）、实验数据记录及处理、实验结果分析及讨论、实验成败原因分析等各项内容。

③ 实验数据记录与处理应遵循规范化标准，确保每一个数据表都有明确的表号和表题。实验条件如室温、大气压、实验温度等必须详细记录，以保证数据的可追溯性。数据处理应遵守有效数字的有关规则。

④ 作图应使用适合的坐标纸或计算机规范作图，并明确标注图名，以及横纵坐标所代表的物理量和单位等信息。如果是线性计算机作图，要求给出归一系数。图要端正地粘贴在实验报告上。

⑤ 结果与讨论是报告中很重要的一个项目，主要包括对实验时特殊实验现象的解释和分析、实验结果可靠程度的估算、误差成因的分析、实验成败的总结分析、对实验原理、过程、方法、仪器的改进意见及心得体会等。也可以提出进一步工作的建议。

第二节　实验误差分析

在实际的实验研究中，受仪器精度和感官感知所限，实验数据往往与真实值存在偏差，仅能达到一定的准确度，因此要求实验者必须在实验前了解测量所能达到的准确度，拟定可行的实验方案，选用合理的实验方法和合适的仪器量程，寻找有利的测量条件，在实验后方能对所测量的数据进行归纳、整理，科学剖析各物理量间的关联及规律。这就要求实验者必须具有正确的误差概念，并通过误差分析，实现上述要求。下面简要介绍有关误差分析与数据处理的一些基本概念。

一、测量与误差

1. 测量

物理量的测量可分为直接测量和间接测量两种。测量结果可直接用测量的实验数据表示的称为直接测量。例如用天平称量物质的质量、用温度计测量系统的温度等，均属于直接测量。直接测量应按照仪器的精密度所能得到的有效数字位数如实记录测量结果。而测量结果要由若干直接测量的数据，应用某种公式通过计算才能得到的称为间接测量。例如某物质的溶解热、某化学平衡的常数等，均属于间接测量。

2. 误差

有误差公理存在："实验结果都有误差，误差自始至终存在于一切科学实验的过程之中"。

在任何一种测量中，无论所用的仪器多么精密，方法多么完善，实验者多么细心，所得结果常常不能完全一致，总有一定的误差或偏差。严格来讲，误差是测量值与真实值之间的差值，偏差是测量值与平均值之间的差值。

要正确认识不依人们意志为转移的客观规律，就必须学会分析实验测量时产生误差的原因和误差的性质，正确处理数据，以消除、抵偿和减小误差。在计量科学及实验工作中，必须保证量值的统一和正确地传递。误差分析的正确与否，是其关键。因此误差理论可以帮助我们正确地组织实验和测量，合理地设计仪器、选用仪器以及选定测量方法，从而获得最佳的效果。

二、 误差的表示方法

1. 绝对误差和相对误差

绝对误差是某物理量的测量值与其客观真值之差。即

$$绝对误差＝测量值－真值$$

相对误差是为了描述测量的准确程度而引出的概念。其定义为：

$$相对误差 ＝ \frac{绝对误差}{真值} \times 100\% ＝ \frac{测量值－真值}{真值} \times 100\%$$

绝对误差的单位与被测者相同，而相对误差是无量纲量。因此不同物理量的相对误差可以相互比较，无论是比较各种测量的精密度或评定测量结果的准确度，采用相对误差都更为方便。物理化学实验一般要求都是计算相对误差。

例如：真值为 102mm 的被测物体，测量值为 103mm，则 103mm 的绝对误差为 1mm，相对误差为 0.980%；真值为 $6.42\mu A$ 的电流，在微安表的示值为 $6.34\mu A$，则微安表的示值 $6.34\mu A$ 的绝对误差为 $-0.08\mu A$，相对误差为 -1.25%。由此就可以对比两种测量的准确程度。

物理化学实验的真值一般来自手册给出值。

2. 算术平均误差和标准误差

测量结果的精密度一般用单次测量的算术平均误差来表示，即

$$\overline{d} = \frac{1}{n}\sum_{i=1}^{n} |d_i| \qquad i = 1, 2, 3, \cdots, n$$

式中，n 为测量次数；d_i 为第 i 次测量结果绝对误差，通常可表示为 $d_i = x_i - \overline{x}$，这里 $\overline{x}$ 为某量 x 多次测量结果的算术平均值。

$$\overline{x} = \frac{1}{n}\sum x_i$$

单次测量结果的相对平均误差为：

$$相对平均误差 = \frac{\overline{d}}{\overline{x}} \times 100\%$$

用数理统计方法处理实验数据时，常用标准误差来衡量测量精密度。标准误差也称为均方根误差，其定义为：

$$\sigma = \sqrt{\frac{\Sigma d_i^2}{n}} = \sqrt{\frac{\Sigma(x_i - \overline{x})^2}{n}}$$

在有限次的测量中，

$$\sigma = \sqrt{\frac{\Sigma d_i^2}{n-1}}$$

算术平均误差和标准误差都是衡量测量精密度的重要指标。与算术平均误差相比，标准误差能够更敏感地反映出测量中的特大或特小误差，因此能更准确地表示测量值与真实值之间的偏差。

三、误差的分类及特点

按照误差的性质及产生的原因可以把误差分为系统误差、偶然误差和过失误差三类。

1. 系统误差

系统误差是在测量过程中，由某种未发觉或未确认的影响因素引起的误差。这些影响因素使测量结果永远朝着一个方向偏移，其大小和符号在同一实验中完全相同。这类误差的主要来源有：

① 仪器误差。它是由于仪器构造不完善、刻度不准确或校正与调节不当所引起的。这种误差可以通过一定的检定方法发现并进行改正。

② 试剂误差。由试剂中存在杂质或试剂纯度不够所引起的误差。因此试剂的纯化是科学测量中一件十分重要的工作。

③ 方法误差。由于实验方法所依据的理论不完善所引起的误差，如采用近似计算公式等。这种误差可以通过不同测量方法的对比进行检核。

④ 环境误差。由于仪器使用环境不适当，或外界条件（温度、大气压、湿度及电磁场等）控制不严格，如恒温槽温度偏高或偏低等引起的误差。

⑤ 个人误差。由于实验者感官上最小分辨率不同以及某些不正确的视读习惯及偏向等所引起的误差。

实验条件一经确定，系统误差就获得了一个客观上的恒定值，多次测量的平均值也不能减弱它的影响。系统误差决定测量结果的正确程度，由于系统误差恒偏于一方，故不能

依靠增加测量次数来消除它，通常是通过采用不同的实验技术、实验方法、改变实验条件以及调换仪器等方法来确定系统误差的存在，并使之消除或减小，从而提高测量的正确程度。

2. 偶然误差

偶然误差是由某些无法发觉、无法确认和无法控制的影响因素引起的。偶然误差时大时小，时正时负，造成这类误差的原因主要有：

① 实验者对仪器最小分度值以下的估读，很难做到每次严格相同；

② 仪器准确度的限制，对于使用年久及质量差的仪器尤甚；

③ 暂时无法控制的某些实验条件的变化也会引起测量结果的不规则变化等。

3. 过失误差

过失误差是由于实验者的粗心，不正确操作或测量条件的突变所引起的误差。如标度看错、记录写错、计算错误等。过失误差是一种不应该有的人为错误，此类误差无任何规律可循。

以上三类误差，都会影响测量结果，其中过失误差是不允许存在的。凡仔细、专心地从事实验，过失误差是完全可以避免的。因而，在误差分析中，只有系统误差和偶然误差是需要研究和估计的。

四、偶然误差的统计规律及其应用

1. 偶然误差的统计规律

偶然误差是一种不规则变动的微小差别，其绝对值时大时小，符号时正时负。但在相同的实验条件下，对同一物理量进行重复测量，则可发现偶然误差的大小和符号完全受某种误差分布（通常为正态分布）的概率规律所支配。这种规律称为误差定律。偶然误差的正态分布曲线如图 0-1 所示。纵轴 $y(x)$ 代表测定值的概率密度，σ 为标准误差。

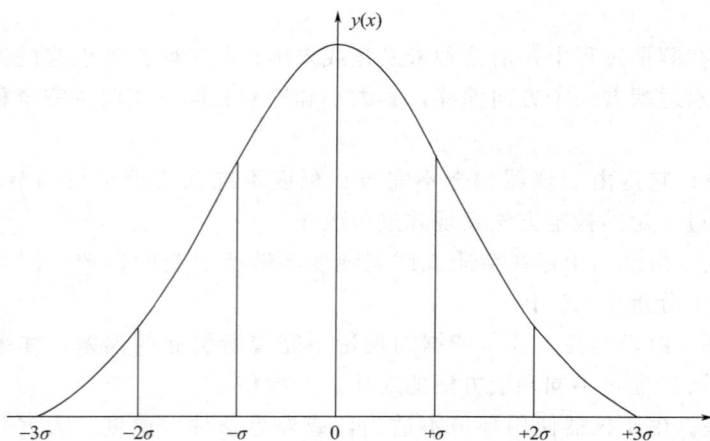

图 0-1　偶然误差的正态分布曲线

从正态分布曲线可以看出偶然误差具有如下的特点：

① 有界性。对在一定测量条件下的有限测量值中，其误差的绝对值不会超过一个界

限，我们称之为有界性。

② 单峰性。绝对值小的误差出现的次数比绝对值大的误差出现的次数多，这一特性称之为单峰性。

③ 对称性。绝对值相等的正误差与负误差出现的次数大致相等，这一特性称之为对称性。

④ 抵偿性。同一条件下对同一物理量进行测量，其误差的算术平均值随着测量次数 n 的无限增加而趋于零。

即
$$\overline{d} = \lim_{n \to \infty} d = \lim_{n \to \infty} \frac{1}{n} \sum_{i=1}^{n} d_i = 0$$

这一特性被称为抵偿性。

计算结果表明，当测量值的误差介于 $\pm 0.67\sigma$ 的范围时，其概率为 50%；当误差介于 $\pm 2\sigma$ 的范围时，其概率为 95%；当误差介于 $\pm 3\sigma$ 的范围时，其概率为 99.7%。这就是说，误差超过 $\pm 3\sigma$ 的概率只有不到 0.3%。因而，在有限的测量次数当中，属于概率 0.3% 的测量值出现的次数就极少了。于是，我们有理由认为超过 $\pm 3\sigma$ 的误差已不属于偶然误差，而可能是系统误差或过失误差。

2. 可靠值及其可靠程度

在实际测量当中，由于每次测定值的大小不等（尽管是等精密度的测量），那么如何从一系列的测量值当中来确定被测物理量的可靠值呢？如果系统误差已经消除，则可得到
$$x_{真} = x_{\infty} = \lim_{n \to \infty} \overline{x}$$

这就是说，在消除了系统误差之后，测定值的数学期望即为被测物理量的真值。但在有限次的测量当中，无法得到 x_{∞} 值。而大多数场合，我们是把测定值的算术平均值 $\overline{x}$ 作为测量结果的可靠值，因为 $\overline{x}$ 要比各次测量的 x_i 值更接近于 $x_{真}$。事实上 $\overline{x}$ 并不完全等于 $x_{真}$，因此，在这里存在如何判断 x 的可靠程度的问题。按照误差正态分布规律，可以认为 $x_{真}$ 在绝大多数的场合下是落在 $\overline{x} \pm 3\sigma$ 的范围以内（概率达 99.7%），也就是说，我们可以用测量值的算术平均值标准误差的三倍来作为有限次测量结果（可靠值 $\overline{x}$）的可靠程度。

在实际的应用当中，由于测定某物理量的重复次数是有限的，故其可靠程度要比按误差理论得出的结果要差一些，通常作如下规定：

若 $n \geq 15$，则 $\overline{x} = x_{真} \pm \sigma$；若 $5 \leq n < 15$，则 $\overline{x} = x_{真} \pm 2\sigma$。

这就是说，测量重复 15 次以上时，$x_{真}$ 便落在 $\overline{x} \pm \sigma$ 的范围内，而重复测量仅在 5～15 次，那么 $x_{真}$ 便落在 $\overline{x} \pm 2\sigma$ 的范围内了。

3. 精密度与准确度

精密度是各测量值之间相互接近的程度。

准确度则是正确度与精密度的综合度量。即它是系统误差（描述测量的正确程度）与偶然误差（描述测量的精密程度）的综合。

显然，准确度和精密度是两个不同的概念。

精密度高的测量，准确度不一定高，但准确度高的测量，其精密度一定高。

描述精密度可以用算术平均误差（$\overline{d}$）和标准误差（σ），但标准误差更能说明数据的分散程度。

4. 可靠程度的估计

在物理化学实验过程中，往往对一个物理量只测一次，因而不能计算 $\overline{d}$ 或 σ，若想通

过 $\overline{d}$ 或 σ 来估算测量值的可靠性，则对每一个物理量起码要重复测定 5 次以上，显然工作量需增大 5 倍以上，这往往是实验条件所不能满足的，那么，如何只用一次测量来估算其可靠程度呢？通常按所用仪器的规格来估算测量值的可靠程度。

物理化学实验中常用仪器的估计精密度分述如下：

① 常用容量仪器（见表 0-1）。

表 0-1　常用容量仪器的估计精密度（用算术平均误差表示）

	规格/mL	估计精密度/mL	
		一等	二等
移液管	50	±0.05	±0.12
	25	±0.04	±0.10
	10	±0.02	±0.04
	5	±0.01	±0.03
	2	±0.006	±0.015
容量瓶	1000	±0.30	±0.60
	500	±0.15	±0.30
	100	±0.10	±0.20
	50	±0.05	±0.10
	25	±0.03	±0.06

② 常用重量仪器（见表 0-2）。

表 0-2　常用重量仪器的估计精密度（用算术平均误差表示）

仪器	规格等级	估计精密度/g
分析天平	一等	±0.0001
	二等	±0.0004
工业天平	称量 1kg	±0.1
台秤	称量 100g	±0.01

③ 温度计。取最小分度值的 1/10 或 1/5 作为其精密度，如 1/10 刻度的温度计估读到 ±0.02℃。

④ 电学仪表。新的电学仪表，可按其说明书中所述准确度来估计。如 1.0 级电表的准确度为其最大量程值的 1.0%。0.5 级电表的准确度为其最大量程值的 0.5%。

五、物理量的准确测量

想要准确地测量某一物理量，需按下列次序进行：

① 仪器的选择。按照实验的要求，确定所用仪器的规格。根据对实验结果精密度的要求，选用精度适中的仪器。一般物理化学实验室会提供精度合适的仪器，学生只需正确读取数据，在测量中切勿随意丢弃有效数字位数。

② 校正实验者、仪器及药品可能引进的系统误差。

③ 减小测量过程中的偶然误差，在相同的实验条件下对某一物理量重复测量若干次，直至这些测量值 x_i 在某一数值附近作不规则变动为止，取此时该物理量的算术平均值 $\bar{x} = \dfrac{1}{n}\sum\limits_{i=1}^{n}x_i$ 作为初步测量结果，并求出其精密度 $\bar{d} = \dfrac{1}{n}\sum\limits_{i=1}^{n}|\,x_i - \bar{x}\,|$。

④ 进一步校正系统误差。按照前述的经验规则，将 $\bar{x}$ 与标准值 $x_{标准}$ 进行比较，若二者的差值 $|\,\bar{x} - x_{标准}\,| < \sigma$（$\bar{x}$ 是重复测量 15 次或更多次数时的平均值）或 $< 2\sigma$（$\bar{x}$ 是重复测量 5 次时的平均值），此时如果所得结果的精密度也足够好的话，测量的结果就认为是对的，测量工作至此结束。

相反，若 $|\,\bar{x} - x_{标准}\,| > \sigma$（$\bar{x}$ 是重复测量 15 次或更多次数时的平均值）或 $> 2\sigma$（$\bar{x}$ 是重复测量 5 次时的平均值），则说明测量过程中存在系统误差或过失误差，后者是不允许存在的。为了找出系统误差，需要进一步反复实验（改变实验条件、改用其他方法或计算公式等），找出症结，直至 $|\,\bar{x} - x_{标准}\,| \leqslant \sigma$（或 2σ）为止。

六、误差分析

在物理化学实验数据的测定中，绝大多数情况下是通过对几个物理量进行测量，再将测量结果代入某种函数关系式，通过运算得到最终结果，此最终结果称为间接测量的结果。在间接测量中，每个直接测量值的准确程度都会影响最终结果的准确性。例如在凝固点降低法测定溶质的摩尔质量实验中，直接测得的物理量是 W_A、W_B、T_0、T，代入公式（0-1）就可以求出溶质的摩尔质量 M_B，因此 M_B 是各次直接测得的物理量 W_A、W_B、T_0、T 的函数。

$$M_B = K_f \cdot \frac{1000 W_B}{W_A (T_0 - T)} \tag{0-1}$$

通过误差分析可以得到直接测量的误差对间接测量结果函数误差的影响情况，从而找出影响函数误差的主要来源，以便选择适当的实验方法，配置合理的仪器，寻求最有利的测量条件。因此误差分析是鉴定实验质量的重要依据。

误差分析旨在评估实验结果的最大可能误差，因此，对于各直接测量的物理量，只需预先确定其测量值的最大误差范围即可。当系统误差已经校正，而操作控制又足够精密时，通常可用仪器读数精密度来表示直接测量值的误差范围。如 50mL 滴定管的精密度为 ±0.02mL，则在用该滴定管进行测量时的最大误差为 ±0.02mL。物理化学实验中常见仪器的读数精密度见前述表 0-2 和表 0-3。

究竟如何具体分析每个直接测量值的测量误差对间接测量结果准确度的影响呢？这就是下面要讨论的间接测量中的误差传递问题。

误差传递符合一定的基本公式。通过间接测量结果误差的求算，可以知道哪个直接测量值的误差对间接测量结果的影响最大，从而可以有针对性地提高测量仪器的精度，以获得更好的实验结果。

1. 误差传递的一般公式

设函数 $$N = f(u_1, u_2, \cdots, u_n) \tag{0-2}$$

N 是由 u_1，u_2，$\cdots$，u_n 各直接测量值决定的物理量，令 Δu_1，Δu_2，$\cdots$，Δu_n 分别代表测量 u_1，u_2，$\cdots$，u_n 时的误差，ΔN 代表由 Δu_1，Δu_2，$\cdots$，Δu_n 所引起的 N 的误差，则有：

$$N + \Delta N = f(u_1 + \Delta u_1, \ u_2 + \Delta u_2, \ \cdots, \ u_n + \Delta u_n) \tag{0-3}$$

将式（0-3）右侧按泰勒级数展开：

$$f(u_1 + \Delta u_1, \ u_2 + \Delta u_2, \ \cdots, \ u_n + \Delta u_n) = f(u_1, \ u_2, \ \cdots, \ u_n) + \Delta u_1 \frac{\partial f}{\partial u_1} + \Delta u_2 \frac{\partial f}{\partial u_2}$$

$$+ \cdots \Delta u_n \frac{\partial f}{\partial u_n} + \frac{1}{2}(\Delta u_1)^2 \frac{\partial^2 f}{\partial u_1{}^2} + \frac{1}{2}(\Delta u_2)^2 \frac{\partial^2 f}{\partial u_2{}^2} + \cdots \frac{1}{2}(\Delta u_n)^2 \frac{\partial^2 f}{\partial u_n{}^2}$$

$$+ 2\Delta u_1 \cdot \Delta u_2 \frac{\partial^2 f}{\partial u_1 \cdot \partial u_2} + \cdots + \Delta u_i \cdot \Delta u_j \frac{\partial^2 f}{\partial u_i \cdot \partial u_j} + \cdots$$

因为 Δu_i 较小，故 $(\Delta u_i)^2$、$(\Delta u_i \cdot \Delta u_j)$ 项均可忽略，则

$$f(u_1 + \Delta u_1, \ u_2 + \Delta u_2, \ \cdots, \ u_n + \Delta u_n)$$

$$= f(u_1, \ u_2, \ \cdots, \ u_n) + \Delta u_1 \frac{\partial f}{\partial u_1} + \Delta u_2 \frac{\partial f}{\partial u_2} + \cdots \Delta u_n \frac{\partial f}{\partial u_n}$$

$$= N + \Delta u_1 \frac{\partial f}{\partial u_1} + \Delta u_2 \frac{\partial f}{\partial u_2} + \cdots \Delta u_n \frac{\partial f}{\partial u_n}$$

$$\therefore \qquad \Delta N = \Delta u_1 \frac{\partial f}{\partial u_1} + \Delta u_2 \frac{\partial f}{\partial u_2} + \cdots \Delta u_n \frac{\partial f}{\partial u_n} \tag{0-4}$$

$$\frac{\Delta N}{N} = \frac{\partial f}{\partial u_1} \cdot \frac{\Delta u_1}{N} + \frac{\partial f}{\partial u_2} \cdot \frac{\Delta u_2}{N} + \cdots + \frac{\partial f}{\partial u_n} \cdot \frac{\Delta u_n}{N} \tag{0-5}$$

式（0-4）、式（0-5）分别为间接测量中绝对误差和相对误差传递的计算公式。

2. 误差传递公式在基本运算中的应用

将通过式（0-4）、式（0-5）得到的物理化学实验中常用的简单函数及其误差传递的计算公式列入表 0-3。

表 0-3　部分简单函数的误差传递公式

函数关系	最大绝对误差	最大相对误差
$N = u_1 + u_2$	$\Delta N = \pm(\lvert \Delta u_1 \rvert + \lvert \Delta u_2 \rvert)$	$\dfrac{\Delta N}{N} = \pm\left(\dfrac{\lvert \Delta u_1 \rvert + \lvert \Delta u_2 \rvert}{u_1 + u_2} \right)$
$N = u_1 - u_2$	$\Delta N = \pm(\lvert \Delta u_1 \rvert + \lvert \Delta u_2 \rvert)$	$\dfrac{\Delta N}{N} = \pm\left(\dfrac{\lvert \Delta u_1 \rvert + \lvert \Delta u_2 \rvert}{u_1 - u_2} \right)$
$N = u_1 \cdot u_2$	$\Delta N = \pm(u_2\lvert \Delta u_1 \rvert + u_1\lvert \Delta u_2 \rvert)$	$\dfrac{\Delta N}{N} = \pm\left(\dfrac{\lvert \Delta u_1 \rvert}{u_1} + \dfrac{\lvert \Delta u_2 \rvert}{u_2} \right)$
$N = u_1 / u_2$	$\Delta N = \pm\left(\dfrac{u_2\lvert \Delta u_1 \rvert + u_1\lvert \Delta u_2 \rvert}{u_2{}^2} \right)$	$\dfrac{\Delta N}{N} = \pm\left(\dfrac{\lvert \Delta u_1 \rvert}{u_1} + \dfrac{\lvert \Delta u_2 \rvert}{u_2} \right)$
$N = u^m$	$\Delta N = \pm(m \cdot u^{m-1}\lvert \Delta u \rvert)$	$\dfrac{\Delta N}{N} = \pm\left(\dfrac{m\lvert \Delta u \rvert}{u} \right)$
$N = \ln u$	$\Delta N = \pm\dfrac{\lvert \Delta u \rvert}{u}$	$\dfrac{\Delta N}{N} = \pm\left(\dfrac{\lvert \Delta u \rvert}{u \cdot \ln u} \right)$

3. 误差分析应用举例

以水为溶剂，用凝固点降低法测定蔗糖的摩尔质量，按第 9 页式（0-1）计算：

$$M_B = \frac{1000 K_f W_B}{W_A(T_0 - T)}$$

式中，$K_f = 1.853$；W_B，W_A，T_0，T 为直接测量值。

其中，溶质质量 W_B 为 1.0472g，用二级分析天平称量，其绝对误差为：

$$\Delta W_B = \pm 0.0004g$$

溶剂质量 W_A 为 25g。若用台秤称重，其绝对误差为：

$$\Delta W_A = \pm 0.01g$$

测量凝固点降低值，若用贝克曼温度计测量，其精密度为 $\pm 0.002℃$，测出溶剂的凝固点 T_0 三次，分别为 0.201℃、0.195℃、0.204℃。

$$\overline{T_0} = \frac{(0.201 + 0.195 + 0.202)℃}{3} = 0.200℃$$

各次测量值与平均值（此时多次测量的平均值可作为真值）的绝对误差为：

$$\Delta T_0(1) = (0.201 - 0.200)℃ = +0.001℃$$
$$\Delta T_0(2) = (0.195 - 0.200)℃ = -0.005℃$$
$$\Delta T_0(3) = (0.204 - 0.200)℃ = +0.004℃$$

平均绝对误差：$\Delta T_0 = \pm \dfrac{(0.001 + 0.005 + 0.004)℃}{3} = \pm 0.003℃$

溶液凝固点 T 测量三次，分别为 $-0.031℃$、$-0.026℃$、$-0.035℃$，按上式计算可得：

$$\overline{T} = \frac{(-0.031℃) + (-0.026℃) + (-0.035℃)}{3} = -0.031℃$$

同理可以求得 $\Delta T = \pm 0.003℃$。

凝固点降低数值为：$\Delta T_f = T_0 - T$
$$= [(0.200 \pm 0.003) - (-0.031 \pm 0.003)]℃$$
$$= (0.231 \pm 0.006)℃$$

由上述数据可得到相对误差：

$$\frac{\Delta(\Delta T_f)}{\Delta T_f} = \frac{\pm 0.006℃}{0.231℃} = \pm 0.026 = \pm 2.6\%$$

$$\frac{\Delta W_B}{W_B} = \frac{\pm 0.0004}{1.0472} = \pm 3.8 \times 10^{-4} = \pm 0.038\%$$

$$\frac{\Delta W_A}{W_A} = \frac{\pm 0.01}{25} = \pm 4.0 \times 10^{-4} = \pm 0.040\%$$

则摩尔质量 M_B 的相对误差：

$$\frac{\Delta M_B}{M_B} = \frac{\Delta W_B}{W_B} + \frac{\Delta W_A}{W_A} + \frac{\Delta(\Delta T_f)}{\Delta T_f} = \pm(3.8 \times 10^{-4} + 4.0 \times 10^{-4} + 2.6 \times 10^{-4})$$

$$= \pm 0.027 = \pm 0.27\%$$

$$M_B = \frac{1000 \times 1.853 \times 1.0472}{25 \times [0.200 - (-0.031)]} g \cdot mol^{-1} = 336 g \cdot mol^{-1}$$

$$\Delta M_B = 336 g \cdot mol^{-1} \times (\pm 0.027) = \pm 9.1 g \cdot mol^{-1}$$

最终结果为

$$M_B = (336 \pm 9) \text{g} \cdot \text{mol}^{-1}$$

由上可知，凝固点降低法测定蔗糖摩尔质量的最大相对误差为 $\pm 2.7\%$，来自温度差的测量。而温度差的平均相对误差则取决于测温的精密度和温差的大小。测温精密度受到温度计精度和测温技术条件的限制。增大溶质含量，可以加大 ΔT_f，使得相对误差减小，但溶液过浓则不符合实验要求的稀溶液条件，从而引入系统误差，反而使测量结果不准确。

误差计算结果表明，由于溶剂用量较大，使用精度为 ± 0.01g 的台秤称量引起的相对误差仍然不大，但溶质则因用量少，需用分析天平称量。

由上述分析可知，凝固点降低法测定蔗糖摩尔质量实验的关键在于温度差的测量，因此要采用精密的数字贝克曼温度计。可见事先计算各个直接测量值的误差及对最终实验结果的影响，就能指导我们选择正确的实验方法，选用精密度相当的仪器，抓住测量的关键，得到更加合理的实验结果。

七、有效数字保留及其运算法则

在实验工作中，对任意一个物理量的测定，其准确度都是有限的，只能以某一近似值表示。因此测量数据的准确度就不能超过测量所允许的范围。实际上有效数字的位数就指明了测量准确的幅度，也就是能测到的数字，比如读取一支滴定管上的刻度，同学甲得到 21.34mL，同学乙得到 21.33mL，这 4 位数字中前三位都很准确，第 4 位数字称为可疑数字，是估计出来的，所以稍有差别。可疑数字不是臆造的，所以记录时应该保留，对于测量结果来说，这 4 位数字都是有效数字。

1. 有效数字的读取及记录

① 读取和记录实验数据时，只有最后一位有效数字是估计的，其余数字均为准确数字。例如滴定管的读数 25.47，可疑数字为百分位的 7，准确到十分位的 4。

② 在计算实验数据的有效数字位数时，0 在非零数字之间与末尾时均为有效数字；在小数点前或紧邻小数点后均不为有效数字。如 0.0016g 中，小数点后两个 0 都不是有效数字。而 0.160g 中最后的 0 是有效数字。再如 506 为 3 位有效数字。但当数字为 220 时很难说最后的 0 是不是有效数字，最好写成指数的形式来表示，如写成 2.2×10^2，则有效数字是 2 位，写成 2.20×10^2，有效数字就是 3 位，依此类推。但如果写成 220.0 则有 4 位有效数字。

需要特别注意：实验数据中的数字与数学上的数字是不一样的。如：在数学上，8.35 = 8.350 = 8.3500；而实验数据中，$8.35 \neq 8.350 \neq 8.3500$。

2. 有效数字运算及保留规则

① 若第一位有效数字等于或大于 8，则有效数字位数可多计算 1 位。例如 8.46，在运算时，可以看作 4 位有效数字。

② 在运算过程中需要舍弃过多不定数字时，应采用"4 舍 6 入，逢 5 尾留双"的法则。

③ 在加减法运算中，保留有效数字的位数以小数点后位数最少的为准，即以绝对误差最大的为准，例如：

$$0.0121 + 25.64 + 1.05782 = ?$$

正确计算为：0.0121＋25.64＋1.06＝26.71

上例相加 3 个数字中，25.64 中的"4"已是可疑数字，因此最后结果有效数字的保留应以此数为准，即保留有效数字的位数到小数点后面第二位，也可以先计算再保留有效数字，即

$$0.0121＋25.64＋1.05782＝26.70902（最终保留为 26.71）$$

根据有效数字规则，也应该按照小数点后位数最小的保留，同样是 26.71。

④ 乘除运算中，保留有效数字的位数以有效数字位数最少的数据为准。例如：

$$0.0121×25.64×1.05782＝?$$

正确计算为：0.0121×25.6×1.06＝0.3283456（最终保留为 0.328）

先计算后保留为：0.0121×25.64×1.05782＝0.3281823081（按照正确保留方法也是 0.328）

又如，1.58×87×0.2041＝? 其中 87 的有效数字位数最低，但由于首位是 8，故把它看成 3 位有效数字，其余各数都保留到 3 位有效数字。因此计算结果为 1.58×87×0.204＝28.04184（最终保留为 28.0），直接计算 1.58×87×0.2041＝28.055586（保留为 28.0）也是可以的。

如果 87 按 2 位有效数字计算，则 1.6×87×0.20＝27.84（结果出现了大的误差）。

⑤ 在乘方或开方运算中，结果可多保留一位有效数字。

⑥ 对数运算中，分为自然对数与以 10 为底的对数，处理结果是不同的。

自然对数的有效数字位数，要等于真数的有效数字位数。比如要计算以下自然对数：

$$\ln(2025)＝?$$

先判断真数 2025 是四位有效数字，然后用计算器的科学计算模式，得到 $\ln(2025)＝7.61332498$ 的完整结果，此时只要按照四舍五入保留 4 位有效数字（7.613）即可。

以 10 为底的对数的有效数字位数的计算规则为：用计算器计算结果的尾数部分（小数点之后的部分叫尾数部分），应与真数的有效数字位数相同。

$$\lg(2025)＝3.306425028（最终保留为 3.3064）$$

⑦ 在所有计算中，一些取自手册的常数，可认为有效数字位数是无限制的，按需要取有效数字的位数即可。

⑧ 在比较复杂的计算中，要按先加减后乘除的方法，计算中间步骤可保留各数值位数比以上规则多一位，以免出现由于多次四舍五入引起误差的累积，会对计算结果带来较大的影响，但最后结果仍只保留应有的位数。如果计算平均值，平均值的有效数字位数可增加一位。

八、直线斜率和截距的误差分析

在很多物理化学实验中要对测量数据进行线性回归处理（即线性拟合），由线性回归方程的斜率和截距计算得到实验最终结果。例如在水的饱和蒸气压的简易测定实验中，计算摩尔汽化热就属于这类的处理方法。这种数据处理的方法与通过函数关系直接计算的方法不同，误差计算方法也不同，不能由函数的误差传递公式进行直接计算，而只能通过线性回归方程的误差来推算。

设测得一组 x、y 的数据为：

$$x_1 \quad x_2 \quad x_3 \quad \cdots \quad x_n$$
$$y_1 \quad y_2 \quad y_3 \quad \cdots \quad y_n$$

若线性回归方程为：

$$y = mx + b$$

当 x 没有误差或 x 的误差比 y 的误差小很多时，则标准误差 δ_y 为：

$$\delta_y = \left[\frac{\sum(mx_i + b - y_i)^2}{n-2}\right] \tag{0-6}$$

δ_y 值越小，说明回归方程的精密度越高。该线性回归方程的斜率 m 和截距 b 的误差分别为：

$$\delta_m = \left[\frac{n\delta_y^2}{n\sum x_i^2 - (\sum x_i)^2}\right]^{\frac{1}{2}} \tag{0-7}$$

$$\delta_b = \left[\frac{\delta_y^2 \sum x_i^2}{n\sum x_i^2 - (\sum x_i)^2}\right]^{\frac{1}{2}} \tag{0-8}$$

式中，n 为测量次数（或数据个数）。

当 y 没有误差或 y 的误差比 x 的误差小很多时，则线性回归方程的形式应改变为：$x = m'y + b'$，则 δ'_m、δ'_b 误差表达式也作相应的变化。

上面所讨论的斜率和截距的误差是指由最小二乘法（目前一般用 Excel 或 Origin）线性拟合后的误差。如果是通过直线作图来求直线的斜率和截距，其误差将分别大于 δ'_m、δ'_b，这是因为在作图时又引入了人为的作图误差。

例：在液体饱和蒸气压测定实验中，测得蒸气压 p 和沸点 T，按照下式进行线性拟合，并由直线的斜率求取液体的摩尔汽化热 $\Delta_{vap}H_m$。

$$\ln p = -\frac{\Delta_{vap}H_m}{RT} + b = \frac{m}{T} + b \tag{0-9}$$

$$\Delta_{vap}H_m = -mR$$

设有如表 0-4 所示实验数据，其中 $dT = 0.01℃$，$dp = 6.67 \times 10^{-2} kPa$。

表 0-4 液体饱和蒸气压测定实验数据

T/K	p/kPa	T/K	p/kPa
349.00	99.06	335.00	63.57
345.00	88.41	332.70	58.89
343.00	82.27	327.60	48.51
337.00	69.90	323.00	42.16

首先，对 x、y 的误差进行比较，以判断式（0-9）形式的线性拟合方程是否合理：

设 $x = \dfrac{1}{T}$，$y = \ln p$，则：

$$dx = d\left(\frac{1}{T}\right) = -\frac{dT}{T^2} = -\frac{0.01}{(349)^2} = -8 \times 10^{-8}$$

$$\mathrm{d}y = \mathrm{d}(\ln p) = \frac{\mathrm{d}p}{p} = \frac{6.67 \times 10^{-2}}{99.06} = 7 \times 10^{-4}$$

可见，$\mathrm{d}y \gg \mathrm{d}x$。则拟合式（0-9）形式的线性方程是合理的，即 $\Delta_{\mathrm{vap}} H_{\mathrm{m}} = -mR$。

由最小二乘法求出斜率 m 和 $\Delta_{\mathrm{vap}} H_{\mathrm{m}}$：

$$m = \frac{n \sum x_i y_i - \sum x_i \sum y_i}{n \sum x_i^2 - (\sum x_i)^2} = -3600$$

$$\Delta_{\mathrm{vap}} H_{\mathrm{m}} = -mR = 3600 \times 8.314 = 29.93 (\mathrm{kJ \cdot mol^{-1}})$$

由公式（0-6）、式（0-7）和式（0-8）分别得：

$$\delta_y = 7.5 \times 10^{-3}$$

$$\delta_m = 40\mathrm{K}$$

$$\delta_{\Delta H} = R\delta_m = 8.314 \times 10^{-3} \times 40 = 0.33 (\mathrm{kJ \cdot mol^{-1}})$$

则实验结果可表示为：

$$\Delta_{\mathrm{vap}} H_{\mathrm{m}} = (29.93 \pm 0.33) \mathrm{kJ \cdot mol^{-1}}$$

第三节　实验数据的科学表达与处理方法

实验数据是表达实验结果的重要方式之一，因此，在实验时一定要正确记录实验数据，并加以整理、归纳、处理，以简明的方法给予正确表达。实验数据通常可用列表法、图解法和方程式法三种方法进行处理。同一组数据不一定同时需要用三种方法表达，可根据实际情况选择适当的表达方法。

一、列表法

列表法就是将一组实验数据中的自变量、因变量的各个数值按一定的形式和顺序一一对应列出来。列表法具有以下特点：①简单易作，不需特殊纸张和仪器；②数据形式紧凑，便于分析实验结果的规律性，有利于实验结果的相互比较；③同一表内可以同时表示几个变数间的变化而不混乱。

表的形式通常为定性式、统计式和函数式。其中以函数式为常用表格。其特征是：自变量和因变数的各个对应值，均在表中按自变量的递增或递减的顺序一一列出来。

一个完整的函数式表，应包括表的序号、名称、项目、说明及数据来源等五项。

列表时应注意事项：

（1）表的名称及说明

表的名称应简明扼要，一望即可知其内容，如遇过简而不足以说明原意时，可在名称下面或表的下面附以说明，并注明数据来源。

（2）项目

项目应包括名称及单位，一般在不加说明即可了解的情况下，应尽量用符号代表。表内主项习惯上代表自变量，副项代表因变量，通常以实验中能够直接测量的物理量如温度、压强、时间等作自变量。

（3）数值的写法

写法应注意整齐统一，其主要规则为：

① 数值为零时记作 0，数值空缺时记作"—"。

② 同一竖行的数值，小数点应上下对齐。

③ 若数值为小数，小数点后第一位与第二位又非零，习惯上只在每行第一个数值的个位上写一个零，以下各数均可将零省去。

例如：

0.1234		0.1234
0.1324	可写为	.1324
0.1414		.1414

④ 若小数点左边的第一位数不为零，但在整个表中仅偶然有变化，同样可以只在头一个数写个位数，直到个位数有变化时，才换写另一个位数。

例如：

1.2124		1.2124
1.3214		.3214
1.4422		.4422
1.7283	可写为	.7283
2.0325		2.0325
2.1421		.1421

⑤ 若各数值的有效数字位数很多，但在表中只有后几位有变化，则只有第一个数值写前面的几位数，以后各数可不再写。

例如：

299.728		299.728
299.733		.733
299.738	可写为	.738
299.818		.818

⑥ 若有效数字位数相同，但各数值间的变化为数量级变化，则用 10 的方次表示较为方便。

（4）自变量间距的选择

列表时，自变量常取整数或其他方便值，按递增或递减的顺序排列。相邻二数值之差称为表差或间距。因自变量通常为整数，故表差一般为 1、2 或 5 乘以 10^n，n 为整数。

表差不能过大或过小，但当列表的目的在于求变化速度或求总和时，表差越小，则所得结果越准确；相反，若列表为求相邻数值的恒定比值，则表差稍大，反而准确。

（5）有效数字的位数

表中所有数值，有效数字的取舍应适当。凡数值根据理论计算的，则可认为有效数字无限制，如系根据实验测得的，则应根据实验的精度而定。

二、图解法

用图解法表示实验数据，能清楚地显示所研究的变量的变化规律与特点，如极值、转折点、周期性以及其他奇异性等；从图上易于找出所需数据（如内插求值等），也便于数据的分析比较和进一步求得函数关系的数学表达式；能够利用足够光滑的曲线进行图解积分和图解微分；利用作图外推法可以求得实验上难以获得的数据；另外图形不受作者所用语种的限制，所以有"图形是世界科技通用语言"的说法。

1. 图解法在物理化学实验中的具体应用

① 表达变量间的定量依赖关系。对所给的两组数据，在确定自变量和因变量后，作图就很直观地得到两变量间的定量依赖关系，如恒温槽灵敏度测试中恒温槽温度随时间的变化（图 0-2）。

② 求转折点或极值。函数的极大值、极小值或转折点在图形上表现得很直观，利用这些点就可以很方便地找出我们需要的物理量的值，例如完全互溶双液系相图绘制实验中最低恒沸点的确定（图 0-3）。

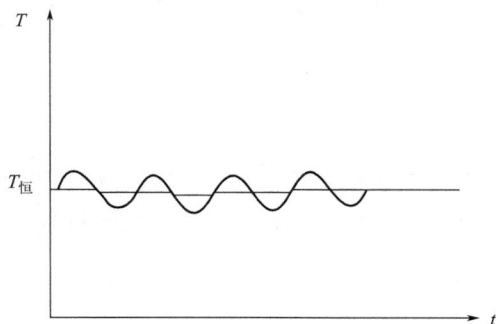

图 0-2　恒温槽温度（T）随时间（t）变化曲线

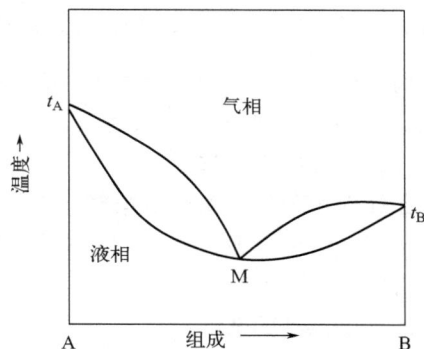

图 0-3　完全互溶双液系相图

③ 求内插值。例如完全互溶双液系相图绘制实验中工作曲线的绘制及应用。

④ 求外推值。当需要的数据不易得到或不能直接测量得到时，在条件许可的情况下，可采取外推法求得。所谓外推法就是根据函数关系，将实验描述的图形延伸至测量范围之外，求出该函数的极值。例如用黏度法测定聚合物的分子量实验中，首先必须用外推法求得聚合物浓度趋于零时的黏度（即特性黏度）值，才能算出分子量（图 0-4）。

外推法必须满足以下三个条件：外推的区间与实际测量区间不能相距太远；外推的区间与实际测量区间数据之间的关系应是线性关系或可认为是线性关系；外推得到的结果不能与已有结论相矛盾。

⑤ 作切线求函数的微商值。通过作某点切线求斜率，就可以得到该点的微商值。例如最大泡压法测定溶液表面张力实验中，根据溶液表面张力随浓度变化曲线可求出某浓度下表面张力随浓度的变化率 $\left(\dfrac{\partial \sigma}{\partial c}\right)_T$。

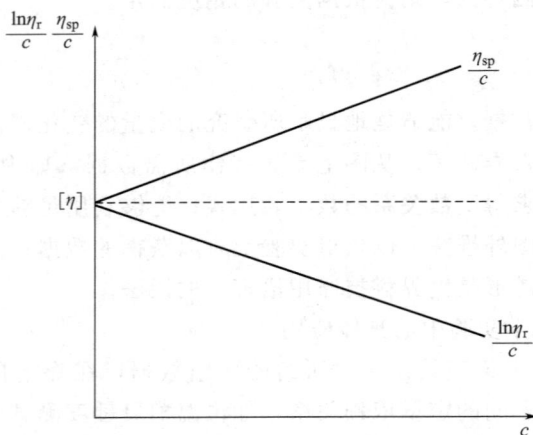

图 0-4 外推法求聚合物的特性黏度

⑥ 求经验方程式中的有关常数，例如根据阿累尼乌斯公式的变形形式 $\ln k = -\ln \dfrac{E_a}{RT}$

$+ \ln A$ ，以 $\ln k$-$\dfrac{1}{T}$ 作图，由所得直线可得到其斜率为 $-\dfrac{E_a}{R}$ ，截距为 $\ln A$ 。从而计算出阿累尼乌斯公式中的实验活化能 E_a 及指前因子 A 。

2. 作图的一般步骤及原则

（1）作图的工具选择

在处理物理化学实验数据时，作图所需的工具主要有坐标纸、铅笔、直尺、曲线板或曲线尺等。铅笔一般以中等硬度（例如 1H 或 2H）为宜，并应削尖。直尺和曲线板应选用透明的。

（2）坐标纸的选择

常用的坐标纸通常有毫米直角坐标纸，半对数坐标纸、双对数坐标纸及三角坐标纸等。根据实际需要选择使用适宜的坐标纸。通常直角坐标纸用途最为广泛。物理化学实验中除了三液系相图需要用到三角坐标纸，其他作图均为直角坐标纸。选用坐标纸时要考虑纸的质量（包括坐标线是否清晰、均匀，纸的均匀程度、透明程度等）以及纸的大小（选纸太小，影响原数据的有效数字，太大则超过原数据的精度）。

（3）坐标的分度（比例尺）选择

坐标纸选好后，应根据以下规则进行分度：

① 在用直角坐标纸作图时，x 轴永远代表自变量，y 轴永远代表因变量。物理化学实验的数据，习惯上独立变量看作自变量作为横坐标。至于两个变量中何者为独立变量，多数取决于相互影响因素，例如温度与化学反应热之间的关系式是按照预定的温度进行测量的，则温度为独立变量；有些特殊情况要根据误差分析来确定。

② 分度的选择应使每一个实验数据点都能在坐标上迅速而方便地找到。分度是指沿 x、y 轴规定每个单位格子所代表数值的大小。分度的选择要求图上能表示出实验数据的全部有效数字，以使图上读出的各物理量的精密度与测量精密度相一致；一般要求作图产生的误差不能超过实验结果的 1/3，凡分度使得从图上难以读取实验数据的都认为是不合

格的。坐标纸上单位格子所代表的变量应为简单整数，既便于读数，又便于计算，如选1、2、4、5或它们的倍数最为方便，切忌选3、6、7、9或它们的倍数（特殊情况除外）。

③ 比例尺的选择应使作图所得的曲线或直线的斜率尽可能接近1（或—1）。坐标轴上比例尺的选择极为重要，由于比例尺的改变，曲线形状也将跟着改变；若选择不当，可使曲线本应出现极大、极小或转折点的特殊部分看不清楚，甚至得到错误结论。坐标分度值不一定必须从零开始。在一组实验数据中，自变量与因变量均有最低值和最高值。分度时在最小分度不超过实验数据的精度下，可用低于最低值的某一整数作起点，高于最高值的某一整数作终点，以使得图形能占满全幅坐标纸为适宜。

（4）尝试实验数据各变量间的线性关系作图

直线是最易作的线，用起来也最方便，在处理实验数据，根据变数间的关系画图时，通常将变数加以变换，使所得图形尽可能为一直线。通常总是先将 y 对 x 直接作图，从所得图形的性质，结合解析几何的基础知识，可以预测出 y 与 x 以何种关系作图，可得一直线。

对于处理物理化学实验数据来讲，画图时变量间常用的线性关系有：

以 y 对 x 作图；

以 $\ln y$ 对 x 作图；

以 $\ln y$ 对 $\ln x$ 作图；

以 y^n 对 x 作图，n 等于 1，2，3 等；

以 $y^{\frac{1}{n}}$ 对 x 作图，n 通常最大为 3；

以 y 对 $\frac{1}{x}$ 作图，或 $\frac{1}{y}$ 对 $\frac{1}{x}$ 作图。

（5）画坐标轴及写坐标的标注

比例尺选定后，画上坐标轴，确定自变量和因变量，并在坐标轴旁注明该坐标轴所代表的变量的名称和单位（即坐标轴的标注）。同时，在纵轴的左侧和横轴的下面每隔一定距离（例如 1cm 间距）写下该点处变量应有的值（不要将实验数据值写上），以便于作图和读数。图中所用有效数字位数应与实验数据有效数字位数相同。

（6）描数据点，连线

根据实验数据把各点画到坐标纸上。同一坐标有数组不同测量值时，可用不同的符号表示。

描出数据点后，选用适当的工具（如直尺、曲线板、曲线尺等），作出尽可能接近所有数据点的曲线或直线（切忌徒手画线）。若所作图形为直线，则需注意应舍去明显偏离直线的实验数据点；若所作图形为曲线，则所得曲线应当光滑、匀整，只有少数转折点；曲线所经过的地方，应尽量与所有的点相接近；曲线不必经过图上所有的点以及两端的任一点，一般来讲，由于仪器及方法等原因，两端点的精度较差，故作图时应占较小的比重；曲线一般不应具有含混不清的不连续点或其他奇异点；将各点分为适当几组，则每一组内，位于曲线两边的点数应大致相等。作图也存在着作图的误差，所以作图技术的优劣也将直接影响实验结果的准确性。

图是用形象来表达科学的语言，所以作图时还应注意联系物理化学学科的基本原理。例如，恒沸混合物的组成随外界条件而变化，在 T-x 图上并不出现奇异点，因此，这时气相线和液相线在恒沸点时是光滑地相切，而不是突兀的相交。

（7）写图序、图题

每个图应有序号和简明的图题，有时还应对测试条件等方面作简要说明，这些都安置在图的下方。图上除了图序、图题、比例尺、曲线、坐标轴及其标注外，一般不再出现其他的内容及辅助线，以免本末倒置。实验数据及有关计算不应写在图上，但在实验报告中应有相应完整的数据。

3．物理化学实验中利用图形求值的两个常见问题

（1）求直线的斜率和截距

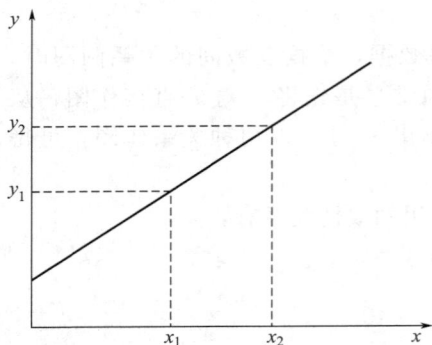

图 0-5　从图中求直线率和截距

直线斜率的计算方法是在直线上任取两点，平行坐标轴画出虚线，并加以计算获得（图 0-5），注意利用实验数据作图求斜率（m）时切忌使用原始实验数据点。

斜率计算公式：

$$m = \frac{y_2 - y_1}{x_2 - x_1} \tag{0-10}$$

截距由直线外推法求得。若横坐标的原点读数不是从 0 开始，截距可采用平均值法获得。

设直线方程为：

$$y = mx + b$$

则

$$\overline{b} = \frac{\left(\sum_{i=1}^{n} y_i - \sum_{i=1}^{n} x_i\right)}{n} \tag{0-11}$$

$$\overline{m} = \frac{\sum_{i=1}^{k} m_i}{k} \quad (n\text{ 为数据点个数},k\text{ 为计算斜率个数}) \tag{0-12}$$

由作图获得的斜率和截距可求一些有用的物理量，例如活化能、反应速率常数、最大吸附量等。

（2）曲线上作切线的方法

① 镜像法。若想过曲线上的指定点 O 作切线可采取此法。镜像法是先作该点的法线，再作切线。取一有直边的小块平面镜垂直放在图纸上，使镜边 AB 交曲线于 O 点，绕 O 点转动平面镜，直至镜外曲线与镜像中曲线连成一光滑的曲线时，沿 AB 镜边作直线即是过 O 点的切线的法线，作此法线的垂直线即为切线。如图 0-6 所示。

② 平行线法。在选择的曲线上作两条平行线段 AB 和 CD，连接两条线段的中点 E 和 F 并延长至与曲线相交于 O 点，过 O 点作 AB 或 CD 的平行线即为 O 点的切线。如图 0-7 所示。

三、方程式法

经验方程式是对实验数据归纳整理过程中客观的近似描写，是理论探讨的线索和根据。许多经验方程中系数的数值是与某一物理量相对应的，为了得到此物理量，常将实验数据归纳为经验方程式表达出来，称为方程式法。这种处理实验数据的表达方式较简单，便于进行微分、积分或内插值计算。

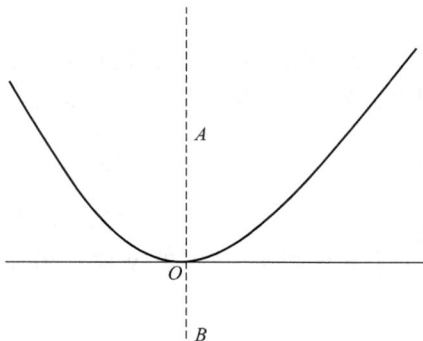

图 0-6　镜像法作曲线的切线　　　　　图 0-7　平行线法作曲线的切线

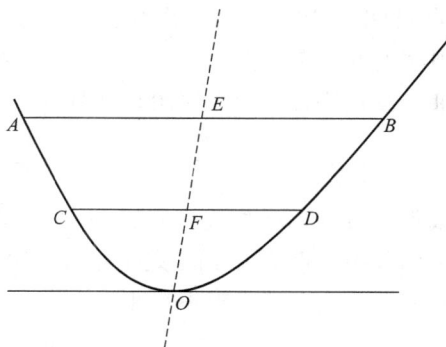

1. 经验公式的选择

一个理想的经验公式，既要形式简单，所含任意常数不要过多，同时又能准确代表一组实验数据。对于一组实验数据，通常需要通过以下步骤来获得一个理想的经验公式：

①描绘曲线。用图解法将实验数据画图，把数据点描绘成曲线。

② 对所描绘的曲线进行分析，猜测经验公式应有的形式，确定公式的基本形式或进行回归分析。当用数据验证，此形式不太满意时，则应另立新式，重新试验，直到获得满意的结果为止。

回归分析也称拟合，若两个变量 y 和 x 之间存在一定的关系，并通过实验获得 y 和 x 的一系列数据，用数学处理的方法得出这两个变量之间的关系式。所得关系式称为经验公式，或称回归方程、拟合方程。

③曲线化直。公式中最容易试验的是直线式，因此，凡在情况许可的情况下，应尽可能使所得函数具有直线形式或变换成直线形式。例如：

$y=ax$ 或 $y=a+bx$，无需任何变换，可以看出 y-x 为直线关系。

$y=ab^x$，令 $Y=\lg y$，则 $Y=\lg a+x\lg b$，Y-x 为直线关系。

$y=a\mathrm{e}^{bx}$，令 $Y=\ln y$，则 $Y=\ln a+bx$，Y-x 为直线关系。

$y=ax^b$，令 $Y=\lg y$，$X=\lg x$，则 $Y=\lg a+bX$，Y-X 为直线关系。

$y=\dfrac{1}{a+bx}$，令 $Y=\dfrac{1}{y}$，则 $Y=a+bx$，Y-x 为直线关系。

$y=\dfrac{x}{a+bx}$，令 $Y=\dfrac{1}{y}$，则 $Y=b+\dfrac{a}{x}$，Y-$\dfrac{1}{x}$ 为直线关系。

$y=\mathrm{e}^{(a+bx)}$，令 $Y=\ln y$，则 $Y=a+bx$，Y-x 为直线关系。

④ 确定公式中的常数。如 $y=a+bx$，对实验数据进行一元线性回归，或称线性拟合，即可找出 y 和 x 之间的函数关系式 $y=a+bx$ 中的常数 a 和 b。

⑤ 代入实验数据，检验所确定的公式的准确性。

2. 经验公式中常数的求法

（1）图解法

凡给定公式可以直接描述一条直线或经适当处理后能改为直线时，均可用此法。设方程式具有 $y=a+bx$ 的形式，用图解法确定常数 a 和 b 的具体做法是，先将 x、y 各对应点画在直角坐标纸上，作一直线且使直线尽可能靠近每一个点，则公式 $y=a+bx$ 中常数 b 为直线的斜率，常数 a 为该直线在 y 轴上的截距。

求斜率 b 时，要注意 Δy 及 Δx 的正负号，当选用直线上两点进行计算时，为了获得最大的准确度，所选的两点相距越远越好，且忌用实验测定数值。

$$b=\frac{(y_2-y_1)}{(x_2-x_1)}$$

求截距 a 分为两种情况，若 x 轴是从零开始，当 $x=0$ 时，$y=a$，即 x 为零时直线在 y 轴上的数值；但当 x 轴不是从零开始时，图上不易得到 $x=0$ 时的 y 值，此时可任选两点，解下面联立方程以求得截距。

$$\begin{cases} y_1=a+bx_1 \\ y_2=a+bx_2 \end{cases}$$

从方程组得到：$a=\dfrac{x_2y_1-x_1y_2}{x_2-x_1}$。

（2）计算法

计算法亦称联立方程法，不通过作图而直接由所测数据计算得到公式中常数的数值。

若一组数据用方程式表示时，式中含有 k 个常数，则由 k 个方程式求解，即可得到所有常数。用此法求常数时，通常将实验数据中各 x、y 的对应值逐次代入公式内，根据常数的数目建立足够的方程式，即可求得。如直线方程为 $y=a+bx$，式中有两个常数，原则上只要建立两个方程，即可求出 a、b 的数值。

由于计算法是直接利用实验数据，所以，在计算之前应先对实验数据的可靠性进行判断取舍，否则会影响计算结果。

（3）平均法

根据是：在一组测量值中，正负偏差出现的机会相等，故在最佳的代表线上，所有偏差的代数和将为零，$\Sigma d_i=0$。

若直线的方程为 $y=a+bx$，由 x 计算得到的 y 值用 y' 表示，则

$$\Sigma(y_i-y'_i)=\Sigma[y_i-(a+bx_i)]=0$$

可得 $\quad \Sigma y_i=\Sigma(a+bx_i)$

据此，可以根据一组实验数据，求出常数。

例：实验得到下面一组数据，

x	1	3	8	10	13	15	17	20
y	3.0	4.0	6.0	7.0	8.0	9.0	10.0	11.0

其直线方程为 $y=a+bx$，则求 a、b 的具体做法如下：

将所测 x、y 值代入式中，可得 8 个（$n=8$）方程式。

① $a+b=3.0$

② $a+3b=4.0$

③ $a+8b=6.0$

④ $a+10b=7.0$

⑤ $a+13b=8.0$

⑥　$a+15b=9.0$

⑦　$a+17b=10.0$

⑧　$a+20b=11.0$

将此 8 个方程式任意分成 k 组（k 为公式中常数的个数），使每组方程的数目近于相等，比如将所有方程分为两组，各自相加、合并，可重新得到 2 个（$k=2$）方程：即

$$①+②+③+④ \ 得 \ 4a+22b=20.0$$

$$⑤+⑥+⑦+⑧ \ 得 \ 4a+65b=38.0$$

联立解此 2 个方程，即可得到 2 个常数值：

$$a=2.70 \qquad b=0.420$$

代入原方程，则该直线方程为

$$y=2.70+0.420x$$

（4）最小二乘法

其根据是：最好的曲线能使各点同曲线的偏差的平方和为最小。由于各偏差的平方均为正数，所以平方和为最小，则意味着这些偏差均很小，即最佳线将是尽可能靠近这些点的线。

设有 n 对 x、y 值，其直线方程为 $y=a+bx$。

若已知 a、b 值，由 x 计算的 y 值用 y' 表示，则测量值与曲线的偏差为

$$d_i=y_i-y'_i=y_i-(a+bx_i)=y_i-a-bx_i$$

令 $\Delta=\Sigma d_i^2$

则 $\Delta=(y_1-a-bx_1)^2+(y_2-a-bx_2)^2+\cdots+(y_n-a-bx_n)^2$

根据最小二乘法原理，$\Delta=\Sigma d_i^2$ 为最小。

即 $\Delta=\Sigma(y_i-a-bx_i)^2$ 最小时的曲线为最佳，则依据求函数极值的条件，有

$$\frac{\partial \Delta}{\partial a}=0 \quad 及 \quad \frac{\partial \Delta}{\partial b}=0$$

于是

$$\frac{\partial \Delta}{\partial a}=-2(y_1-a-bx_1)-2(y_2-a-bx_2)-\cdots-2(y_n-a-bx_n)=0$$

$\therefore \quad (y_1-a-bx_1)+(y_2-a-bx_2)+\cdots+(y_n-a-bx_n)=0$

即 $\qquad\qquad\qquad \Sigma y_i-na-b\Sigma x_i=0 \qquad\qquad\qquad\qquad$ (0-13)

同理，

$$\frac{\partial \Delta}{\partial b}=-2(y_1-a-bx_1)x_1-2(y_2-a-bx_2)x_2-\cdots-2(y_n-a-bx_n)x_n=0$$

$\therefore (y_1-a-bx_1)x_1+(y_2-a-bx_2)x_2+\cdots+(y_n-a-bx_n)x_n=0$

$(x_1y_1-ax_1-bx_1^2)+(x_2y_2-ax_2-bx_2^2)+\cdots+(x_ny_n-ax_n-bx_n^2)=0$

即 $\qquad\qquad\qquad \Sigma x_iy_i-a\Sigma x_i-b\Sigma x_i^2=0 \qquad\qquad\qquad$ (0-14)

将式（0-13）和式（0-14）联立解方程组：

由式（0-13）知 $\qquad\qquad a=\dfrac{\Sigma y_i-b\Sigma x_i}{n}$

由式（0-14）知 $\qquad\qquad a=\dfrac{\Sigma x_iy_i-b\Sigma x_i^2}{\Sigma x_i}$

$$\therefore \quad \frac{\Sigma y_i - b\Sigma x_i}{n} = \frac{\Sigma x_i y_i - b\Sigma x_i^2}{\Sigma x_i}$$

$$\therefore \quad \Sigma x_i \Sigma y_i - b(\Sigma x_i)^2 = n\Sigma x_i y_i - nb\Sigma x_i^2$$

得
$$b = \frac{\Sigma x_i \Sigma y_i - n\Sigma x_i y_i}{(\Sigma x_i)^2 - n\Sigma x_i^2} \tag{0-15}$$

同理，由式（0-13）知 $b = \dfrac{\Sigma y_i - na}{\Sigma x_i}$，

由式（0-14）知 $b = \dfrac{\Sigma x_i y_i - a\Sigma x_i}{\Sigma x_i^2}$

$$\therefore \quad \frac{\Sigma y_i - na}{\Sigma x_i} = \frac{\Sigma x_i y_i - a\Sigma x_i}{\Sigma x_i^2}$$

$$\therefore \quad \Sigma y_i \Sigma x_i^2 - na\Sigma x_i^2 = \Sigma x_i \Sigma x_i y_i - a(\Sigma_i)^2$$

得
$$a = \frac{\Sigma x_i \Sigma x_i y_i - \Sigma y_i \Sigma x_i^2}{(\Sigma x_i)^2 - n\Sigma x_i^2} \tag{0-16}$$

将前面所给例题用最小二乘法求算常数 a 和 b。

x	1	3	8	10	13	15	17	20
y	3.0	4.0	6.0	7.0	8.0	9.0	10.0	11.0
x^2	1	9	64	100	169	225	289	400
xy	3.0	12.0	48.0	70.0	104.0	135.0	170.0	220.0

由表中数据计算得 $\Sigma x_i = 87$，$\Sigma y_i = 58.0$，$\Sigma x_i^2 = 1257$，$\Sigma x_i y_i = 762.0$，$(\Sigma x_i)^2 = 7569$，$n = 8$。

将相应数据代入上述式（0-15）和式（0-16），可得：

$$a = 2.66 \qquad\qquad b = 0.422$$

在上述诸方法中，最小二乘法是最好的。它能得出可靠的，不受人为影响的结果。缺点是计算繁杂，但如果采用计算机计算，则十分方便。随着计算机计算能力的不断提高，最小二乘法的应用也越来越高效。

第四节 计算机辅助的实验数据分析

物理化学实验中，数据处理是实验的重要组成部分，也是学生必须掌握的一项基本实验技能。由于物理化学实验数据多，公式计算繁杂，常需作图拟合处理数据，因此数据处理往往成为实验教学的难点之一。用传统的手工作图处理数据、获取斜率和截距等，甚至进一步在手工描出的曲线上作切线，求曲线包围的面积等，既费时又不准确，主观随意性大，致使实验结果与文献值往往相差甚远，且工作效率低，因此手工作图处理数据已不能适应信息化时代的需求。而使用计算机作图软件处理实验数据，不仅可以提高工作效率，

又可以提高实验结果的准确性，从而客观地评价学生的实验结果和成绩。因而使用计算机处理物理化学实验数据已经成为必然趋势。

物理化学实验中常见的数据处理有：数据计算，基本上所有的物理化学实验都涉及数据计算；根据实验数据作图以找出变量之间的规律性；对实验数据进行线性拟合或非线性拟合，通过直线的截距或斜率求算某些物理量，或者通过求曲线切线的斜率以求得微商值。

实验数据处理软件有许多，本书主要介绍常用的 Origin 软件和 Excel 软件。Origin 软件在物理化学实验数据处理中的应用将在相关实验中依据实验数据进行讲解。下面简要介绍 Excel 软件在物理化学实验数据处理中的应用。

1. 线性拟合

以乙酸乙酯皂化反应的实验数据为例演示线性拟合的过程。

① 将表 0-5 的实验数据（时间 t，电导 G_t）输入 Excel 电子表格中，如图 0-8 所示，实验温度 25.10℃。

表 0-5　乙酸乙酯皂化反应在 25℃ 的原始实验数据

实验温度：　25.10　℃　　$G_0 =$　1102　$\mu S \cdot cm^{-1}$　　$G_\infty =$　396　$\mu S \cdot cm^{-1}$

t/min	5	10	15	20	25	30	40	50	60
$G_t/\mu S \cdot cm^{-1}$	1007	907	833	785	742	706	653	615	590

② 选中要显示 $(G_0 - G_t)/(G_t - G_\infty)$ 公式结果的单元格 C2，输入"＝（1102－B2）／（B2－396）"，（注意：输入符号时必须是英文状态，括号必须是输入一对，再往括号内填入其他内容），回车，C2 列出现的结果就是我们需求的结果，如图 0-9 所示。

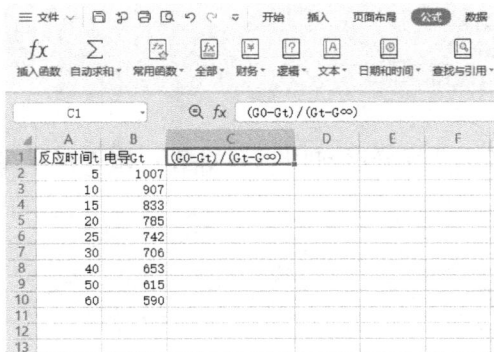

图 0-8　导入数据

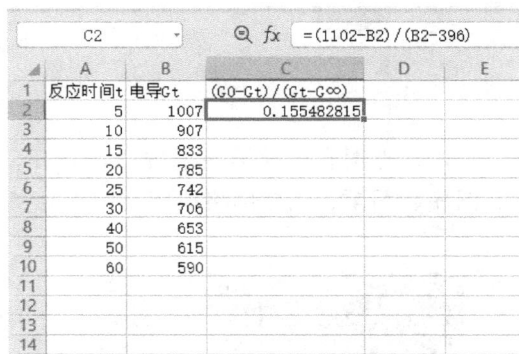

图 0-9　设置公式

③ 将鼠标置于单元格 C2 的右下角位置，屏幕出现"＋"，拖动鼠标向下，则可得到不同时刻对应的 $(G_0 - G_t)/(G_t - G_\infty)$ 计算值（图 0-10）。

④ 线性拟合。

选中需要作图的数列，从 A2～A10，按住 Ctrl 同时选中 C2～C10，在 Excel 工具栏中点击图标🔲，选择"XY 散点图"，选择第一个基础图，确定，得到散点图如图 0-11 所示。

图 0-10　得到计算值列

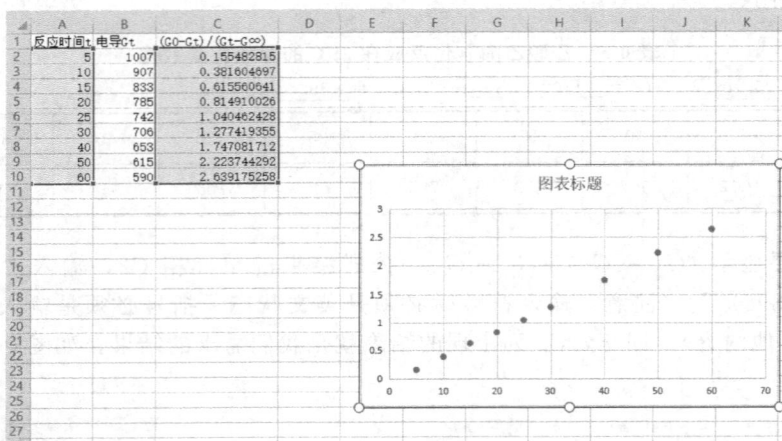

图 0-11　得到散点图

点击散点图右边的第一个按钮，点开，在此处可按要求对图进行设置，比如横纵坐标、图序、图题、坐标网格线等（图 0-12）。

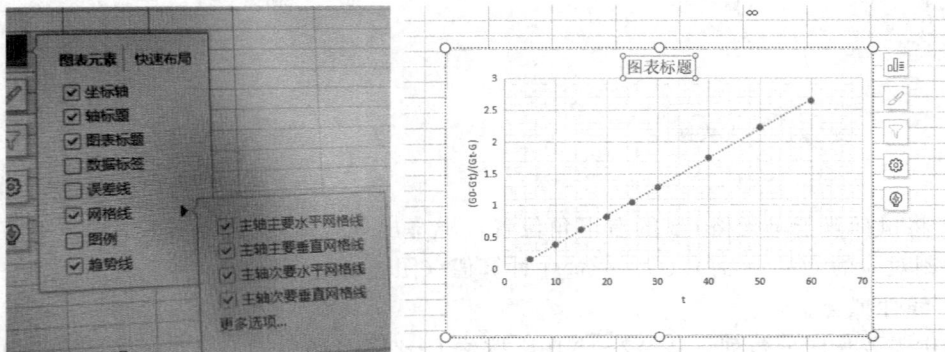

图 0-12　设置图题、坐标、网格线等

点击散点图右边第一个按钮，选择最下方的趋势线，点开右侧的黑色箭头，选择线性，在更多选项中，选择显示公式，显示 R 平方值，可得到线性拟合方程及归一系数 R^2（图 0-13），由 R^2 与 1 的接近程度可判断实验数据与线性拟合方程的相符程度。

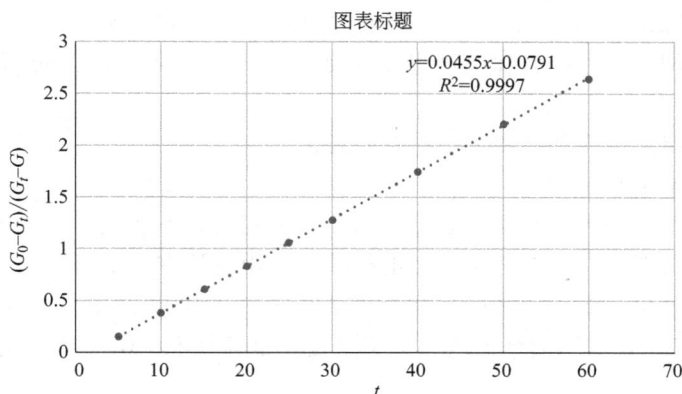

图表标题

$$y=0.0455x-0.0791$$
$$R^2=0.9997$$

图 0-13　线性拟合结果

2. 非线性拟合

最大泡压法测定液体表面张力实验的数据处理涉及数据计算、线性拟合、非线性拟合及作切线求斜率。现以该实验数据的非线性拟合和作切线求斜率过程为例，介绍 Excel 软件如何处理非线性拟合的具体操作方法。

按照上述"1."中步骤①和②完成数据计算和散点图之后，点击已绘制的散点图，点击右边第一个按钮，选择趋势线，在更多选项中，选择趋势线为多项式选项，阶数 2，选择显示公式，显示 R 平方值，则对数据点进行非线性拟合，绘制成曲线，并给出曲线的多项式方程。对此方程求导，可得到求曲线斜率的公式。

第五节　实验室安全与仪器操作规范

实验室的安全工作是指对人身及仪器设备两个方面而言。因而保障安全是化学实验工作中的首要工作。安全保障依赖于实验者对实验内容的深入理解，对实验室设施的熟悉程度、正确而娴熟的实验技能以及必要的安全防护知识的普及掌握程度。学生进入实验室必须熟悉实验室基本设施情况，先明确安全逃生通道，熟悉实验室水、电及防火、急救器材的位置与规格。一旦发生事故，要保持镇静，将事故限制在最小的范围内。

一、化学实验室安全用电常识

违章用电可能造成人身伤亡、火灾、损坏仪器设备等严重事故。物理化学实验室经常使用电学仪器仪表，应用交流电源进行实验，一定要注意安全用电。

人体若通过 50Hz、25mA 以上的交流电时会发生呼吸困难，100mA 以上则会致死。因此，安全用电非常重要，在实验室用电过程中必须严格遵守以下操作规程。

（1）防止触电

① 不能用潮湿的手接触电器。

② 所有电器的金属外壳都应该接上地线，所有电源的裸露部分都应有绝缘装置（例如电线接头处应裹上绝缘胶布）。

③ 已损坏的接头、插座、插头或绝缘不良的电线应及时更换。

④ 在接通电源前，务必确保线路已正确连接；实验结束时，应先切断电源，再拆除线路。

⑤ 如遇人触电，应先切断电源后再行处理。

（2）防止电路引起的火灾

① 使用的保险丝型号应与实验室允许的用电量相符，不能超过规定的负荷。

② 负荷大的电器应接较粗的电线，电线的安全用电量应大于用电功率。

③ 室内若有氢气、煤气等易燃易爆气体，应避免产生电火花。继电器工作和开关电闸时，易产生电火花，生锈的仪器或接触不良处，也容易产生电火花，发现问题应及时修理或更换。

④ 如遇电线起火，切勿用水或导电的酸碱泡沫灭火器灭火。应立即切断电源，用沙土或二氧化碳灭火器灭火。

⑤ 电路中各接点要牢固，电路元件两端接头不能直接接触，以免产生短路烧坏仪器或产生触电、着火等事故。

⑥ 电线、电器避免被水淋湿或浸在导电液体中，例如，实验室恒温浴槽中加热用的灯泡接口不得浸入水中。

（3）电器仪表的安全使用

① 在使用电器仪表前，需了解电器仪表要求使用的电源类型，是交流还是直流，三相还是二相，以及具体的电压值（如物理化学实验常用的使用电压 380V，220V，110V，6V）。例如，直流检流计背板有两个电源插孔（220V 和 6V），若实验中提供的是 220V 电压，则务必确保电源线正确插入对应插孔，避免误插 6V 插孔导致仪器损坏。若需使用直流电源，还需确认电器功率是否达标，并正确识别直流仪表的正负极。

② 仪表量程应大于待测量，若待测量大小不明时，应从最大量程开始测量。

③ 实验开始以前，应先由教师检查线路连接是否正确，经同意后，方可插上电源。

④ 在电器仪表使用过程中，如发现有不正常声响，局部升温或者嗅到绝缘漆过热产生的焦味，应立即切断电源，并报告老师进行检查。

⑤ 若仪器有漏电现象，则可将仪器外壳接上地线，仪器即可安全使用。但应注意，若仪器内部和外壳形成短路而造成严重漏电者（可以用万用电表测量仪器外壳的对地电压探知是否漏电），应立即检查修理。此时如接上地线使用仪器，则会产生很大的电流而烧坏保险丝或出现更为严重的事故。

二、使用化学药品的安全防护知识

1. 实验室中毒和灼伤事故的预防

实验室中常用的化学药品，绝大多数对人体都有不同程度的毒害，毒物可通过呼吸道、消化道、皮肤进入体内，因此实验前务必了解所用药品的毒性、性能及相应的防护措施。

化学灼伤源于皮肤与强腐蚀性物质、强氧化剂或强还原剂（诸如浓酸、浓碱、氢氟酸、金属钠、溴等）的直接接触，导致局部组织受损。

物理化学实验室常用的有毒有害化学药品防护措施如下：

① 苯、三氯甲烷、乙醚等的蒸气会引起中毒，它们虽然有特殊气味，但久嗅会引起嗅觉降低而中毒，所以应在通风良好的情况下使用，尽量避免吸入任何药品和溶剂蒸气。

② 在处理具有刺激性、恶臭或毒性的化学药品（例如氯气、溴气、浓硝酸、发烟硫酸、浓盐酸等）时，务必在通风橱内操作。通风橱开启后，不要把头伸入橱内，并保持实验室通风良好。

③ 有些药品（如苯、有机溶剂、汞等）能透过皮肤进入人体，应避免与皮肤接触，禁止用手直接取用任何化学药品，使用有毒药品时除用药匙、量器外必须佩戴橡皮手套和护目镜，实验后马上清洗仪器用具，立即用肥皂洗手。禁止口吸移液管移取液体，应该用洗耳球吸取。

④ 剧毒药品，包括氰化物、高汞盐（如 $HgCl_2$、$Hg(NO_3)_2$ 等）、可溶性钡盐（$BaCl_2$）、重金属盐（例如镉盐、铅盐）以及三氧化二砷等，必须妥善保管，并在使用时格外谨慎。**特别注意：严禁在酸性环境中使用氰化物！**

⑤ 严禁冒险品尝任何药品试剂，也不得直接用鼻子嗅闻气体，而应通过用手轻轻扇动的方式向鼻孔引入少量气体。特别强调的是，绝对不能品尝实验室中的化学药品，曾有同学因在蔗糖水解实验中品尝实验用蔗糖而引发危险。

⑥ 做好眼睛的防护。在化学实验室里应该一直佩戴护目镜（平光玻璃或有机玻璃眼镜），防止眼睛受刺激性气体熏染，防止任何化学药品特别是强酸、强碱、玻璃屑等异物进入眼内。熟知洗眼器的位置并学会使用洗眼器。

⑦ 禁止在实验室喝水、吃东西、吸烟。饮食用具不要带进实验室，以防止毒物污染，离开实验室及饭前一定要洗净双手。禁止赤膊穿拖鞋进入实验室。

⑧ 不要用乙醇等有机溶剂擦洗溅在皮肤上的药品，这种做法反而会增加皮肤对药品的吸收速度。

2. 实验室化学品中毒和化学灼伤的急救

（1）眼睛灼伤或掉进异物的紧急处理

一旦眼内溅入任何化学药品，立即用大量水缓缓彻底冲洗。实验室内应备有专用洗眼器。洗眼时要保持眼皮张开，可由他人帮助翻开眼睑，持续冲洗 15min。忌用稀酸中和溅入眼内的碱性物质，反之亦然。眼睛若不慎溅入碱金属、溴、磷、浓酸、浓碱等刺激性物质，应立即用洗眼器冲洗眼睛 10～15min，并迅速送往医院接受专业检查与治疗。

玻璃屑入眼极为危险，此时应保持冷静，切勿揉眼或让他人尝试取出。避免转动眼球，可让其自然流泪，有时碎屑能随泪水自行排出。用纱布轻轻包住眼睛后，将伤者急送眼科医院处理。

对于细木屑、尘粒等异物入眼，可由他人小心翻开眼睑，使用消毒棉签轻柔取出，或让其自然流泪，等待异物自然排出后，滴入适量鱼肝油以舒缓眼部。

（2）皮肤灼伤的紧急处理

① 酸灼伤。先用大量水冲洗，以免深度受伤，再用稀碳酸氢钠（$NaHCO_3$）溶液或稀氨水浸洗，最后用水洗。氢氟酸能腐蚀指甲、骨头，一旦滴在皮肤上，会形成痛苦的、难以治愈的烧伤。皮肤若被灼烧后，应先用大量水冲洗 20min 以上，再用冰冷的饱和硫酸

镁溶液或 70％酒精浸洗 30min 以上，或用大量水冲洗后，用肥皂水或 2％～5％ $NaHCO_3$ 溶液冲洗，用 5％ $NaHCO_3$ 溶液湿敷。局部外用可的松软膏或紫草油软膏及硫酸镁糊剂。

② 碱灼伤。先用大量水冲洗，再用 1％硼酸或 2％醋酸（HAc）溶液浸洗，最后用水洗。如灼烧严重，清水冲洗后送医就诊。

③ 溴灼伤。被溴灼伤后的伤口一般不易愈合，必须严加防范。在使用溴时，必须事先配制好适量的 20％硫代硫酸钠（$Na_2S_2O_3$）溶液以备不时之需。若不慎有溴沾染到皮肤上，立即用 20％硫代硫酸钠溶液冲洗，随后用大量清水彻底清洁，并用消毒纱布包裹伤口后迅速就医。

在受上述灼伤后，若创面起水泡，均不宜把水泡挑破。

（3）中毒的急救处理

实验中若感觉咽喉灼痛、嘴唇脱色或发绀，胃部痉挛或恶心呕吐、心悸头痛等症状时，则可能是中毒所致。视中毒原因施以下述急救后，立即送医院治疗，不得延误。

① 固体或液体毒物中毒。有毒物质尚在嘴里的立即吐掉，用大量清水漱口。误食碱者，先饮大量水再喝些牛奶。误食酸者，先喝水，再服 Mg（OH）$_2$ 乳剂，最后饮些牛奶。不要用催吐药，也不要服用碳酸盐或碳酸氢盐。

对于重金属盐中毒者，应立即饮用一杯含有数克硫酸镁（$MgSO_4$）的水溶液，并立即就医。切勿使用催吐药，以免引发危险或加剧病情。砷和汞化物中毒者，必须紧急就医。

在《默克索引》（The Merck Index）第 9 版 p. MISG21-28 中载有各种解毒方法，必要时应查阅提供给医生，以便及时对症下药。

② 吸入气体或蒸气中毒者。立即转移至室外，解开衣领和纽扣，呼吸新鲜空气。对休克者应施以简单急救后立即送医院。

（4）外伤的紧急处理

进行金属相图实验时，烫伤风险极高；而在切割玻管或向木塞、橡皮塞中插入温度计、玻管等操作时，割伤事故频发。玻璃制品因其质脆易碎，故在使用时切勿施加不当压力或造成张力。在将玻管、温度计插入胶塞孔中时，塞上的孔径与玻管的粗细要吻合。玻管的锋利切口需先在火中烧圆，随后管壁涂抹少量水或甘油以润滑，再用布包裹玻管，稍用力点缓缓旋入，严禁猛力强行操作。

外伤急救方法如下：

① 割伤。先取出伤口处的玻璃碎屑等异物，用水洗净伤口，挤出一点血，涂上红汞水后用消毒纱布包扎。也可在洗净的伤口上贴上"创口贴"，可立即止血，且易愈合。

若严重割伤大量出血时，应先止血，让伤者平卧，抬高出血部位，压住附近动脉，或用绷带盖住伤口直接施压，若绷带被血浸透，不要换掉，再盖上一块施压，立即送医院治疗。

② 烫伤。一旦被火焰、蒸气、红热的玻璃、铁器等烫伤时，立即将伤处用大量冷水冲淋或浸泡 10min 以上，以迅速降温避免深度烧伤。若起水泡不宜挑破，用纱布包扎后送医院治疗。对轻微烫伤，可用冷水冲淋 10min 后在伤处涂抹烫伤油膏。

三、实验室防爆

实验室发生爆炸事故的原因大致如下：

① 随便混合化学药品。氧化剂与还原剂混合后，在受热、摩擦或撞击条件下极易发生爆炸。

表 0-6 中列出的混合物都发生过意外的爆炸事故。

表 0-6　加热时发生爆炸的混合示例

镁粉-重铬酸铵	还原剂-硝酸铅
镁粉-硝酸银（遇水产生剧烈爆炸）	氯化亚锡-硝酸铋
镁粉-硫黄	浓硫酸-高锰酸钾
锌粉-硫黄	三氯甲烷-丙酮
铝粉-氧化铅	铝粉-氧化铜

② 在密闭系统中进行蒸馏、回流等加热操作。

③ 在加压或减压实验中使用不耐压的玻璃仪器。

④ 反应过于剧烈导致失控。

⑤ 易燃易爆气体（如氢气，乙炔等）、烃类、煤气和有机蒸气等大量逸入空气，引起爆燃。

⑥ 一些本身容易爆炸的化合物，如硝酸盐类，硝酸酯类，三碘化氮、芳香族多硝基化合物、乙炔及其重金属盐、重氮盐、叠氮化合物、有机过氧化物（如过氧乙醚和过氧酸）等，受热或被敲击时会爆炸。强氧化剂与一些有机化合物接触，如乙醇和浓硝酸混合时会发生猛烈的爆炸反应。

爆炸的毁坏力极大，必须严格加以防范。所有涉及爆炸危险的实验，教材中均有详细的安全操作规程，务必严格遵守。此外，平时应该遵守以下各点：

① 取出的试剂不得倒回贮备瓶或随手倾入污物缸，应征求教师意见后再加以处理。

② 在做高压或减压实验及其他容易引起爆炸的实验时，应使用防护屏或防护面罩。

③ 气体钢瓶禁止滚动，避免撞击表头，严禁随意更换表头。搬运时，必须使用专用的钢瓶车。

④ 在使用和制备易燃、易爆气体（如氢气、乙炔等）时，必须在通风橱内进行，不得在附近使用明火及可能产生电火花及其他撞击火花的操作。

⑤ 使用长期储存的乙醚前，必须先用过氧化物试纸检测，必要时需先除去可能生成的过氧化物。

⑥ 强氧化剂与强还原剂严禁混放。

四、实验室防火知识

着火是化学实验室里最容易发生的事故。多数着火事故是由于加热或处理低沸点有机溶剂时操作不当引起的。

二硫化碳，乙醚、石油醚、苯和丙酮等的闪点都比较低，即使存放在普通电冰箱内（冰室最低温 $-18℃$，无电火花消除器），也能形成可以着火的气氛，故这类液体不得贮于普通冰箱内。另外，低闪点液体的蒸气只需接触红热物体的表面便会着火。其中，二硫化碳尤其危险，即使与暖气散热器或热灯泡接触，其蒸气也会着火，应该特别小心。

1. 火灾预防

有效防范是对待事故最积极的态度。为预防火灾，应切实遵守以下各点：

① 严禁在开口容器或密闭系统中用明火加热有机溶剂，当用明火加热易燃有机溶剂时，必须有蒸汽冷凝装置或合适的尾气排放装置。

② 严禁将废溶剂倒入污物缸，必须倒入专用回收瓶内，统一处理。燃着的或引燃的火柴梗不得乱丢，应放在表面皿中，实验结束后一并投入废物缸。

③ 金属钠严禁与水直接接触，处理废钠时，通常采用乙醇进行安全销毁。

④ 不得在烘箱内存放、干燥、烘焙有机物。

⑤ 使用氧气钢瓶时，必须防止氧气大量泄漏至室内。因为当大气中含氧量达到约25％时，物质燃烧所需的温度显著降低，燃烧将更加剧烈，难以扑灭。

2. 灭火常识

如不慎失火，应冷静、沉着处理。只要掌握必要的消防知识，一般可以迅速灭火。

(1) 常用消防器材

化学实验室一般不用水灭火！这是因为水能和一些药品（如钠）发生剧烈反应，用水灭火时会引起更大的火灾甚至爆炸，并且大多数有机溶剂不溶于水且比水轻，用水灭火时有机溶剂会浮在水上面，反而扩大火场。下面介绍化学实验室必备的几种灭火器材。

沙箱：将干燥沙子贮于容器中备用，灭火时，将沙子撒在着火处。干沙对扑灭金属起火特别安全有效。平时需确保沙箱保持干燥状态，严禁随意丢弃火柴梗、玻管、纸屑等易燃杂物于其中。

灭火毯：通常用玻璃纤维、陶瓷纤维等耐高温材料制成，灭火时覆盖住火焰即可。

沙子和灭火毯常用于扑灭油锅起水、电路短路等局部小火，应妥善放置于指定位置，严禁擅自挪用，使用后需及时归位。

二氧化碳灭火器：化学实验室最常使用也是最安全的一种灭火器。其钢瓶内贮有 CO_2 气体。使用时，需一手提起灭火器，另一手紧握喷 CO_2 喇叭筒的把手，打开开关后，CO_2 气体便会迅速喷出。应注意，喇叭筒上的温度会随着喷出的 CO_2 气压的骤降而骤降，故手不能握在喇叭筒上，否则手会严重冻伤。CO_2 无毒害，使用后干净无污染。特别适用于油脂和电器起火，但不能用于扑灭金属着火。

泡沫灭火器：由 $NaHCO_3$ 与 $Al_2(SO_4)_3$ 溶液作用产生 $Al(OH)_3$ 和 CO_2 泡沫，灭火时泡沫把燃烧物质包住，与空气隔绝而灭火。因泡沫能导电，不能用于扑灭电器着火。且灭火后的污染严重，使火场清理工作麻烦，故一般非大火时不用它。

(2) 灭火方法

一旦失火，首先采取措施防止火势蔓延，应立即熄灭附近所有火源（如煤气灯），切断电源，移开易燃易爆物品。同时，需依据火势之猛烈程度，灵活采取适宜的灭火策略。

对在容器（如烧杯、烧瓶等）中发生的局部小火，可用石棉网、表面皿或木块等盖灭。

有机溶剂在桌面或地面上蔓延燃烧时，不得用水冲，可撒上细沙或用灭火毯扑灭。

针对钠、钾等活泼金属引发的火灾，通常采取干燥细沙覆盖的方式扑救。切记，严禁使用水灭火，否则将触发剧烈爆炸，CO_2 灭火器亦不可取。

若衣服着火，切勿慌张奔跑，以免风助火势。化纤织物最好立即脱除。一般小火可用湿抹布、灭火毯等包裹使火熄灭。若火势较大，可就近用水龙头浇灭。必要时可就地卧倒打滚，一方面防止火焰烧向头部，另外在地上压住着火处，使其熄火。

在化学反应过程中，若因冲料、渗漏、油浴着火等引起反应系统着火时，情况极为危险。处理不当会加重火势，因此必须严格遵守操作规程和安全措施。扑救时必须谨防冷水溅在着火处的玻璃仪器上，必须谨防灭火器材击破玻璃仪器，造成严重的泄漏而扩大火势。有效的扑灭方法是用几层灭火毯包住着火部位，隔绝空气使其熄灭，必要时在灭火毯上撒些细沙。若仍不奏效，必须使用灭火器，由火场的周围逐渐向中心处扑灭。

五、汞的安全使用

物理化学实验室经常会接触到水银温度计，也就是汞。长期吸入汞蒸气可导致慢性汞中毒，主要症状包括精神－神经异常、齿龈炎和震颤。而急性汞中毒通常由高剂量汞盐摄入引起，症状更为严重，如全身症状、呼吸道和消化道损害，甚至可导致死亡。例如，吸入高浓度汞蒸气或口服大量无机汞可致急性汞中毒，$0.1 \sim 0.3g$ 即可致死。所以使用汞必须严格遵守安全用汞操作规定。

① 避免汞直接暴露于空气中，应在盛汞容器上方覆盖一层水来密封。

② 装汞的仪器先一律放置浅瓷盘，防止汞滴散落到桌面和地面上。

③ 一切转移汞的操作，也应在浅瓷盘内进行（盘内装水）。

④ 实验前需确认装汞仪器稳固放置，并确保橡皮管或塑料管连接牢固。

⑤ 储汞的容器要用厚壁玻璃器皿或瓷器。用烧杯暂时盛汞，不可多装以防破裂。

⑥ 若有汞掉落桌上或地面上，先用吸汞管尽可能将汞珠收集起来，然后用硫黄盖在汞溅落的地方，并摩擦使之生成 HgS，也可用 $KMnO_4$ 溶液使其氧化。

⑦ 擦过汞或汞齐的滤纸或布必须放在有水的瓷缸内。

⑧ 盛汞器皿和有汞仪器应远离热源，严禁把汞仪器放进烘箱。

⑨ 使用汞的实验室应有良好的通风设备，纯化汞应有专用的实验室。

⑩ 手上若有伤口，切勿接触汞。

六、化学实验室常见仪器操作规范

1. 玻璃仪器

安装玻璃管至橡皮塞时需佩戴防护手套，接口处涂抹润滑剂（如水或油脂），避免用力拉扯粘接仪器。破碎玻璃需放入专用利器盒或加厚容器，并贴警示标识；较大碎片需冲洗后再丢弃。

2. 温度计

根据实验需求选择类型（如水银温度计适用 $0 \sim 360℃$）；破碎后需用硫黄处理残留汞，并密闭存放。

3. 加热及制冷设备

(1) 使用烘箱/马弗炉时，样品需耐高温，液体样品需密封；升温不超过设备最高温度，程序结束冷却至 $100℃$ 以下再开门。禁止烘烤易燃、易爆物（如有机溶剂）。

(2) 使用高压反应釜要注意，确认密封圈完好，对称拧紧螺栓；缓慢升压，实验结束充分泄压后再开启。发现泄漏立即停用，远离热源泄压。

(3) 冰箱禁止存放易燃、易爆或挥发性溶剂；所有试剂需密封并贴规范标签；定期清理过期样品，保持内部清洁。

4. 电子天平操作规范

① 天平应置于水平、稳固的实验台，必要时使用防震垫。远离通风口、门窗等气流源，避免设备置于振动台面或电磁干扰源（如大型电器）附近。确保环境温度稳定（推荐 $15\sim25℃$），湿度≤60％。

② 每日首次使用前、环境变化后、移动天平后必须校准。使用标准砝码定期校准。

③ 称量时使用轻质容器（如铝箔皿或称量纸），避免直接接触样品。称量腐蚀性物质需用防腐蚀容器。

④ 称量结束，清空称盘，按电源键关闭，断开电源。使用软毛刷或酒精棉清洁，确保无残留物。

5. 分光光度计

开机前检查电源及连接线，预热后设置波长，比色皿使用后需及时清洗并避光存放。仪器需置于稳定、避光环境，避免震动干扰。

6. 通风橱

操作时保持通风，禁止在出口处堆放物品；使用后及时清理内部残留物。

实验项目

实验一　恒温槽的装配与性能测试

一、实验目的

1. 了解恒温槽的构造及恒温原理，掌握装配、调试和恒温操作的基本技术。
2. 绘制恒温槽灵敏度曲线，学会分析恒温槽的性能。
3. 掌握水银触点温度计，电子继电器的基本测量原理和使用方法。

二、实验原理

在物理化学实验中所测量的物理量，如折射率、黏度、蒸气压、表面张力、电导、化学反应速率常数等都与温度有关，要准确测量其数值，必须在恒温下进行。

利用物质相变温度的恒定性来控制温度是恒温的重要方法之一。如冰和水的混合物，各种蒸气浴等，都是非常简便又实用的方法，该法的最大限制是可选择的温度很有限。

实验室中最常用的是用恒温槽来控制和维持恒温。恒温槽是实验工作中常用的一种以液体为介质的恒温装置，依靠恒温控制器来控制恒温槽的热平衡。恒温槽通常配备加热和冷却两种系统，我们重点探讨加热系统恒温槽的性能特点。加热系统恒温槽装置一般如图1-1所示。

恒温槽一般由浴槽、加热器、搅拌器、温度计、感温元件、温度控制器等部分组成，现分别介绍如下：

（1）浴槽。如果需要控制的温度在室温附近，浴槽可用敞口大玻璃缸，以便观察恒温物质的变化，浴槽的大小和形状根据需要而定。物理化学实验一般采用 20L 的圆形玻璃缸。根据恒温的程度，浴槽内可以采用不同的介质：一般，$0\sim100℃$ 多采用水浴。为避免水分的蒸发，$60℃$ 以上的恒温水浴常在水面上加一层石蜡油；恒温超过 $100℃$ 往往用石蜡油、甘油或豆油来代替水；如需更高温的恒温温度则可采用沙浴、盐浴或金属浴。

（2）加热器。常用的是电加热器。对电加热器的要求是热容量小、导热性好，功率适当。选择加热器的功率最好能使加热和停止的时间约各占一半。根据恒温槽的容量、恒温温度以及与环境的温差大小来选择加热器的功率。如容量为 20L、恒温温度为 $25℃$ 的恒温槽一般需要功率为 $200\sim250\,W$ 的加热器。

（3）温度计。常用分度为0.1℃的温度计作为观察温度用。如需测定恒温槽的灵敏度，可用分度为0.01℃的温度计或贝克曼温度计。

（4）搅拌器。一般采用40W的电动搅拌器，用变速器来调节搅拌速度。为使热量迅速传递，以保持恒温槽内各部分温度均匀，搅拌器一般应尽量安装在加热器附近，并居于浴槽中间位置。

（5）感温元件。感温元件的作用是当恒温槽的温度达到设定值时，发出信号使加热器停止加热；当恒温槽介质因与环境产生热交换而使温度低于设定值时，则发出信号使加热器继续加热。待加热到所设定温度时，它又使加热器停止加热，这样周而复始就可使介质的温度在一定范围内保持恒定。

感温元件的种类很多，如触点温度计、热敏感温元件等。本实验仅以目前普遍使用的触点温度计（又称水银导电表、接触式温度计）为例说明它的控温原理。触点温度计的构造如图1-2所示。它的构造与普通水银温度计类似，不同之处在于触点温度计上下两段均有刻度，上段由标铁指示温度，标铁焊接一根钨丝，钨丝下端所指的位置与上段标铁上端面所指的温度相同。标铁依靠顶端上部的调节帽内的一块磁铁的旋转来调节钨丝的上下位置。当旋转调节帽时，磁铁带动内部螺丝杆转动，使标铁上下移动。当调节帽顺时针旋转时，标铁向上移动；当逆时针旋转时，标铁向下移动。下面水银槽和上面螺丝杆引出两根线4、4′作为导电和断电用。当恒温槽温度未达到标铁上端面所指示的温度时，水银柱与钨丝触针不接触；当温度上升并达到标铁上端面所指示的温度时，水银柱与钨丝触针接触，从而使两根导线4、4′导通。

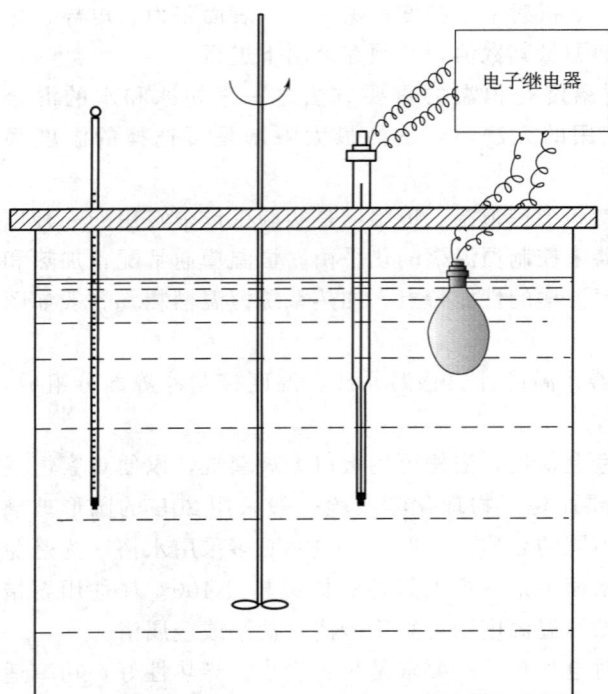

图1-1 恒温槽装置图

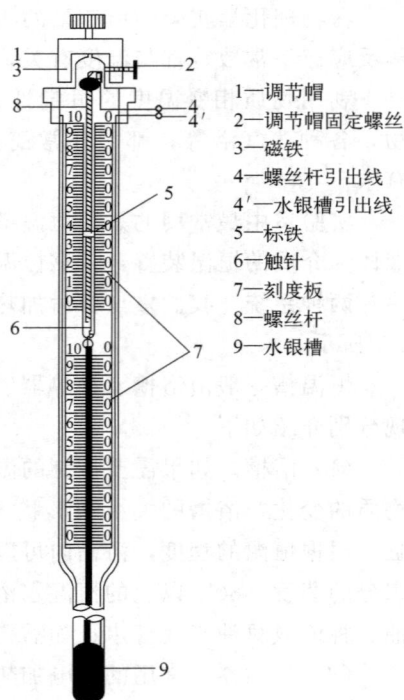

图1-2 触点温度计构造图

1—调节帽
2—调节帽固定螺丝
3—磁铁
4—螺丝杆引出线
4′—水银槽引出线
5—标铁
6—触针
7—刻度板
8—螺丝杆
9—水银槽

（6）电子继电器。通常使用电子继电器和感温元件作为恒温控制器。电子继电器结构如图 1-3 所示，其工作原理如下：

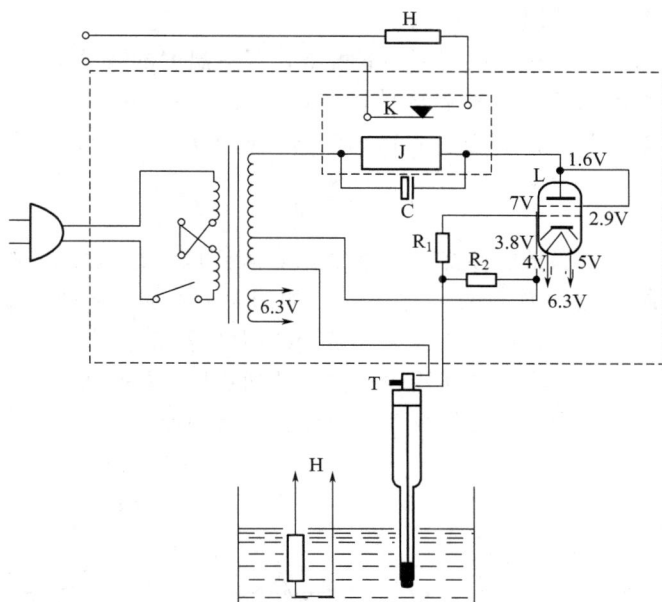

图 1-3　电子继电器结构示意图

L—6P1 电子管；T—触点温度计；H—加热器；

J—继电器线圈；K—衔铁；R_1，R_2—电阻；C—滤波电容

当恒温槽实际温度低于设定温度时，触点温度计 4、4′处于断路状态，因此负电位加不到电子管的栅极上去，则电子管内，仅存在着板极 B 与阴极 Y 之间的电场，灯丝 C 在 6.3V 电压作用下逃逸出的热电子在板极与阴极的电场下作定向运动，形成板极电流，此时继电器 J 的线圈内有电流通过，产生磁性，将弹簧片 K 吸下，则加热器 H 回路有电流通过，加热器 H 处于工作状态，介质被加热。

当介质的实际温度上升到设定温度时，触点温度计 4、4′处于接通状态，此时负电位加在栅极上，则电子管内定向运动的电子流受阻而中断，板极电流消失，于是继电器 J 线圈内无电流通过，磁性消失，弹簧片 K 又弹回原位。加热器回路电流中断，加热器不再工作。随着与环境的热交换，介质的温度下降，当降至低于设定温度时，又重复上述状态，这样往复循环，便可使介质在设定温度下保持恒定了。一般控制温度的波动范围在 ±0.1～±0.01℃。

由于这种温度控制装置属于"通"、"断"类型，当加热器接通后介质温度上升并传递给触点温度计，使它的水银柱上升。因为介质传热需要时间，因此会出现温度变化的滞后。当触点温度计的水银触及钨丝时，实际上加热器附近的介质温度已经超过了设定温度，使恒温槽温度高于设定温度；同理，降温时也会出现滞后状态，使恒温槽温度低于设定温度。

由此可知，恒温槽控制温度不是控制在某一固定不变的温度，而是有一个波动范围，恒温槽内各处的温度也会因搅拌效果的优劣而不同。为了对一个恒温槽性能有所了解，使

用前，通常先测量恒温槽的温度随时间变化的曲线（即灵敏度曲线），曲线振幅的大小即表示恒温槽灵敏度的高低。灵敏度是衡量恒温槽性能的主要标志，控制温度的波动范围越小，各处温度越均匀，恒温槽的灵敏度越高。它除了与感温元件、电子继电器有关外，还受搅拌速度、加热器功率等因素的影响。

恒温槽灵敏度的测定是指在设定恒温温度下，观察温度的波动情况，求出恒温槽温度的最大振幅。一般测定用较灵敏的温度计，如数字贝克曼温度计，记录温度随时间的变化，若最高温度为 t_1，最低温度为 t_2，恒温槽的灵敏度 t_e 可用下式计算：

$$t_e = \pm \frac{t_1 - t_2}{2} \tag{1-1}$$

为了更清晰地分析恒温槽的性能，通常会以观测到的一组数据作图，温度为纵坐标，时间为横坐标，绘制成温度-时间曲线来表示，如图 1-4 所示。从图中就可分析恒温的恒温性能以及加热器功率是否合适。曲线（a）表示恒温槽灵敏度较高；（b）（c）灵敏度较低，（b）表示加热器功率太大，需换用较小功率的加热器；（c）表示加热器功率太小或者浴槽散热太快，需换用较大功率的加热器，或改善浴槽的保温。

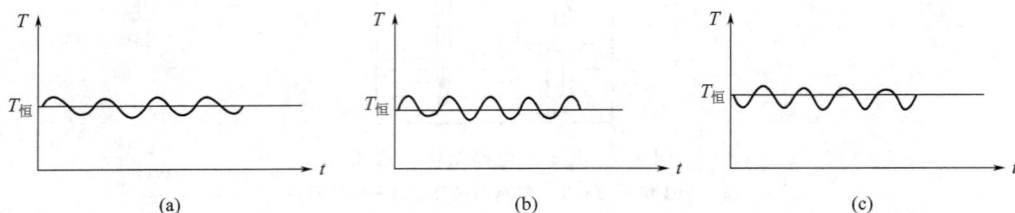

图 1-4　恒温槽灵敏度曲线

除了上述的一般恒温槽，实验室中还常用一种超级恒温槽。超级恒温槽的恒温原理和构造与普通恒温槽相同，只是它具有循环水泵，能将浴槽中的恒温水流过待测系统。例如将恒温水送入阿贝折射仪棱镜的夹层水套内，使样品恒温，而不必将整个仪器浸入浴槽。

如果所需实验温度低于环境温度，则需在恒温槽中加入一个冷却系统，当温度偏离设定值时，控制器会启动制冷或加热来调整温度。比如温度过高时，制冷装置开始工作，循环泵将冷却的液体输送到需要的地方；温度过低时，加热元件启动。

三、仪器和药品

20L 圆形玻璃缸 1 个；秒表 1 个；电子继电器 1 台；0～50℃分度为 0.1℃ 的温度计1 支；电动搅拌器 1 套；加热器 1 个；触点温度计 1 支；精密数字贝克曼温度计 1 台；导线若干；蒸馏水。

四、实验步骤

1. 根据所给元件和仪器，按照各部件正确位置安装恒温槽，并接好线路。
2. 浴槽中放入约 3/4 容积的蒸馏水，线路连接检查无误后，接通电源。
3. 打开搅拌器，调节搅拌速度至水面刚刚形成旋涡。
4. 调节恒温槽至所需恒温温度。

旋松触点温度计上端的调节帽1的固定螺丝，旋转磁铁使标铁5上下移动，使粗调温度（标铁5上端面）较希望控制的温度低0.5～1℃，接通电子继电器电源，打开电子继电器开关，开始加热。

当电子继电器指示停止加热（红灯亮）时，观察分度为0.1℃的温度计读数，如未达到所需恒温温度，顺时针旋转触点温度计调节帽1，使标铁5上移，钨丝触针6和水银柱不接触，此时加热器电路接通，继续加热；当观察分度为0.1℃的温度计恰好到达所需温度时，旋转触点温度计上端调节帽1使钨丝触针6与水银柱处于刚刚接通与断开状态（也可以由继电器的红绿灯指示来判断），固定调节帽1的固定螺丝。这个过程要反复进行，直到恒温槽温度稳定在设定温度为止（注意调节速度，以免使实际温度超过所需要控制的温度）。

在调节过程中，绝不能以触点温度计的刻度为依据，必须以分度为0.1℃的温度计为准，触点温度计所指的数，只能给我们一个粗略的估计。

5. 温度达到要求后，将调节帽1的固定螺丝旋紧，使之不再转动。

6. 恒温槽灵敏度的测定。

将数字贝克曼温度计调至温差档，选择合适基温并安放到恒温槽中。待恒温槽水浴温度到达40℃恒温后，观察数字贝克曼温度计的读数，恒温槽温度出现极大或极小值时，同时记录温度计读数和时间。测定约40min（或观察到20个最大值和最小值）。

7. 在恒温槽中选取4个位置，其中一个靠近加热器，一个在远离加热器的恒温槽边缘，其余2个在恒温槽的中间区域，用数字贝克曼温度计记录恒温槽温度变化的最大值和最小值。

五、数据记录与处理

室温：_____℃　大气压：_____Pa　实验温度：_____℃

表 1-1　恒温槽不同位置温度随时间的波动

重复次数	位置 1		位置 2		位置 3		位置 4	
	极大或极小值/℃	时间	极大或极小值/℃	时间	极大或极小值/℃	时间	极大或极小值/℃	时间
1								
2								
3								
4								
5								
6								
7								
8								
9								
10								
11								
12								

重复次数	位置 1		位置 2		位置 3		位置 4	
	极大或极小值/℃	时间	极大或极小值/℃	时间	极大或极小值/℃	时间	极大或极小值/℃	时间
13								
14								
15								
16								
17								
18								
19								
20								

1. 图示恒温槽内各元件的布局，并在图中指明所选 4 个点的位置。

2. 将实验记录的温度换算成相应的摄氏温度后，以时间为横坐标，温度为纵坐标绘制灵敏度曲线，并求出各位置对应的恒温槽灵敏度。

3. 分析各次实验结果，通过实验结果对恒温槽的性能进行讨论。确定实验所用恒温槽温度波动范围及灵敏度。

六、实验指导

1. 实验注意事项

（1）浴槽必须在加入足够的水（淹没加热器 100mm 以上）后才能通电，水位过低可能造成干烧而损坏加热器。

（2）使用时必须打开电动搅拌器或循环水泵，否则水温不易均匀。根据实际控温的需要，调节搅拌速度和循环水泵的速度。

（3）触点温度计是水银的，使用时要小心谨慎，防止打碎。

（4）恒温槽的实际控制温度应以分度为 0.1℃ 的温度计为准，触点温度计只能用来控温，可粗略估计控制温度，但不能用于测温。

（5）旋转触点温度计上端调节帽时，速度宜慢。调节时应密切注意实际温度与所控温度的差别，以决定调节的速度。

（6）每次旋转触点温度计调节帽后，均应拧紧固定螺丝，否则所控温度会因调节帽晃动而移位。

（7）实验数据测试过程中，除了观察温度计读数，不能改变任何一个部件的条件。

2. 精密数字贝克曼温度计使用说明

（1）先将传感器插入被测系统中（插入深度应大于 50mm），接通电源，初始状态指示灯亮，LED 显示仪表初始状态（实时温度）。

（2）精密数字贝克曼温度计有单屏和双屏显示两种类型，使用时有所差别。如果是单屏显示，需根据实验所需的实际温度手动选择适当基温。双屏显示是仪器自动选择基温，不需手动选择。

（3）双屏数字贝克曼温度计同时显示温度和温差，按需要读数即可。单屏温度计如需测量温差时，按一下"温度/温差"键（或将旋钮旋至温差位置），此时显示温差，"温度/温差"可来回转换。

（4）需记录读数时，可按一下"测量/保持"键，此时"保持"灯亮。读数完毕，再按一下"测量/保持"键，即可转换到"测量"状态，进行跟踪测量。

七、实验拓展

（一）温标的表示方法

根据热力学第零定律，"处在同一热平衡状态下的一切物体具有相同的温度"。在比较各个不同物体的温度时，无须将它们各自相互接触，而只需取一个标准物体与各个物体分别接触即可知道各物体温度的高低，这个作为标准的物体叫作"温度计"，它必须具有随温度改变而变化的性质，而且在一定的温度下，这种性质的量必须具有确定的数值。这样我们就可以根据这种性质的量的数值来计算温度了。此外，还需规定一定的冷热间隔分作若干度，并把一个一定的冷热程度作为参考点，以及明确温度与该物质某种性质的依赖关系。这样才能构成一个完整的温度数值的表示系统—即温标。

概括起来，确定一个温标要包括以下三个方面：

① 选择测温物质，该物质的某种物理性质（如体积、电阻、温差电势、辐射电磁波波长等）必须与温度有严格复现的依赖关系。

② 确定固定点及其指定的温度值（即参考点）。温度计通过测温物质的某些物理特性来显示温度的相对变化，其绝对值要用其他方法来标化。常在一定条件下，以高纯物质的相变温度作为基准点（或称固定点）。

③ 划分温度值，即采用内插法确定固定点之间的分度。

（二）几种常用温标

1. 摄氏温标

它以汞作为测温物质，依赖于汞的体积随温度而变的函数关系来确定温度。它规定在标准大气压下，水的冰点为 0℃，水的沸点为 100℃，在这两固定点之间划分 100 等分，每等分代表 1℃，符号为 t。

2. 华氏温标

选用汞作为测温物质，也是利用汞的体积与温度的函数关系来确定温度。它规定在标准大气压下，水的冰点为 32℉（0℃），水的沸点为 212℉（100℃），在这两固定点之间划分 180 等分，每等分代表 1℉，符号为 F。

华氏温标和摄氏温标统称为经验温标，两者之间的关系为：$F/℉＝1.8t/℃＋32$。

3. 热力学温标

它是建立在卡诺循环基础之上的，理想的科学温标。对应于热力学温标的温度叫热力学温度，亦称开尔文温度，还叫作绝对温度。

热力学温标的确定是用单一固定点来定义，规定水的三相点的热力学温度为 273.16K，热力学温度单位开尔文是水三相点热力学温度的 1/273.16。其符号为 T，单位符号为 K。

4. 国际实用温标

由于气体温度计装置复杂，使用不便，为了更好地统一国际间的温度度量值，国际上采用"国际实用温标",它是以一些可复现的平衡态(固定点)的指定值以及在这些温度点上分度的标准仪器作为基础的。

国际实用温标包括以下几点内容:

(1)选择一些纯物质的平衡态(定义固定点)温度作为温标基准点,并用气体温度计来定义这些点的温度,表 1-2 是 1969 年国际实用温标定义的固定点。

表 1-2　1969 年国际实用温标定义的固定点

平衡状态	国际实用温度指定值	
	T/K	$T/℃$
平衡氢三相点,固、液、气	13.81	−259.34
平衡氢液、气在 33330.6Pa·m^{-2} 压力下的平衡点	17.042	−256.103
平衡氢沸点,液、气	20.28	−252.87
氖沸点,液、气	27.102	−246.048
氧三相点,固、液、气	54.361	−218.789
氧沸点,液、气	90.188	−182.962
水三相点,固、液、气	273.16	0.01
水沸点,液、气	373.15	100
锌凝固点,固、液	692.73	419.58
银凝固点,固、液	1235.08	961.93
金凝固点,固、液	1337.58	1064.43

(2)温度计。建立不同温度范围的基准仪器,国际实用温标规定,从低温到高温划分四个不同温度区间,每个温度区间选用一个高度稳定的标准温度计来度量各固定点之间的温度值(表 1-3)。

表 1-3　国际实用温标规定不同温度区间所选用的标准温度计

温度区间/℃	标准温度计
−260.34～0	铂电阻温度计
0～630.74	
630.74～1064.43	铂铑(10%)～铂热电偶
1064.43 以上	光学高温计

(3)在固定点之间采用严格的内插公式,计算任何两相邻固定点之间的温度值,并力求与热力学温标一致。

(三)常用温度计

1. 水银温度计

水银在相当大的温度范围内(−38～365.6℃)为液态,特别是在 200℃ 以下,其体积膨胀与温度呈良好的线性关系。水银温度计分为以下三类。

(1)标准温度计　用于校验其他温度计,通常为 7 支一套,成套供应。温度范围为:

$-30 \sim 300℃$ 或 $-32 \sim 302℃$；最小分度：$0.05℃$（一等）；$0.1℃$（二等）。

（2）实验室用温度计　有几种不同的规格：

$-30 \sim 350℃$ 为八支一组，最小分度 $0.1℃$；

$-30 \sim 300℃$ 为四支一组，最小分度 $0.1℃$；

$0 \sim 100℃$，$0 \sim 250℃$，$0 \sim 360℃$ 等，最小分度 $1℃$。

（3）高温水银温度计　用特硬玻璃或石英玻璃作管壁，其中充以 N_2 或 Ar，可测至 $750℃$。

水银温度计属于全浸式温度计，使用时应全部浸入被测系统中，必要时需进行露茎校正。

2．贝克曼（Backmann）温度计

贝克曼温度计也是水银温度计的一种，其结构如图 1-5 所示。特点：

（1）刻度精细，最小分度为 $0.01℃$，借助放大镜可估读至 $0.002℃$；

（2）量程短，通常只有 $5℃$；

（3）水银球内水银量可以调节，从而可以在不同的温度范围内使用；

（4）由于水银球内的水银量是可以调节的，因而水银柱的刻度值并不是绝对温度的读数，而只能在使用量程范围内测定出温度的变化值。

贝克曼温度计只能用来测定温度变化，因此必须调节贝克曼温度计在所测温度范围内工作，调节办法有两种：恒温水浴法和标尺读数法。

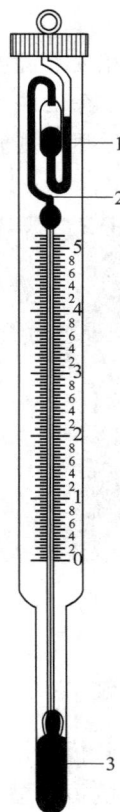

图 1-5　贝克曼温度计的构造
1—水银贮槽；2—毛细管；3—水银球

3．其他的液体温度计，如低温温度计，用乙醇或甲苯可以测到 $-100℃$。

4．热电偶温度计，主要用于高温测量（金属相图绘制一般使用此种温度计）。

5．电阻温度计：它是利用金属导体或半导体的电阻随温度变化这一特征来达到测温目的的。

6．高温计：在高温测量范围内，接触式温度计的使用受到了很大的限制，为此，根据黑体辐射时辐射能量或辐射波长与温度间的函数关系，设计出各种光学高温计——非接触式温度计。

（四）其他控温系统

相变点温度恒温介质浴法。当物质处于相平衡状态时，其自由度为零。当其与环境有少量温度差时，会借助吸收或释放相变潜热的形式交换热量来维持相平衡，因此可保持系统的温度不变。

实验室常用的恒温介质有：液氮（$77.3K$），干冰-丙酮（$-78.5℃$），冰-水（$0℃$），$Na_2SO_4 \cdot 10H_2O(s) \rightleftharpoons Na_2SO_4 \cdot H_2O(s) + Na_2SO_4(eq)$（$32.4℃$），此外，还可以利用一些纯物质液-气相变点的温度，如：丙酮（$56℃$），水（$100℃$），萘（$218℃$）；硫

（444.6℃）。

利用相变点温度作为恒温系统的优点是价廉、操作简便、稳定度高。但相变点恒温法存在的最致命的缺点是温度不能任意调节，从而限制了使用范围，而且平衡系统中的一相一旦消耗殆尽，则温度将不再确定。

小知识

恩斯特·奥托·贝克曼（Ernst Otto Beckmann），德国化学家。1853 年 7 月 4 日生于德国索林根，1923 年 6 月 12 日贝克曼死于柏林，死后被葬在达勒姆。主要成就包括发明贝克曼温度计和发现贝克曼重排反应。1886 年，贝克曼发现铜肟在硫酸的作用下进行重排反应，生成酰胺。这是一种很普遍的反应，后来这一反应被称为贝克曼重排反应。

他改进了溶液中通过测量沸点升高和凝固点降低测定一些物质的分子量的方法；这些测量需要精确测定温差，为此贝克曼发明了可准确到 0.001℃ 的示差温度计，被称为贝克曼温度计。

八、思考题

1. 解释恒温槽的恒温温度为何会出现波动。

2. 影响恒温槽灵敏度的因素有哪些？对于提高恒温槽的灵敏度，可以从哪些方面进行改进？

3. 恒温控制器包括哪几个部件？

4. 如果所需恒定的温度低于室温，如何装配恒温槽？

实验二　偏摩尔体积的测定

一、实验目的

1. 掌握测量求取二元溶液偏摩尔体积的方法。
2. 加深对偏摩尔体积概念的认识。
3. 学习定温下溶液密度的测定方法。

二、实验原理

在定温定压下，由 A、B 两组分的微小变化引起的二组分溶液的体积 V 的变化可表示为：

$$dV = \left(\frac{\partial V}{\partial n_A}\right)_{T,p,n_B} dn_A + \left(\frac{\partial V}{\partial n_B}\right)_{T,p,n_A} dn_B \tag{2-1}$$

令 $V_A = \left(\frac{\partial V}{\partial n_A}\right)_{T,p,n_B}$，$V_B = \left(\frac{\partial V}{\partial n_B}\right)_{T,p,n_A}$

则式(2-1)可表示为：

$$dV = V_A dn_A + V_B dn_B \tag{2-2}$$

式中，V_A、V_B分别称为组分A和组分B的偏摩尔体积。

在T、p恒定条件下，式(2-2)两边积分可得

$$V = n_A V_A + n_B V_B \tag{2-3}$$

式中V_A、V_B彼此不是相互独立的，V_A的变化将引起V_B的变化，反之亦然。因而难以用式(2-3)直接求取V_A、V_B。

若Q定义为组分B的表观摩尔体积，式(2-3)可写成：

$$V = n_A V_{m,A} + n_B Q \tag{2-4}$$

其中，$V_{m,A}$为纯A的摩尔体积，

$$Q = \frac{V - n_A V_{mA}}{n_B} \tag{2-5}$$

经推导可以得到如下四个关系式(推导过程可见实验指导)：

$$Q = \frac{1000}{m_B \rho \rho_A}(\rho_A - \rho) + \frac{M_B}{\rho} \tag{2-6}$$

$$Q = Q_0 + \sqrt{m_B}\,\frac{\partial Q}{\partial \sqrt{m_B}} \tag{2-7}$$

$$V_A = V_{mA} - \frac{m_B^2}{55.51}\left(\frac{1}{2\sqrt{m}} \cdot \frac{\partial Q}{\partial \sqrt{m_B}}\right) \tag{2-8}$$

$$V_B = Q_0 + \frac{3}{2}\sqrt{m_B}\left(\frac{\partial Q}{\partial \sqrt{m_B}}\right)_{T,p,n_A} \tag{2-9}$$

其中，ρ为溶液的密度；ρ_A为纯组分A的密度；m_B为溶液的质量摩尔浓度（mol·kg^{-1}）；M_B为组分B的分子量。

本实验用Q-$\sqrt{m_B}$作图法求取二组分系统的偏摩尔体积V_A、V_B。

在恒温恒压下，通过称量组分A和组分B的质量，就可以计算出相应溶液的质量摩尔浓度m_B，通过称量溶液的质量，就可以得到溶液的密度ρ，组分A的密度ρ_A可以查表得到。通过式(2-6)可计算出相应的Q值。

根据式(2-7)，若用Q对$\sqrt{m_B}$作图，则可得到一条直线（图2-1）。从图中可以得到截距Q_0和斜率$\dfrac{\partial Q}{\partial \sqrt{m_B}}$，有了$Q_0$和

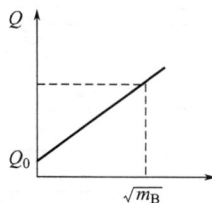

图2-1 Q-$\sqrt{m_B}$
关系图

$\dfrac{\partial Q}{\partial \sqrt{m_B}}$的值，根据需要，取不同的$m_B$值，通过式(2-8)和式(2-9)就可以得到组分A和组分B在浓度为m_B时的偏摩尔体积V_A、V_B。

三、仪器和药品

恒温槽1套；分析天平；25mL比重瓶1个；150mL磨口锥形瓶5个；100mL量筒1个；50mL烧杯2个；滴管若干。

NaCl（A.R.）；蒸馏水。

四、实验步骤

1. 调节恒温槽温度至实验温度（一般至少比室温高 5℃为宜）。

2. 配制溶液：用 150mL 磨口锥形瓶，准确配制质量摩尔浓度分别为 0.5、0.7、1、2、3mol·kg^{-1} 的 NaCl 溶液约 100mL。首先称重干燥的空锥形瓶；然后小心加入适量的 NaCl，再称重；用量筒加入所需蒸馏水后再称重。由减重法分别求出 NaCl 和水的质量，并分别求出它们的质量摩尔浓度（mol·kg^{-1}）。

3. 将洗净、烘干的比重瓶放置至室温，放到电子天平上准确称重，空瓶质量为 W_0。

4. 溶液密度的测定：用配好的溶液润洗比重瓶 3 次（注意同时润洗毛细管），然后装满，盖上带有毛细管的磨口塞，让瓶内的液体从毛细管口溢出（瓶内及毛细管中均不能有气泡存在）。将比重瓶放在调整好的恒温槽中恒温 10min。之后迅速用滤纸刮去毛细管口溢出的液体，取出比重瓶（只可拿瓶颈处），并将瓶壁擦干，待降至室温后放到电子天平上称重，质量为 W_2。重复以上操作，使质量误差重复至±0.0005g。

换不同浓度的 NaCl 溶液重复步骤 4 由稀到浓依次测定 5 个溶液的质量，每次测定前需要用待测溶液润洗比重瓶。均应重复 3 次，重复至误差在±0.0005g。

5. 用自来水冲洗比重瓶，再用去离子水反复润洗，装满去离子水，恒温后称其质量为 W_1。

五、数据记录与处理

室温：_____℃　大气压：_____Pa　实验温度：_____℃

实验温度下蒸馏水密度：$\rho_A =$ _____g·mL^{-1}

表 2-1　NaCl 溶液配制

序号	预计配制浓度及建议数据			实际配制数据(精确至±0.0004g)		
	m_B /(mol·kg^{-1})	$W_水$/g 可按体积取	W_{NaCl} /g	空锥形瓶 /g	瓶＋NaCl /g	瓶＋NaCl＋水 /g
1	0.5	100	2.9			
2	0.7	100	4.1			
3	1	100	5.8			
4	2	100	11.7			
5	3	100	17.5			

备注：表中指导数据为建议数据，具体数值以实际称量为准，并精确记录至±0.0004g。

表 2-2　不同浓度的 NaCl 溶液密度测量数据

序号	W_1/g	W_2/g				
	蒸馏水	1	2	3	4	5
空比重瓶(可重复 3 次)W_0/g						
瓶＋待测液	1					
	2					
	3					

注：W_0、W_1、W_2 分别为空比重瓶、比重瓶装满蒸馏水、比重瓶装满溶液的质量。

1. 按照表 2-1 和表 2-2 的数据，计算每一种溶液的质量摩尔浓度 m_B，$\sqrt{m_B}$，ρ 和 Q 并填入表 2-3。m_B 和 ρ 的计算公式如下：

$$m_B = \frac{1000 W_{NaCl}}{M_{NaCl} \cdot W_{H_2O}}$$

$$\rho = \rho_A \cdot \frac{W_2 - W_0}{W_1 - W_0}$$

表 2-3　不同浓度溶液的数值计算

序号	m_B	$\sqrt{m_B}$	称量平均值			$\rho/g \cdot mL^{-1}$	Q
			W_0/g	W_1/g	W_2/g		
1							
2							
3							
4							
5							

备注：ρ_A 为纯水的密度，可按测定温度查阅密度表，也可按下式计算

$\rho_{H_2O,T} = 1.01699 - \dfrac{14.290}{940 - 9(T - 273.15)}$，$T$ 为溶液的温度，单位 K。

2. 根据表 2-3 的数据作 Q-$\sqrt{m_B}$ 图，由直线截距和斜率求取 Q_0 和 $\dfrac{\partial Q}{\partial \sqrt{m_B}}$ 值。

3. 计算实验温度和压力下，$m_B = 0.5000 mol \cdot kg^{-1}$ 和 $m_B = 1.000 mol \cdot kg^{-1}$ 时水和 NaCl 的偏摩尔体积。

六、实验指导

1. 关系式(2-6)～式(2-9) 的推导

$$V = n_A V_{m,A} - n_B Q \tag{2-10}$$

$$Q = \frac{V - n_A V_{m,A}}{n_B} \tag{2-11}$$

由 A 和 B 的物质的量 n_A 和 n_B 配成溶液，其密度为 ρ，则溶液的体积为

$$V = \frac{n_A M_A + n_B M_B}{\rho} \tag{2-12}$$

式中 M_A 和 M_B 分别为物质 A 和 B 的分子量，把式(2-12) 代入式(2-11)，得

$$Q = \frac{1}{n_B} \left(\frac{n_A M_A + n_B M_B}{\rho} - n_A V_{m,A} \right) \tag{2-13}$$

当溶液浓度用质量摩尔浓度 m_B 表示时，式中 $n_A = \dfrac{1000}{M_A}$，$n_B = m_B$，则

$$Q = \frac{1}{m_B} \left(\frac{1000 + m_B M_B}{\rho} - \frac{1000}{M_A / V_{m,A}} \right) \tag{2-14}$$

在定温定压下，$\dfrac{M_A}{V_{m,A}} = \rho_A$，$\rho_A$ 为该条件下纯 A 的密度。

$$Q = \frac{1}{m_B} \left(\frac{1000 + m_B M_B}{\rho} - \frac{1000}{\rho_A} \right) \tag{2-15}$$

即得式(2-6)：

$$Q = \frac{1000}{m_B \rho \rho_A}(\rho_A - \rho) + \frac{M_B}{\rho}$$

由式(2-6)可知，与 Q 有关的量 m_B、ρ_A、ρ 都是实验上可测量的。因此 Q 可由这些测量值计算而得。进而只要找到 V_A、V_B 与 Q 的关系，则偏摩尔体积可求，为此，先把式(2-1)对 n_B 求导，得

$$V_B = \left(\frac{\partial V}{\partial n_B} \right)_{T,p,n_A} = Q + n_B \left(\frac{\partial Q}{\partial n_B} \right)_{T,p,n_A} \tag{2-16}$$

而

$$V_A = \frac{V - n_B V_B}{n_A} \tag{2-17}$$

式(2-17)中的 V 和 V_B 分别用式(2-10)和式(2-16)的关系代入，得

$$V_A = \frac{1}{n_A} \left[n_A V_{mA} - n_B^2 \left(\frac{\partial Q}{\partial n_B} \right)_{T,p,n_A} \right] \tag{2-18}$$

从式(2-16)和式(2-18)可以看出，已知 n_A、n_B、Q、$\dfrac{\partial Q}{\partial n_B}$，便可求算 V_{mB}、V_A、V_B。上述的计算方法，对于二元溶液未加任何限制，所以原则上适用于所有的二元溶液系统。

若溶液浓度用质量摩尔浓度 m_B 表示，则

$$\left(\frac{\partial Q}{\partial n_B} \right)_{T,p,n_A} = \left(\frac{\partial Q}{\partial m_B} \right)_{T,p,n_A} = \left(\frac{\partial Q}{\partial \sqrt{m_B}} \cdot \frac{\partial \sqrt{m_B}}{\partial m_B} \right)_{T,p,n_A} \tag{2-19}$$

$$\left(\frac{\partial Q}{\partial n_B} \right)_{T,p,n_A} = \frac{1}{2\sqrt{m_B}} \left(\frac{\partial Q}{\partial \sqrt{m_B}} \right)_{T,p,n_A} \tag{2-20}$$

将式(2-20)代入 $V_B = Q + n_B \left(\dfrac{\partial Q}{\partial n_B} \right)_{T,p,n_A}$，

$$V_B = Q + \frac{\sqrt{m_B}}{2} \left(\frac{\partial Q}{\partial \sqrt{m_B}} \right)_{T,p,n_A} \tag{2-21}$$

对于水来说，$n_A = \dfrac{1000}{M_A} = \dfrac{1000}{18.016} = 55.51$，联合式(2-20)代入式(2-18)，得到关系式(2-8)。

$$V_A = V_{m,A} - \frac{m_B^2}{55.51} \left(\frac{1}{2\sqrt{m_B}} \cdot \frac{\partial Q}{\partial \sqrt{m_B}} \right)$$

对于强电解质稀溶液，德拜-休克尔理论证明了其表观摩尔体积 Q 与 $\sqrt{m}$ 呈线性关系。对于 Q-$\sqrt{m_B}$ 线上任一点 $p(\sqrt{m_B}, Q)$ 有

$$\frac{Q - Q_0}{\sqrt{m_B}} = \frac{\partial Q}{\partial \sqrt{m_B}} \tag{2-22}$$

即推导出关系式(2-7)：

$$Q = Q_0 + \sqrt{m_B} \frac{\partial Q}{\partial \sqrt{m_B}}$$

将式(2-22)代入式(2-21)，得关系式(2-9)：

$$V_B = Q_0 + \frac{3}{2}\sqrt{m_B}\left(\frac{\partial Q}{\partial\sqrt{m_B}}\right)_{T,p,n_A}$$

2. 密度的测定方法

密度（ρ）是物质的基本特性常数，其单位为 $kg \cdot m^{-3}$（$g \cdot L^{-1}$）。它可用于鉴定化合物纯度和区别组成相似而密度不同的化合物。常用的测定方法有以下几种。

（1）比重瓶法。比重瓶是一种广泛应用的精度较高的密度测量法。这种方法的优点是测量精度主要决定于质量测定精度；比重瓶中液体几乎与空气隔绝，液体的蒸发和从空气中吸湿的可能性小，对于易挥发性液体及黏度很大的液体密度的测定都适用，测定所用液体量极少，一般为 $1\sim100mL$，比重瓶法测定液体密度是通过三次称量而实现的。

$$\rho = \rho_1 \cdot \frac{W_2 - W_0}{W_1 - W_0}$$

式中，W_0 为空比重瓶质量，g；W_1 为装满水的比重瓶质量，g；W_2 为装满待测液的比重瓶质量，g；ρ_1 是在测定温度时，蒸馏水的密度，可通过查阅手册获得。

比重瓶种类很多，使用时应根据待测液体的种类、数量和所需要的测量精度决定。比重瓶的容积越大，测量的相对误差越小，但是必须增加恒温时间，以减少瓶内液体温度不均匀带来的误差，且样品用量较大。常用的比重瓶见图 2-2。

比重瓶法的实验关键：

① 比重瓶内外表面要干净；

② 称量空比重瓶时一定要充分干燥比重瓶，干燥后的比重瓶应手持其颈部；

③ 称量时比重瓶应放置至室温后再称量，且室温要低于恒温温度，防止因室温高于恒温温度液体体积膨胀而溢出；

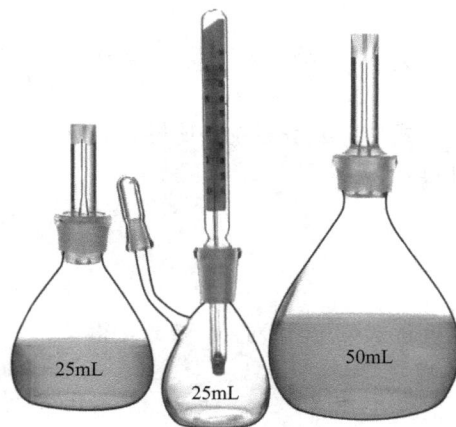

图 2-2　常见比重瓶的种类

④ 恒温过程中毛细管里始终要充满液体，如因挥发液面下降，需在毛细管上端滴加该溶液，注意不得存留气泡；

⑤ 恒温后装满液体的比重瓶不要用热手捂着，防止用手捂热比重瓶使液体溢出；

⑥ 比重瓶从恒温槽取出后必须迅速刮去溢出的液体，或在恒温过程中刮去溢出的液体；

⑦ 在精密测定中，实际空比重瓶质量应该是空瓶称量数值减去瓶中空气的质量之差。

（2）比重计法。市售的成套比重计是在一定温度下标度的，根据液体相对密度的大小，选择一支比重计，在比重计所示的温度下插入待测液体中，从液面处的刻度可以直接读出该液体的相对密度。比重计测定液体的相对密度操作简单方便，但不够精确。

（3）落滴法。此法对于测定很少液体的密度特别有用，准确度比较高，可用来测定溶液中浓度的微小变化，在医院可用于测定血液组成的改变，在同位素重水分析中也是很有用的方法。它的缺点是液滴滴下来的介质难以选择，因此影响此方法的应用范围。

（4）比重天平法。比重天平有一个标准体积及质量一定的测锤，浸没于液体之中获得浮力而使横梁失去平衡，然后在横梁的 V 形槽里放置相应质量的砝码，使横梁恢复平衡，从而能迅速测得液体的密度。

七、实验拓展

设计实验测定乙醇水溶液的偏摩尔体积。

在多组分系统中，某组分 i 的偏摩尔体积定义为：

$$V_{i,m} = \left(\frac{\partial V}{\partial n_i}\right)_{T,p,n_j(i \neq j)} \tag{2-23}$$

则

$$V_{1,m} = \left(\frac{\partial V}{\partial n_1}\right)_{T,p,n_2}, \quad V_{2,m} = \left(\frac{\partial V}{\partial n_2}\right)_{T,p,n_1}$$

系统总体积：

$$V = n_1 V_{1,m} + n_2 V_{2,m} \tag{2-24}$$

将式（2-24）两边同时除以溶液质量 m

$$\frac{V}{m} = \frac{m_1}{M_1} \times \frac{V_{1,m}}{m} + \frac{m_2}{M_2} \times \frac{V_{2,m}}{m} \tag{2-25}$$

令

$$\frac{V}{m} = a, \quad \frac{V_{1,m}}{M_1} = a_1, \quad \frac{V_{2,m}}{M_2} = a_2$$

式中，a 是溶液的比容；a_1，a_2 分别为组分 1、2 的偏质量体积。将其代入式（2-25）可得：

$$a = \omega_1 a_1 + \omega_2 a_2 = (1 - \omega_2)a_1 + \omega_2 a_2 \tag{2-26}$$

$$\omega_1 = \frac{m_1}{m}, \quad \omega_2 = \frac{m_2}{m}$$

将式（2-26）对 ω_2 微分，得

$$\frac{\partial a}{\partial \omega_2} = -a_1 + a_2$$

即

$$a_2 = a_1 + \frac{\partial a}{\partial \omega_2} \tag{2-27}$$

将式（2-27）代回式（2-26），整理得

$$a = a_1 + \omega_2 \frac{\partial a}{\partial \omega_2} \tag{2-28}$$

和

$$a = a_2 - \omega_1 \frac{\partial a}{\partial \omega_2} \tag{2-29}$$

所以，实验求出不同浓度（质量分数 ω）溶液的比容（密度的倒数），作 a-ω_2 关系图，得曲线 CC'，可在 M 点作切线，切线两边的截距 AB 和 $A'B'$ 即为 a_1 和 a_2，再由关系式（2-27）就可求出 $V_{1,m}$ 和 $V_{2,m}$。

八、思考题

1. 使用比重瓶应注意哪些问题？
2. 如何使用比重瓶测量粒状固体物的密度？
3. 本实验的关键操作是什么，如何保证溶液密度测量的精度？

实验三 溶解热的测定

一、实验目的

1. 掌握数字贝克曼温度计的特点及使用方法。
2. 掌握用绝热式量热计测定 KCl 溶解热的原理和方法。
3. 学会量热实验中温差的校正方法。

二、实验原理

量热法是热力学实验的一个基本方法，可以测定在一定条件下物理化学过程的燃烧热、溶解热、中和热等热效应。

测定热效应的仪器称为量热计，整个过程在量热计中绝热进行，根据量热计温度的变化，可算出这一过程的热效应。

盐类的溶解通常包含晶格的破坏和离子的溶剂化两个同时进行的过程。晶格的破坏为吸热过程，离子的溶剂化为放热过程，溶解热是两个过程热效应的总和。因此盐溶解过程是吸热还是放热，由两个过程热效应的相对大小所决定。

积分溶解热是指将一定量的溶质溶于一定量的溶剂中所产生的热效应的总和。若是等压过程，这个热效应就等于该过程的焓变，因此也称溶解焓。溶解热的测定在绝热式量热计中进行，从系统温度的变化，即可算出热效应。最简单的绝热式量热计就是保温瓶。

本实验是测定 KCl（固）的溶解热。在量热计中将 W_1 克 KCl（固）溶于 W_2 克水中，测得溶解前的温度 t_1 和溶解后的温度 t_2，整个过程绝热，其实际过程为：

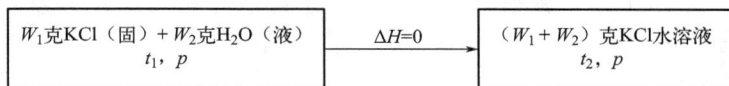

$$\boxed{\begin{array}{c} W_1\text{克 KCl（固）}+W_2\text{克 }H_2O\text{（液）}\\ t_1,\ p \end{array}} \xrightarrow{\Delta H=0} \boxed{\begin{array}{c} （W_1+W_2）\text{克 KCl 水溶液}\\ t_2,\ p \end{array}}$$

焓是状态函数，因此 ΔH 只与系统的始终态有关，而与所经过的实际途径无关。根据这个原则，上述不可逆过程可设计为两步可逆过程进行计算：

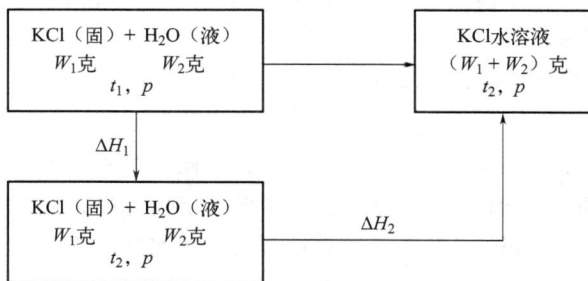

$$\begin{array}{ccc} \boxed{\begin{array}{c} \text{KCl（固）}+H_2O\text{（液）}\\ W_1\text{克}\quad\quad W_2\text{克}\\ t_1,\ p \end{array}} & \longrightarrow & \boxed{\begin{array}{c} \text{KCl 水溶液}\\ （W_1+W_2）\text{克}\\ t_2,\ p \end{array}}\\ \Big\downarrow \Delta H_1 & \nearrow \Delta H_2 & \\ \boxed{\begin{array}{c} \text{KCl（固）}+H_2O\text{（液）}\\ W_1\text{克}\quad\quad W_2\text{克}\\ t_2,\ p \end{array}} & & \end{array}$$

显然，$\Delta H=\Delta H_1+\Delta H_2$，因为整个过程在绝热系统中进行，$\Delta H=0$，则：$\Delta H_1=-\Delta H_2$，$\Delta H_1$ 为 W_1 克 KCl（固）、W_2 克水（液）及量热计从始温 t_1 至终温 t_2 过程中焓的变化。

$$\Delta H_1 = W_1 C_1(t_2 - t_1) + W_2 C_2(t_2 - t_1) + K(t_2 - t_1) \qquad (3\text{-}1)$$

式中，C_1、C_2 分别为 KCl（固）和水的定压热容；K 为量热计的热容量常数，定义为该量热计温度升高 1℃时所需的热量，因此，K 为正值。

$$\Delta H_2 = -\Delta H_1 = W_1 C_1(t_1 - t_2) + W_2 C_2(t_1 - t_2) + K(t_1 - t_2) \qquad (3\text{-}2)$$

如果已知量热计的热容量常数 K，测得 t_1 和 t_2 后就可通过式(3-2) 算出 ΔH_2。显然 ΔH_2 为常压，在温度 t_2 下，W_1 克 KCl（固）溶于 W_2 克水中的溶解热，将其换算成 1mol 的热效应，即为 KCl 在常压、t_2 时的摩尔溶解热。

若取一已知溶解热的盐（如 KNO_3）使其溶于定量水中，分别测得溶解前后系统的温度 t_1 和 t_2，根据式(3-1) 可导出

$$K = \Delta H_{KNO_3} \cdot \frac{W_{KNO_3}}{M_{KNO_3}} \cdot \frac{1}{t_1 - t_2} - (CW)_{KNO_3} - (CW)_{H_2O} \qquad (3\text{-}3)$$

ΔH_2 已知，根据式(3-3) 即可求出 K 值。

在测定量热计的热容量常数 K 和 KCl 的溶解热时，通常使用精密数字贝克曼温度计来精确测量溶解过程中的温度变化，从而确定溶解热效应引起的温度变化值 ΔT。

由于热传导、蒸发、对流、辐射等所引起的与环境的热交换无法完全避免，实际使用的量热计往往不是很好的绝热容器，加之摇动引入的能量等因素都使测得的 ΔT 值不准确。这些现象的规律很复杂，难以找到统一的热交换校正公式，通常采用雷诺曲线校正法对 ΔT 进行温度校正（具体校正方法见实验指导）。在测定热效应时若选用绝热良好的量热计，它与环境几乎不发生热交换，可不做 ΔT 的校正。

绝热式量热计可广泛应用于测定各种形式的热效应，如燃烧热、反应热、中和热和稀释热等。

三、仪器和药品

量热计（1L 不锈钢保温瓶）1 套；数字贝克曼温度计 1 台；500mL 容量瓶 1 个；秒表 1 块；500mL 烧杯 1 个；瓷研钵（公用）2 个；培养皿 1 个；称量纸若干；KNO_3（A. R.）；KCl（A. R.）。

四、实验步骤

1. 量热计热容量常数 K 的测定

本实验以 KNO_3 为标准物质（已知其溶解热为 35392J·mol^{-1}），测定量热计热容量常数 K。

将 KNO_3 在研钵中研细，在电子天平上准确称取 3.75g 左右（±0.0004g）的 KNO_3，备用。

用容量瓶量取 500mL 蒸馏水放入洁净、干燥的保温瓶中，插入数字贝克曼温度计，将温度计置于温差测量档，选择合适的基温（如果数字贝克曼是双屏显示，则会自动选择基温），稍加摇动后放置 2min 左右，观察系统温度基本稳定后开始记录温度，每隔 10s 读取一次数据，记录 5 个数据后，快速取下数字贝克曼温度计，将已准确称重的 KNO_3 倒入保温瓶中，迅速装上温度计，匀速摇动量热计，继续每隔 10s 记录一次系统温度，当读得系统最低点温度后，再读 4~5 个数据可结束此次测量（数据记录在表 3-1 中），由此可得到用于绘制雷诺曲线的温度-时间数据。

洗净并擦干数字贝克曼温度计探头和保温瓶，备用。

实验至少要测定 3 次。根据实验数据简单估算一下量热计的热容量常数 K（估算时可不进行雷诺曲线校正，以加 KNO_3 前最后一个系统温度为 t_1，溶解后最低点温度为 t_2），K 如为负数，则需要重新测定。测定数值为正，并且两次误差不超过测定值的 3％，可认为量热计热容量常数 K 的测定值合理，方可进行下一步实验。

2. KCl 溶解热的测定

准确称取 10.35g 左右（±0.0004g）已研细的 KCl，按 1 中的步骤测定 KCl 的溶解热。数据记录在表 3-2 中。

重复 3 次实验取平均值。

五、数据记录与处理

室温：_____℃　大气压：_____Pa　实验温度：_____℃

表 3-1　KNO_3 溶解过程的系统温度变化

时间 t/min							
温度 T	1						
	2						
	3						

表 3-2　KCl 溶解过程的系统温度变化

时间 t							
温度 T	1						
	2						
	3						

1. 根据表 3-1 中的系统温度变化对时间作图进行雷诺曲线校正，将各次校正后的 ΔT 记录到表 3-3，并按式(3-3)计算量热计热容量常数 K 记录在表 3-3 中，取其中两次测量误差在 3％内的 K 值，计算其平均值。（已知 $\Delta H_{KNO_3}=35392J \cdot mol^{-1}$，$C_{H_2O}=4.184J \cdot K^{-1} \cdot g^{-1}$，$C_{KNO_3}=0.595J \cdot K^{-1} \cdot g^{-1}$）

表 3-3　量热计热容量常数 K 的计算

测量次数	W_{KNO_3}/g	W_{H_2O}/g	校正后 ΔT	K/($J \cdot K^{-1}$)	$\overline{K}$/$J \cdot K^{-1}$
1					
2					
3					

2. 根据表 3-2 的数据对 KCl 溶解过程的系统温度变化数据对时间作图进行雷诺曲线校正，将校正后的 ΔT 记录到表 3-4，并按式(3-4)计算 KCl（固）的摩尔溶解热记录在表 3-4 中，计算平均值和相对误差。（已知 $C_{KCl}=0.690J \cdot K^{-1} \cdot g^{-1}$）

表 3-4　KCl（固）的摩尔溶解热

测量次数	W_{KCl}/g	W_{H_2O}/g	校正后 ΔT	KCl 的摩尔溶解热 /J·mol^{-1}	平均摩尔溶解热 /J·mol^{-1}
1					
2					
3					

$$\Delta H_{KCl} = (W_{H_2O}C_{H_2O} \mid \Delta T \mid + W_{KCl}C_{KCl} \mid \Delta T \mid + K \mid \Delta T \mid) \cdot \frac{M_{KCl}}{W_{KCl}} \tag{3-4}$$

六、实验指导

1. 雷诺曲线作图校正方法

将实验观测到的一系列系统温度对时间作图，连成 $ABDC$ 线（如图 3-1），图中 B 点相当于热效应开始点（溶解热测定中加药前的系统温度点），D 点为热效应结束点（本实验测定中观测到的加药后系统温度最低点）。如果系统与外界有热交换，AB 和 DC 会发生倾斜（如果 AB 和 DC 不发生倾斜，说明实验过程中没有与外界发生热交换，则无需校正）。

分别过 B 点和 D 点做横轴的平行线交纵轴于两点 E 和 F，过 EF 的中点 O 做横轴的平行线交曲线于 M 点。过 M 点做纵轴的平行线分别交 AB、CD 的延长线于 GH，则 GH 所表示的温差即为校正后的 ΔT。

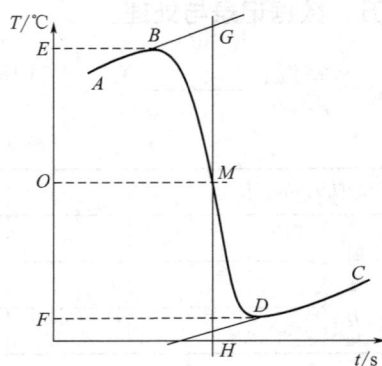

图 3-1　雷诺曲线示意图

2. 量热计热容量常数的测定

量热计热容量常数的测定通常有标准物质法和通电加热法两种。实验中用的是标准物质法。

通电加热法是在量热计中放入一定量的水，用电加热器通过一定电流 I（单位：A），通电一定时间 t（单位：s）后，根据焦耳定律，由电流 I 和加热器的电阻 R（单位：Ω）即可求出 K 值。

$$Q_{电} = 0.239I^2Rt = W_{H_2O}C_{H_2O}\Delta T + K\Delta T$$

3. 实验注意事项

（1）本实验应确保所测样品在量热计内迅速、完全地溶解，因此实验前必须尽量研细样品。

（2）加入样品需要打开塞子，这是一个热交换的过程。加入样品的速度，应该尽量快，并迅速盖上塞子。加样速度代表了系统与环境进行热交换的时间，每次实验加入样品的速度应尽量保持一致。此因素引起的热交换会在量热计热容量常数 K 的数值上体现。

（3）实验过程中为加速样品溶解摇动量热计的速度应该适中，并保持稳定，摇动太慢，会因为水的传热性差而导致测量值出现偏差（偏高或偏低取决于温度计探头的位置）；摇动太快，又会以功的形式向系统中引入能量。这种能量也会在量热计热容量常数 K 的数值上体现。

（4）实验结束后，观察量热计中不应存在未溶解的样品，否则需重做实验。

（5）如果实验过程中温度值很快出现最低点后又快速回升至某一点附近稳定，则说明加样速度和摇动速度过慢，溶解产生的温度变化尚未充分扩散到整个系统中，最低点温度不能代表系统温度，需重新做实验。

（6）实验过程中切勿把秒表按停读数，直到一次样品测定结束方可停表（读到系统最低温度并继续读取 4～5 个数据）。

（7）固体 KNO_3 易吸水，故称量和加样动作应迅速，应该将研磨至 200 目的样品在 110℃烘干，并保存在干燥器中。

七、实验拓展

1. 本实验装置除了测定溶解热外，还可以测定中和热、水化热、生成热及液态有机物的混合热等，但应根据需要，设计合适的反应池（量热计）。

2. 本实验还可用电热补偿法测定，如果用电热补偿法测量溶解热时，整个实验过程要注意电热功率的检测准确，但由于实验过程中电压波动的关系，很难得到一个准确值。如果实验装置使用计算机控制技术，采用传感器收集数据，使整个实验自动化完成，则可以提高实验的准确度。

八、思考题

1. 实验过程中加样速度应如何控制？为什么？
2. 实验过程中量热计的摇动速度应如何控制？为什么？
3. 什么情况下需要用雷诺曲线对 ΔT 进行校正？如何校正？画出示意图。
4. 除了实验中的标准物质法，量热计热容量常数还可以如何测定？
5. 实验中要求尽可能研细药品，目的是什么？
6. 分析引起实验误差的几个因素。

实验四　凝固点降低法测定非挥发性溶质的摩尔质量

一、实验目的

1. 测定水的凝固点降低值，计算蔗糖（或尿素）的摩尔质量。
2. 掌握溶液凝固点的测定技术，通过实验加深对稀溶液依数性的理解。
3. 了解溶液过冷的原理及实现的方法。
4. 熟练使用数字贝克曼温度计。

二、实验原理

非挥发性溶质溶于溶剂形成稀溶液，当稀溶液凝固析出纯固体溶剂时，则溶液的凝固点低于纯溶剂的凝固点，其降低值只取决于溶液中溶质粒子的数目，与溶质本性无关。

假设溶液是理想溶液，溶液中只有一种溶质 B，B 在溶剂中既不解离也不缔合，则该溶液的凝固点降低值与溶质的质量摩尔浓度 m_B 成正比

$$\Delta T_f = K_f m_B \tag{4-1}$$

式中，K_f 称作凝固点降低常数，它的数值仅与溶剂的性质有关。一些常见溶剂的 K_f 值见书后附录九。

若称取摩尔质量为 M_B 的一定量的溶质 W_B（g）和溶剂 W_A（g），配成稀溶液，则此溶液的质量摩尔浓度 m_B 可通过下式求得

$$m_B = \frac{1000W_B}{M_B W_A} \tag{4-2}$$

若已知某溶剂的凝固点降低常数 K_f 值，通过实验测定此溶液的凝固点降低值 ΔT_f，即可计算溶质的摩尔质量 M_B。

$$M_B = K_f \cdot \frac{1000W_B}{W_A \cdot \Delta T_f} \tag{4-3}$$

显然，全部实验操作的关键归结为凝固点的精确测量。通常测定凝固点的方法是将溶液逐渐冷却，液体在逐渐冷却过程中，当温度达到或稍低于其凝固点时，由于新相形成需要一定的能量，故结晶并不析出，成为过冷溶液。此时可通过搅拌或加入晶种促使溶剂结晶，由结晶放出的凝固热，使系统温度回升。当放热与散热达到平衡时，温度不再改变。此固液两相共存的平衡温度即为溶液的凝固点。

从相律分析，纯溶剂与溶液的冷却曲线形状不同。对纯溶剂而言，两相共存时，自由度 $f^* = 1 - 2 + 1 = 0$，冷却曲线出现水平线段，其形状如图 4-1 中曲线 a 所示，水平线段对应着纯溶剂的凝固点。如果是过冷后突然搅拌促使大量固体析出，则会出现 4-1 中曲线 b 的情况，固体析出放出的凝固热使系统温度回升，当放热与散热达到平衡时，系统温度回升至最高点后出现水平线段，即为待测液体的凝固点。对溶液而言，两相共存时，自由度 $f^* = 2 - 2 + 1 = 1$，温度仍可下降（如图 4-2 中曲线 a 所示），此时冷却曲线不出现水平线段，而是斜率发生变化。但如果是过冷溶液，由于大量溶剂凝固时放出比较多的凝固热，使温度回升，但回升到最高点又开始下降，此时的冷却曲线如图 4-2 中曲线 b 所示。溶剂析出后，剩余溶液浓度变大，显然回升的最高温度不是原浓度溶液的凝固点。随着溶剂析出，溶液的凝固点不断下降，因此在冷却曲线上得不到温度不变的水平线段。如果溶液的过冷程度不大，析出溶剂的量很少，可认为对原始溶液浓度影响不大，此时可以将过冷后温度回升的最高值作为溶液的凝固点；但若过冷程度太大或寒剂温度过低，则凝固热抵偿不了散热，此时温度不能回升到原浓度溶液的凝固点，就得不到正确的凝固点，测定的凝固点值往往偏低，如图 4-2 中曲线 c 所示。由此可见，用过冷法测定凝固点的关键在于过冷程度的控制。

精密测定应作冷却曲线，并按图 4-2 中曲线 c 所示方法加以校正。

本实验采用过冷法测定凝固点。即把待测液体在不扰动的条件下逐渐降温成为过冷溶液，控制过冷程度，然后在几乎绝热的情况下突然搅拌待测液体，促使固体析出，放出的凝固热使系统温度逐渐回升，当放热与散热达到平衡时，即为待测溶剂的凝固点。测定溶液的凝固点需要测出系统温度回升到最高点的温度。本实验测纯溶剂和溶液凝固点之差，由于差值较小，所以测温采用数字贝克曼温度计的温差档来测量。

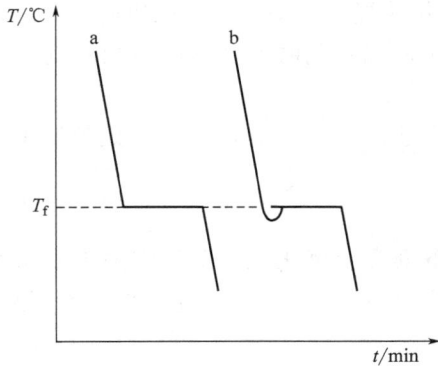

图 4-1　纯溶剂的冷却曲线

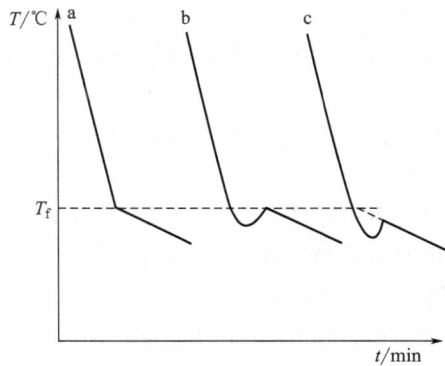

图 4-2　溶液的冷却曲线

三、仪器和药品

凝固点测定仪 1 套；数字贝克曼温度计 1 台；分析天平 1 台；台秤 1 台；25mL 量筒 1 个。

蒸馏水；蔗糖（或尿素）（A.R.）；冰块；粗盐。

四、实验步骤

1. 凝固点测定仪的装置如图 4-3 所示。

2. 调节寒剂的温度

取适量冰与水混合，加入适量粗盐，使寒剂温度控制在 -5～-4℃ 之间，在实验过程中不断搅拌并适时补充合适大小的冰块，使寒剂保持此温度。

3. 纯溶剂凝固点的测定

（1）将清洁、干燥的凝固点管称重，记录。

（2）纯溶剂近似凝固点的测定　用量筒向已称重的凝固点管内加入 25mL 左右蒸馏水，将盛有蒸馏水并装好数字贝克曼温度计和搅拌装置的凝固点管直接放入寒剂中，匀速搅拌使之冷却降温，通过数字贝克曼温度

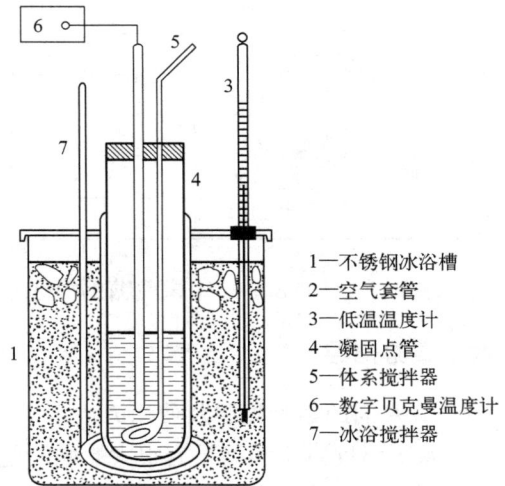

图 4-3　凝固点测定装置

1—不锈钢冰浴槽
2—空气套管
3—低温温度计
4—凝固点管
5—体系搅拌器
6—数字贝克曼温度计
7—冰浴搅拌器

计观察样品管中纯溶剂的降温过程，当系统温度出现平台时记录平台温度；或观察温度变化过程中未出现平台但降到某一点后，开始回升，回升到最高点后又开始下降，则记录最高点温度。此平台或最高点温度即为水的近似凝固点。

（3）纯溶剂精确凝固点的测定　取出凝固点管，用手捂住管壁片刻（或将凝固点管浸入装有室温水的烧杯中），升温使管中固体全部融化，将凝固点管直接插入寒剂中，匀速搅拌使之冷却。当系统温度降至高于近似凝固点 0.5℃ 时，取出凝固点管快速用毛巾或纸

巾将外壁稍微擦干后放入空气套管中，改为缓慢搅拌，并不时搅拌寒剂使系统温度逐渐降低。当系统温度降至比近似凝固点低 0.3℃ 时，快速搅拌，待温度出现快速回升后，改为平稳匀速搅拌。直到温度回升至最高点接近稳定，记录此时温度，即为纯溶剂的精确凝固点。

平行测定 3 次，每次测定的凝固点之差不超过 ±0.003℃，将 3 次测定值取平均值作为纯溶剂的凝固点。

4. 溶液凝固点的测定

取出凝固点管，如前所述将管中已凝固的溶剂完全融化，外壁仔细擦干后用精度为 0.01g 的台秤精确称重，另用分析天平称取蔗糖 1g 左右（±0.0004g）加入凝固点管中，待全部溶解后，测定溶液的凝固点。

测定方法与纯溶剂的相同，先测近似凝固点，再精确测定，平行测定 3 次，每两次测定的凝固点之差不超过 ±0.005℃，将 3 次测定值取平均值作为溶液的凝固点。

五、实验数据与处理

室温：_____℃　大气压力：_____Pa　寒剂的温度：_____℃

表 4-1　溶剂及溶液凝固点的测定

待测样品		凝固点 T_f		
		测量次数	测量值/℃	平均值/℃
纯溶剂		1		
		2		
		3		
溶液	溶液组成： 水____g 蔗糖____g	1		
		2		
		3		

水的 $K_f = 1.853$，计算蔗糖的摩尔质量，并计算测量值与理论值的相对误差。

六、实验指导

1. 寒剂的经验配制及使用方法

寒剂温度对实验结果有很大影响，过高会导致冷却太慢甚至系统温度降不到凝固点，过低则容易使凝固点测定值偏低。

如需 −10～−4℃ 之间的寒剂，一般需要控制冰盐水中盐的浓度在 10% 左右。在配制寒剂时，可按照放粗盐、水、冰的顺序进行。这样可以使粗盐先在室温下溶解，达到寒剂中盐的大概浓度，再加入冰块使寒剂降至所需温度。例如：学校所用凝固点测量仪的寒剂容器容量大约为 1400mL，所用粗盐量大约为 150g，水 700mL，最后用冰将容器装满（至最下面的棱），边搅拌使冰融化降温，边观察低温温度计至 −4℃ 停止搅拌，即可得到 −4℃ 左右的寒剂。

如果搅拌过度使寒剂温度过低，每低 1℃ 倒掉 100mL 左右寒剂，加入 100mL 左右室温水，此寒剂系统大概可维持 1.5～2h 左右，1.5h 后或者做完溶剂凝固点实验准备做溶液凝固点实验之前检查寒剂温度，如偏高，每高 1℃ 取出 100mL 寒剂加入冰至原来刻度，搅拌，降温。如果仍然降不到所需温度，则考虑加粗盐调整浓度。

为了体现节约环保的原则，冰盐浴的寒剂可以回收再利用，方法如下：

取回收的室温盐水 700mL，加入 80g 粗盐，加冰至刻度。微调方法如上。

2. 重复测定时不能形成过冷溶液的解决方法

水的凝固点测定时不能出现过冷的原因可能是由于系统融化不彻底，存在肉眼看不见的冰晶，导致降温至凝固点温度时因为有晶种存在而马上结晶，不能形成过冷溶液。

解决方法是重复测定时必须将凝固点管中的晶体全部融化（实验经验是系统温度回升至 10℃ 以上则认为已经完全融化），或者重新换水测定。

3. 测定过程中搅拌速度的控制问题

搅拌速度的控制是做好本实验的关键，每次测定应按要求的速度搅拌，并且测溶剂与溶液凝固点时搅拌条件要完全一致。准确读取温度也是实验的关键所在，应读准至小数点后第三位。

（1）匀速搅拌　开始的匀速搅拌是使系统温度均匀降低，此时系统温度高出溶液凝固点很多，没有结晶的可能，可不控制搅拌速度，为匀速搅拌。

（2）慢速搅拌　比近似凝固点高 0.5℃ 时，快速取出凝固点管将外壁用纸巾擦干放入空气套管中，改为慢速搅拌，注意一定要非常慢！此时因为已经降至凝固点附近，搅拌速度过快会对系统形成扰动，有析出晶体的可能，所以一定要慢，也就是要搅拌使系统均匀降温，又不能扰动系统！

（3）快速搅拌　温度下降至比粗测凝固点低 0.3℃ 时（如果效果不好，有可能是粗测值偏高，可改成比粗测值低 0.5℃）开始快速搅拌，直至温度快速、大幅度回升，可改为匀速搅拌。最终记下温度回升的最高值，即为溶液的凝固点。

注意：一定是看到系统温度快速大幅回升才能改为匀速搅拌！

4. 蔗糖溶液的浓度控制

（1）溶液大概浓度应该是 25mL 蒸馏水中加入 1g 左右的蔗糖为宜，浓度太小引起的温差变化较小，误差较大，浓度太大又不符合稀溶液的特性。

（2）称好的蔗糖放入凝固点管中，一定要保证蔗糖完全溶解才能进行下一步实验。

5. 纯溶剂质量的确定

可用两种方法：一是称重法，必须保证在凝固点管洁净，干燥时称取空管重，优点是方便重复操作；二是准确移取一定体积的纯水，按照取水的温度用密度计算质量，优点是方便，缺点是必须保持凝固点管的干燥，如需重新取水时则需要重新烘干凝固点管。

6. 关于实验现象

在溶液凝固点测量结束后，观察系统，应该能看到固体析出，析出的固体越少越好，以减少溶液浓度的变化，才能准确测定溶液的凝固点。若过冷太多，溶剂凝固越多，溶液的浓度变化越大，会使凝固点测量值偏低。

若精测过程中未到达所需过冷程度就已经看到温度维持不变或者缓慢回升，则可能在系统温度降至凝固点就已经有固体析出，实验失败，需重新测定。

7. 为何要控制过冷程度？

液体在逐渐冷却过程中，当温度达到或稍低于其凝固点时，由于新相形成需要一定的能量，故结晶并不析出，这就是过冷现象。在冷却过程中，如稍有过冷现象是合乎要求的，但过冷太厉害或者寒剂温度过低，则凝固热抵偿不了散热，此时温度不能回升到凝固点，在温度低于凝固点时完全凝固，就得不到正确的凝固点。因此，实验操作中必须注意掌握适宜的过冷程度。

8. 为何会选择过冷法测定凝固点？

理论上，恒压下对单组分系统只要两相平衡共存就可以达到凝固点；但实际上只有固相充分分散到液相中，也就是固液两相的接触面相当大时，平衡才能达到。例如将凝固点管放到冰浴后温度不断降低，达到凝固点后，由于固相是逐渐析出的，当凝固热放出速度小于冷却速度时，温度可能不断下降，因而凝固点的确定比较困难。因此采用过冷法先使液体过冷，然后突然搅拌，促使晶核产生，很快固相会骤然析出形成大量的微小结晶，这就保证了两相的充分接触；与此同时液体的温度也因为凝固热的放出开始回升，达到凝固点并保持一定的温度不变，然后又开始下降。

七、实验拓展

1. 凝固点降低法测定摩尔质量是有近百年历史的经典实验，它不仅是一种比较简便和准确的测量溶质摩尔质量的方法，而且在溶液热力学研究和实际应用上都有重要的意义，凝固点降低值的多少，直接反映了溶液中溶质的质点数目。溶质在溶液中的解离、缔合、溶剂化和配合物生成等情况，都会影响凝固点降低值。因此，溶液的凝固点降低法可用于研究药物分子在溶液中的状态。

2. 严格而论，由于测量仪器的精密度限制，被测溶液的浓度并非假定的要求，此时所测得的溶质摩尔质量将随着溶液浓度的不同而变化。为了获得比较准确的摩尔质量数据，常用外推法，即以所测的摩尔质量为纵坐标，以溶液浓度为横坐标，外推至溶液浓度为零时，从而得到比较准确的摩尔质量数值。

八、思考题

1. 根据什么原则考虑加入溶质的量？加入太多或太少时影响如何？
2. 分析当溶质在溶液中有解离、缔合的情况时，对摩尔质量测定值的影响如何？
3. 空气套管的作用是什么？使用时应注意什么问题？
4. 为什么会产生过冷现象？如何控制过冷程度？
5. 总结分析实验成败的原因。

实验五　液体饱和蒸气压的测定

一、实验目的

1. 明确液体饱和蒸气压的定义及气液两相平衡的概念。
2. 深入了解纯液体饱和蒸气压和温度的关系——克劳修斯-克拉贝龙方程式。
3. 掌握用静态法测定无水乙醇在不同温度下的饱和蒸气压的方法，初步掌握低真空实验技术。
4. 学会用图解法求被测液体在实验温度范围内的平均摩尔汽化热。

二、实验原理

在一定温度下，纯液体与其气相达到平衡时的压力，称为该温度下液体的饱和蒸气压。这里的平衡状态是指动态平衡。在某一温度下，被测液体处于密闭真空容器中，液体分子从表面逃逸成蒸气，同时蒸气分子因碰撞而凝结成液相，当两者的速率相同时，就达到了动态平衡，此时气相中的蒸气密度不再改变，因而具有一定的饱和蒸气压。

纯液体的蒸气压是随温度变化而改变的，它们之间的关系可用克劳修斯-克拉贝龙方程式来表示：

$$\frac{\mathrm{d}\ln p}{\mathrm{d}T} = \frac{\Delta_{\mathrm{vap}} H_{\mathrm{m}}^{*}}{RT^{2}} \tag{5-1}$$

式中，p 为纯液体在温度 T 时的饱和蒸气压，Pa；T 为热力学温度；$\Delta_{\mathrm{vap}} H_{\mathrm{m}}^{*}$ 为某温度下蒸发单位物质的量液体所需的热量，即摩尔汽化热，$J \cdot \mathrm{mol}^{-1}$；$R$ 为摩尔气体常数，$R = 8.314 J \cdot K^{-1} \cdot \mathrm{mol}^{-1}$。

随着温度的增加，饱和蒸气压的值也随之增大。在温度变化较小的范围内，$\Delta_{\mathrm{vap}} H_{\mathrm{m}}^{*}$ 可视为常数，将式(5-1)积分可得：

$$\ln p = -\frac{\Delta_{\mathrm{vap}} H_{\mathrm{m}}^{*}}{R} \cdot \frac{1}{T} + c \tag{5-2}$$

式中，c 为积分常数，其数值与压力 p 的单位有关。由式(5-2)可知，在一定温度范围内，测定不同温度下的饱和蒸气压，以 $\ln p$ 对 $\frac{1}{T}$ 作图可得一条直线，斜率为负值。由该直线的斜率 $-\frac{\Delta_{\mathrm{vap}} H_{\mathrm{m}}^{*}}{R}$ 可求得实验温度范围内液体的平均摩尔汽化热 $\Delta_{\mathrm{vap}} H_{\mathrm{m}}^{*}$。

当外压为 101.325kPa 时，液体的蒸气压与外界相等时的温度称为该液体的正常沸点。从图中也可求得液体的正常沸点。

测定饱和蒸气压常用的方法有动态法、静态法和饱和气流法。

本实验采用静态法。静态法用平衡管（等压计）进行测量。平衡管如图 5-1 所示。A 球中储存被测液体，B 球和 C 球之间由 U 形管相连通。当 B 球和 C 球间 U 形管中被测液体的液面在同一水平时，表示 A 球和 B 球间空间的液体蒸气压恰与 C 球上方的外界压力相等。记下此时的温度和压力，此时在压力计上显示的 C 球上方的压力即为该温度下的饱和蒸气压。此法适用于蒸气压比较大的液体。

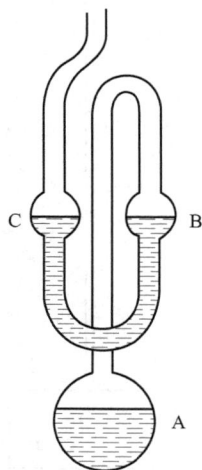

图 5-1　平衡管

三、仪器和药品

蒸气压测定装置 1 套（含数字压力计和平衡管）；真空泵 1 台；分度值为 0.1℃ 的温度计（0~50，50~100℃）各一支；恒温槽 1 套；气压计（公用）。

无水乙醇（A.R.）。

四、实验步骤

1. 在平衡管中装入液体。

方法如下：先将洗好并经干燥的平衡管放在烘箱内烘热（或用电吹风机的热风吹热 A

球），以赶出管内部分空气，将液体自 C 球的管口注入，管子冷却后，部分液体可以流入 A 球。反复操作使 A 球内盛无水乙醇约为球体积的 $\frac{1}{2} \sim \frac{2}{3}$ 即可。

2. 按图 5-2 装置仪器。

注：接头各处所用的橡胶管要短，最好让橡胶管内的玻璃管能彼此衔接上。要注意防止漏气，三通活塞有一个孔同一个与大气相通的毛细管相连接，为必要时放入空气之用。

3. 检查系统是否漏气。

（1）数字压力计接通电源，选择单位为 kPa，预热 5~10min 后，打开二通活塞 7，使系统与大气相通，按数字压力计的采零键，置零（实验过程中，勿再轻易动此键）。同时由气压计读取当时的大气压力值。

（2）接通冷凝水，调节恒温槽温度略高于室温 1℃ 左右，关闭活塞 7，打开活塞 8，旋转活塞 6，使系统与大气隔绝，真空泵和系统相通，抽气，此时系统中的空气被抽出，同时看到数字压力计 10 的示数发生变化。当平衡管内的乙醇沸腾 3~5min 后，此时数字压力计读数大约为 -94kPa，关闭活塞 8，旋转活塞 6 使真空泵和大气相通，停泵，观察压力计读数是否稳定，确定系统是否漏气。如果系统漏气，则压力计上示数的绝对值随即减少，这时应细致检查各部分装置，设法消除漏气。

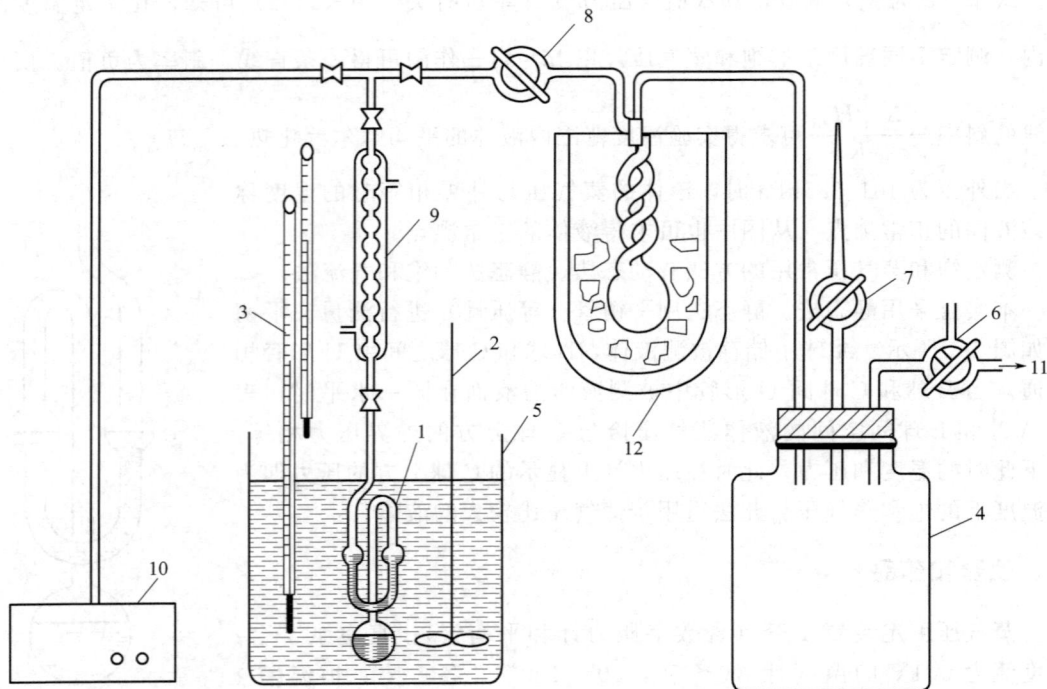

图 5-2　液体饱和蒸气压测定装置图

1—平衡管；2—搅拌棒；3—水银温度计；4—缓冲气瓶；5—水浴槽；6—三通活塞；7,8—二通活塞；
9—球形冷凝管；10—精密数字压力计；11—接真空泵；12—冷阱

4. 测定乙醇在实验温度下的饱和蒸气压。

观察液面 B、C 球高度不再变化时，说明乙醇蒸气压已达饱和，快速开关活塞 7，使缓冲瓶中进入少量空气，通过调节活塞 8 使系统中进入少量空气（此时放气一定要缓慢，不能使 B 球液面有气泡冒出，否则需重新抽气），观察平衡管 B、C 两部分的液面。C 球液面下降，B 球液面上升，待两管的液面相平时，立即关闭活塞 8，并立刻记下此时的温度和压力计读数。系统压力为大气压与压力计读数之和。

5. 升高恒温槽温度 2℃左右，此时乙醇饱和蒸气压增大，B 球液面下降，重复步骤 4 测得第二个温度下的饱和蒸气压数值。按此操作每隔 2℃测定乙醇饱和蒸气压，测 10 组数据。

五、数据记录与处理

室温：_____℃　大气压：_____Pa　实验温度：_____℃

表 5-1　不同温度下乙醇蒸气饱和时的数字压力计读数

$t/℃$										
T/K										
$\Delta p^{①}/Pa$										

① Δp 为数字压力计读数。

1. 计算乙醇的饱和蒸气压及 $\ln p$ 并填入表 5-2。系统压力（饱和蒸气压）p 与数字压力计读数（表压）Δp 的关系为：$p = p_0 + \Delta p$，式中：p_0 为大气压力，Pa。

表 5-2　乙醇在不同温度下的饱和蒸气压

实验温度		$\Delta p/Pa$	饱和蒸气压/Pa	$1/T$	$\ln p$
$t/℃$	T/K		$p = p_0 + \Delta p$		

2. 根据实验数据以 $\ln p$ 对 $\dfrac{1}{T}$ 作图，并从直线斜率 $-\dfrac{\Delta_{vap} H_m^*}{R}$ 求出乙醇在实验温度范围内的平均摩尔汽化热 $\Delta_{vap} H_m^*$。

六、实验指导

1. 实验注意事项

（1）实验开始前，一定注意检漏，减压系统不能漏气，否则抽气时达不到本实验要求的真空度。

（2）升温时可预先向 C 球上方空间漏入少量空气，以防止 U 形等位计平衡管中的液体暴沸。

（3）实验过程中，必须充分排净 AB 球之间空间的全部空气，使 AB 球之间的空间只含液体的蒸气分子。A、B 球必须放置在恒温水浴中的水面以下，保证其温度与水浴温度相同。

（4）抽气速度要合适，必须防止平衡管内液体沸腾过剧，致使 B 球内液体快速蒸发。赶空气过程在第一个测点，必须小心控制微微沸腾的状态，否则过热液体无法冷凝，U 形管内液体将很快蒸发殆尽，此时就必须解除真空，添液重来。

（5）在关停真空泵前，必须首先使泵与大气相通（解除真空），再切断电源。这样操作不但可以减少电机启动负荷，有利于安全启动，而且可以避免关泵时因泵油倒吸而污染被测系统，或者因压力急剧变化发生损坏压力仪表等的危险。

（6）测定中，调节进空气活塞使 B、C 球液面相平时，放气要缓慢，切不可太快，不能使 B 球液面有气泡冒出，否则需重新抽气。

（7）水银温度计应该作露茎校正。

2. DP-AF 精密数字压力计使用说明

（1）接通电源，按下电源开关，预热 5min 即可正常工作。

（2）"单位"键：当接通电源，初始状态为 kPa 指示灯亮，LED 显示以 kPa 为计量单位的压力值；按一下"单位"键，mmHg 指示灯亮，LED 显示以 mmHg 为计量单位的压力值，通过"单位"键可在 mmHg 和 kPa 的计量单位间转换，通常情况下选择 kPa 为压力单位。

（3）"采零"键：在测试前，当系统与外界大气相通时，按一下"采零"键，使仪表自动扣除传感器零压力值（零点漂移），LED 显示为"00.00"，此数值表示此时系统和外界大气压力差为零。当系统内压力降低时，则显示负压力数值，将外界压力加上该负压力数值即为系统内的实际压力值。因此必须在采零的同时读取大气压力值。

（4）"复位"键：本仪器采取中央处理器（CPU）进行非线性补偿，电网扰脉冲可能会出现程序错误造成死机。此时应按下"复位"键，CPU 可重新启动，仪表即可返回初始状态。注意：一般情况下，不会出现错误，故在正常测定中不应按此键。

（5）关机：当实验结束后，先将被测系统泄压为"00.00"后，再关掉电源开关。

七、实验拓展

1. 测定饱和蒸气压的方法除了本实验的静态法以外，还有动态法和饱和气流法。

（1）动态法　测量沸点随施加的外压力而变化的一种方法。液体上方的总压力可调节，且用一个大容量的缓冲瓶维持给定值，压力计测量压力值，加热液体至沸腾时测量其温度。此法适用于沸点较低的液体。

（2）饱和气流法　在一定温度和压力下，用干燥的不和待测液体发生反应的气体以一定的流速缓慢地通过待测纯液体，使气流为该液体的蒸气所饱和。饱和气流用某物质完全吸收，然后称量吸收物质增加的质量，根据道尔顿分压定律求出待测液体蒸气的分压力，即为该温度下被测纯液体的饱和蒸气压。此法的缺点是不易达到真正的饱和状态，因此实测值偏低。

2. 药学应用

液体或固体的饱和蒸气压是非常重要的物理化学性质，在药学中应用广泛。在药物分析中，饱和蒸气压是气相色谱分析顶空技术测定药物中溶剂残留的基础。在药物抑制中，应用饱和蒸气压原理制备气雾剂，特别是通过了解不同温度下的饱和蒸气压，控制常温下气雾剂罐中的压力，以防止意外爆炸。饱和蒸气压在药物合成的分离和提取中也有重要作用，对于高沸点、热不稳定且水不溶性的组分，可通过水蒸气蒸馏在相对较低温度下将其蒸出，再经油水分离可得纯组分，其效率是由该组分的饱和蒸气压和水的饱和蒸气压之比决定的。利用不同温度下的饱和蒸气压计算出的相变热，对了解药物的溶解、药物的物理稳定性等方面也具有重要意义。

3. 真空技术基础

在物理化学实验中，凡是涉及气相的物理化学性质、气相反应动力学以及气-固表面态的研究，为了排除空气和其他气体的干扰，通常是先将容器中的干扰气体抽走，获得一定真空度的环境，再将所研究的气体引入系统进行实验。因此，真空的获得和测量是物理化学实验技术中的一个重要方面。学会真空系统的设计、安装和操作是一项很重要的基本技能。

真空系统也称负压系统，是指压力小于一个大气压的气态空间。真空状态下气体的稀薄程度，常以压力值表示，习惯上称作真空度。不同的真空状态，意味着该空间具有不同的分子密度。在现行的国际单位制（SI）中，真空度的单位与压力的单位均为帕斯卡（Pa）。在物理化学实验中，通常按真空度的获得与测量方法的不同，将真空区域划分为以下几类：

① 粗真空 （$10^3 \sim 10^5$ Pa）：以分子相互碰撞为主；
② 低真空 （$10^{-1} \sim 10^3$ Pa）：分子相互碰撞和分子与器壁碰撞不相上下；
③ 高真空 （$10^{-6} \sim 10^{-1}$ Pa）：以分子与器壁碰撞为主；
④ 超高真空 （$10^{-10} \sim 10^{-6}$ Pa）：分子与器壁碰撞次数减少，几乎长时间形成一个单分子层；
⑤ 极高真空 （$\leqslant 10^{-10}$ Pa）：分子数目极为稀少，与经典的统计理论产生偏离。

（1）真空的获得　为了获得真空，就必须设法将气体分子从容器中抽出。凡是能从容器中抽出气体，使气体压力降低的装置，均称为真空泵，主要有低真空的水流泵；一般真空的机械真空泵和高真空的扩散泵。前两者是用来直接使系统减至一般的低压，后者则需在初步减压之后再减至高真空度。

实验室常用的为旋片式机械真空泵，现将其构造（图 5-3）及工作原理简介如下。

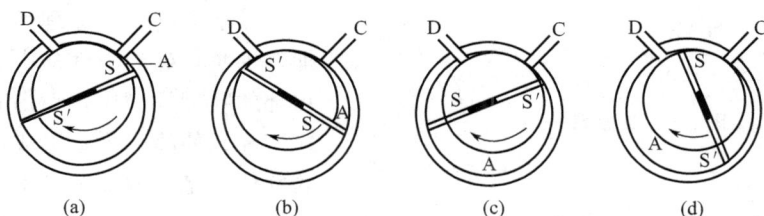

图 5-3　旋片式机械真空泵

在一个青铜或钢制的圆筒形定子内，偏心地装置一个钢制实心圆柱形的转子。转子以自己的中心轴旋转。两个剖板（或称小翼）S 及 S′横嵌在转子圆柱体的直径上，被夹在它们中间的一根弹簧所压紧。因此 S 及 S′将转子和定子之间的空间分隔成三个部分。

在图 5-3(a) 的位置，空气由待抽空的容器经过 C 进入泵体空间 A，转子继续转动，

剖板随之而旋转 [图 5-3(b)]。A 空间增大,气体经过 C 不断地进入 A 空间,当转子转到图 5-3(c) 位置时,S'将空间 A 与管道 C 隔开,而后,A 空间有排气管 D 相通 [图 5-3(d)],将气体排出泵外,与此同时 A 空间又吸入待抽空容器的气体,重复上述过程而将容器内的空气不断抽走,而达到排气抽空的目的。

根据机械真空泵的构造特征,在使用时必须注意以下几点:

① 不能直接用来抽出可凝性的蒸气(如水蒸气、挥发性液体等)和含有腐蚀性物质的气体。如果需要抽出这些气体时,必须在泵的进气口前安装一系列吸收塔或冷阱。吸收塔内放入有关吸收剂。如用 $CaCl_2$ 吸收水汽,用石蜡油吸收烃类蒸气,用活性炭、硅胶吸收其他蒸气等。对于腐蚀性物质要有针对性地放入吸收剂,比如酸性气体通常用 NaOH、KOH 颗粒,或者用碱石灰(NaOH 和 CaO 的混合物)作为吸附剂,而像 H_2S 可用活性炭或金属氧化物来吸附。

② 注意带动泵转动的马达的规格及所用的电压,运转过程中马达的温升不能超过规定值,注意运转过程中不能有异杂噪声并要注意马达运转方向。

扩散泵(其结构见图 5-4)是必须以机械真空泵为其前级泵才能进行工作的一种泵,它的工作原理是利用一种工作物质汽化后高速从喷口处喷出,在喷口处形成低压,对周围气体产生抽吸作用而将气体带走。这种工作物质常温时应为液体,具有较低的蒸气压,沸点不太高,用小功率加热器便能使其汽化,通过水冷便能使其冷凝下来。现在通常采用高分子量的硅油作为工作物质。

扩散泵按其喷嘴的多少可分为二、三、四级扩散泵,喷嘴数量越多,其极限真空度越高,四级扩散泵的极限真空度可达 $10^{-7}Pa$。

扩散泵的工作原理是:电炉将硅油加热沸腾,硅油蒸气从中心导管上升至顶部的喷嘴处喷出,喷出时硅油蒸气的速率高,使喷嘴附近形成低压,将周围的气体带走,硅油蒸气本身被冷凝成液体,通过回路管回到底部,供循环使用,被夹带在硅油蒸气中的气体在得到富集后被机械泵抽走。

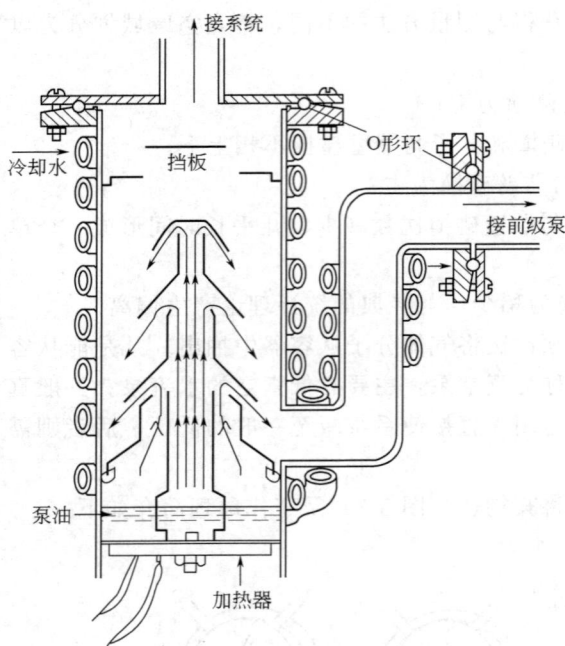

图 5-4 扩散泵

扩散泵不能独立工作,必须以机械泵为其前级泵,将气体抽走,而且硅油加热时易被空气氧化,故必须先用机械泵将系统抽为低真空之后方可加热硅油。工作完毕,要保持扩散泵内的真空度,停止加热直至硅油冷却后再关闭冷却水。

(2)真空的测量 真空的测量,实际上就是低压气体压力的测量。所用的测量仪器可分为两类。一类可以直接测量出压力的绝对值,另一类只能测量压力的相对值,经校正后方显示实际的压力值。

常用的测量仪器有以下几种：

① 封闭式 U 形管压力计（见图 5-5）。封闭端汞面上方压力近于零（高度真空），故所测系统压力 $p_{系统}$ 用 Δh 表示，$p_{系统} = \Delta h$。此类压力计只能测量低真空系统。

② 麦氏真空规。其构造如图 5-6 所示，它是利用玻意耳定律，将被测系统中一定量的残余气体加以压缩，比较其压缩前后体积、压力的变化便可算出系统的真空度来。

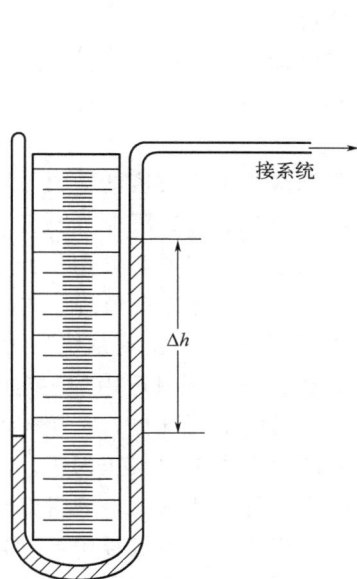

图 5-5　封闭式 U 形管压力计　　　　图 5-6　麦氏真空规及两种刻度示意图

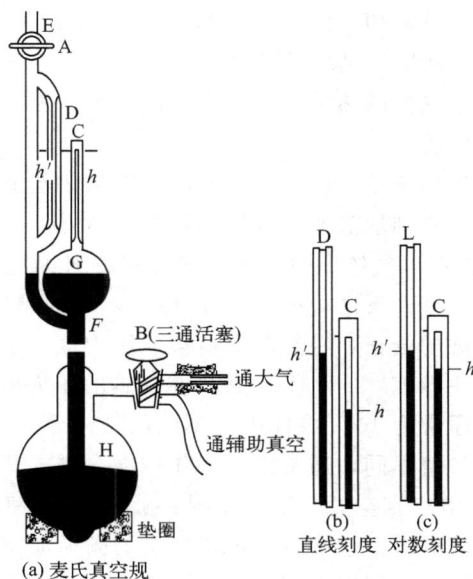

使用时，先缓慢开启活塞 A，使真空规与被测系统相通，与此同时，将三通活塞 B 开向辅助真空，即对 H 抽空，不让汞瓶中的汞上升，以保持真空规玻璃泡 G 和毛细管 C 与被测系统相通的状态。经过一定时间后，玻璃泡 G 和毛细管 C 与被测系统的真空度达成稳定的平衡，即可开始测量。将三通活塞 B 小心转向大气，使汞槽中的汞缓慢上升，进入真空规上方，当汞面升到切口 F 处时，G 和 C 即成一封闭系统，此瞬间，其压力等于被测系统的压力，体积是事先标定过的，令汞面继续上升，G、C 中的气体被不断压缩，其压力也不断增大，最后被压缩至 C 毛细管内，其压力可以用与毛细管 D 的汞柱高度差 Δh 来表示（因为 D 管内的气体与被测系统相联，此时系统体积的变化对整个测量系统可以忽略，即可认为其压力不变）。如果每次测量时，把 C 管内汞柱调至刻度盘零线处，显然，被压缩气体的体积是固定的，可以用 ah' 表示，这里 a 是 C 毛细管的截面积。h' 为被压缩气体在 C 管内的高度，根据玻意耳定律，在恒定温度下，$pV = ah'\Delta h$，因此有 $p = \dfrac{ah'}{V} \cdot \Delta h$。$p$ 为压缩以前气体的压力（即被测系统的压力）；V 为 G、C 体积之和；Δh 为 D 管中汞柱与 C 管中汞柱的高度差。由于 V 事先标定，ah' 为定值，因而只要测出 Δh 值，即可计算出 p 值。通常在刻度盘上将 Δh 换算成压力值，就可以直接读取压力值了。

另外还有一种旋转式麦氏规，其工作原理及操作方法类同。

麦氏真空规通常存在两种刻度方式，分别对应不同的测量范围和原理设计：图 5-6(b)为线性刻度，通过直接压缩气体体积，利用玻意耳定律计算压力值。汞柱高度差与压力呈线性关系。刻度均匀，读数直观，但量程较窄，适用于中低真空范围。图 5-6(c) 为对数刻度，通过调整压缩比（如 L 为多级毛细管设计），利用对数关系扩展量程。汞柱高度差与压力的对数成比例。单次测量可覆盖多个数量级，但刻度非均匀，需熟悉对数标度。

麦氏规的缺点是使用汞，且不易于测量含可凝性蒸气的系统。其优点是可以测量出系统压力的绝对值，测量范围 $10^{-3} \sim 10^2 \mathrm{Pa}$；操作简便，造价低。

③ 热偶真空规。结构如图 5-7 所示。管脚 1、2 连接电加热丝，3、4 连接热电偶丝，其中热电偶丝的热端焊接在电加热丝上，因此通过测量热电偶输出的热电势便可知道电加热丝的温度。

在电加热丝上通过恒定电流，电加热丝上的温度便只取决于散热程度的快慢，而散热程度的快慢则取决于周围气体压力的大小，即气体的热导系数 K 与其压力 p 成正比，$K \propto p$。显然，气体压力越小，热导系数 K 就越小，电热丝的温度就越高。热电偶给出的热电势就越大；反之，即压力 p 越大，所测得的热电势就越小。根据这个道理。再经过绝对真空规的校正，将热电势值换成压力值，热偶真空规便可用来直接显示系统压力值了。但需要注意 $K \propto p$ 的关系式只在一定的压力范围内成立，因而热偶规只适用于一定的压力范围，通常为 $10^{-2} \sim 10 \mathrm{Pa}$。不同的气体导热系数 K 不同，因此不同气体，p 相同时给出的热电势值不同，通常以空气作标准，测定其他气体的系统时，需乘以校正因子。

④ 电离真空规。结构见图 5-8。它是一只特殊的三极真空管。测量时，规管灯丝通电后，发出电子，这些电子被正电位的栅极加速而飞向板极，电子在飞行过程中与管内气体分子相碰撞，使之电离，电离所产生的正离子数即离子电流 I_+ 与气体的压力成正比。因此，只需要测出板极收集的 I_+ 值，即可知道相应的气体压力 p。

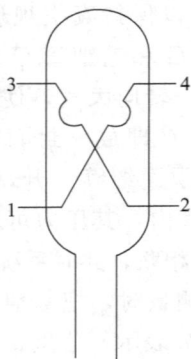

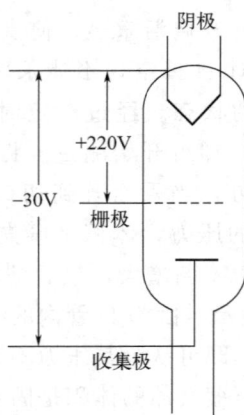

图 5-7　热偶真空规　　　图 5-8　电离真空规的结构

电离真空规的测量范围为 $10^{-6} \sim 10^{-1} \mathrm{Pa}$。在压力大于 $10^{-1} \mathrm{Pa}$ 时，将会烧毁规管的灯丝，因此使用时务必注意。

上述热偶真空规和电离真空规均为相对真空规，使用时需预先用绝对真空规予以校正，当测量对象改变时还要乘以校正因子，通常将两种真空规联合使用，谓之复合真空计，利用热偶规测量 $10^{-1} \sim 10\text{Pa}$ 的范围，用电离真空规测量 $< 10^{-1}\text{Pa}$ 的压力范围。

（3）真空系统的设计、安装　真空系统通常包括"真空产生"、"真空测量"及"真空使用"三个部分，彼此之间用管道和若干活塞相连接。真空系统要根据工作需要进行设计，其关键是对真空系统所需的各部件选择合理，主要包括以下几个方面：

① 材料。真空系统各部件的材料，可以用金属，也可以用玻璃。玻璃真空系统易于吹制，使用时还可以观察系统内部情况，而且低压范围内可用高频火花检漏器进行检漏等优点。但其真空度一般劣于 10^{-5}Pa，如用金属的真空系统，采用全封闭型金属波纹阀、法兰盘和金银丝垫圈等连接部件，则可保证系统的气密性，其最佳真空度可达 10^{-10}Pa。

② 真空泵。普通物理化学实验要求的极限真空度一般为 10^{-1}Pa，则机械真空泵即可，而不必加用扩散泵。如果要求 $< 10^{-1}\text{Pa}$ 的真空度时，则需加用扩散泵。选用真空泵要从极限真空和抽气速率两个因素考虑，机械泵和扩散泵的联合使用，更需注意其极限真空和抽气速率的配合。

③ 压力测量仪器。根据所需量程及具体使用要求来选定。必要时可查表。

④ 冷阱。通常在机械泵和扩散泵之间要加冷阱，以免水蒸气、有机物、腐蚀性气体等进入机械泵，影响泵的性能，冷阱用来冷却的制冷剂通常为干冰（$-78.5℃$）或液氮（$-196℃$）等。

⑤ 管道与活塞。为了保证抽气速率，管道应尽可能短而粗，尤其是在靠近扩散泵处，更应如此，活塞必须选用专门的真空活塞，它是精密加工的玻璃制品，通常能满足 10^{-4}Pa 真空度的要求。使用时应注意系统内尽量少用活塞和活塞心孔径与管道大小相匹配的原则。

⑥ 真空涂敷材料。包括真空油脂、真空封泥和真空封蜡，它们都是石油产品，在室温下具有很低的蒸气压。通常适用于 $10^{-6} \sim 10^{-1}\text{Pa}$ 范围内的高真空系统中，油脂用来涂真空活塞和磨口接头，起到润滑和密封的作用，封泥用来贴补细小沙孔及缝隙，封蜡也具有封泥的作用，还能用于胶合不能融合的接头，如玻璃-金属接头等。选用真空涂敷材料时要注意它们的规格及适用温度。

真空系统设计安装完毕，首先要进行试运转，即检查系统是否漏气，检测真空度能否达到要求以及脱气等，方可投入正式使用。

（4）真空系统的检漏　新安装的真空系统装置在使用前应检查系统是否漏气。检漏的仪器和方法很多，如火花法、热偶规法、电离规法、荧光法、质谱仪法、磁谱仪法等等，分别适用于不同漏气情况。

① 静态升压法检漏。先用真空泵将系统抽到一定的真空度，关闭泵通向系统的活塞，然后观测系统内压力随时间的变化情况。若系统内压力保持不变或变化甚微，说明此系统不漏气（图 5-9 中曲线 1）；若系统内压力升得很快，表示系统漏气（图 5-9 中曲线 3）；曲线 2 表示系统内有蒸气源。此法简单，可用于大部分真

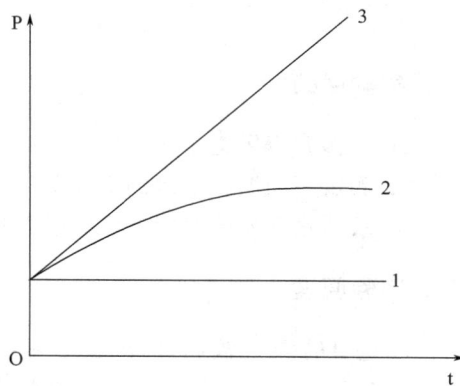

图 5-9　与泵隔绝时系统压力随时间的变化

空系统，但此法不能确定漏孔位置及大小。

② 玻璃真空系统常用高频火花真空测定仪来检漏。启动机械泵，数分钟即可将系统抽至 $1 \sim 10 \mathrm{Pa}$。然后，将火花调整正常，使放电簧对准真空系统玻璃壁（千万不要指向人、金属和玻璃活塞），可以看到红色的辉光放电。注意火花不要在一处停留过久，以防烧穿玻璃。关闭泵通向系统的活塞，等 $10\mathrm{min}$ 后，再用高频火花仪检查，看是否和 $10\mathrm{min}$ 前情况相同，否则漏气，这时可采取关闭某些活塞，用高频火花真空测定仪对系统逐段检查。如果某处有明亮的光点存在，该处就有沙孔。沙孔一般易发生在玻璃结合处、弯管处。如果孔洞小，可以用真空封泥涂封；如果孔洞过大，则需要重新焊接。

当系统维持在低真空后，开启扩散泵，等扩散泵工作正常后，用高频火花检查系统。若玻璃管壁呈淡蓝色荧光，而系统内没有辉光放电，表示真空度已优于 $10^{-1}\mathrm{Pa}$，否则说明系统还有微小漏洞，应查出并封堵。若漏气，又找不到漏洞，则多发生在活塞处。活塞需重新涂真空脂或换新活塞。

脱气是真空系统操作的重要一步。特别是高真空系统尤为重要，通常可采用逐段烘烤的办法，经脱气后，真空度还达不到要求，则表明仍有漏洞存在，仔细寻找漏洞则是一项艰巨的工作，往往需要花费很长的时间。实验需要细心和耐心，只有正确操作才可能给出正确的测量结果。

八、思考题

1. 为什么要赶净平衡管 A 球、B 球之间的空气？如果空气未被抽净，所测定的蒸气压与标准值相比，是偏大还是偏小？怎样判断空气已被赶净？
2. 在实验过程中为什么要防止空气倒灌？怎样防止？
3. 升温过程中如果液体急剧汽化，应如何处理？
4. 为什么必须先使真空泵与大气相通后才可以给真空泵断电？
5. 本实验方法能否用于测定乙醇水溶液的饱和蒸气压？为什么？
6. 本实验的关键之一就是系统的气密性，如何检查系统的气密性？能否在加热状态下检漏？

实验六　水的饱和蒸气压的简易测定

一、实验目的

1. 掌握并运用道尔顿（Dalton）分压定律解决实际问题。
2. 测定不同温度下水的饱和蒸气压。
3. 求纯水在实验温度范围内的平均摩尔汽化热。

二、实验原理

一定量的空气被封闭于 U 形量气管的 B 侧顶端（如图 6-1 所示）。当量气管 B 侧顶端的空气为水蒸气所饱和，根据道尔顿分压定律，被封空间的总压等于各气体分压之和。

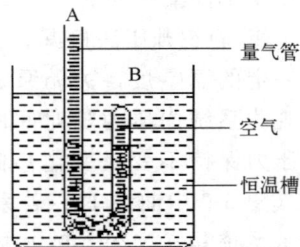

图 6-1　饱和蒸气压测定简易装置

$$p_{总} = p_{空气} + p_{水蒸气} \tag{6-1}$$

在一定温度下，当量气管 A、B 两端液面平齐时，被封空间的总压和外界压力相等。

$$p_{总} = p_{大气压} = p_{空气} + p_{水蒸气} \tag{6-2}$$

在水蒸气与空气的气体混合物中，由于水的蒸发，不同温度下水蒸气的物质的量（mol）随温度而变化，而其中被封的空气的物质的量不变。因此，只要得到被封空气的物质的量，就可以得到某温度下空气的分压，从而得到水蒸气的分压，也就是饱和蒸气压。

$$p_{空气} = \frac{n_{空气} R T}{V} \tag{6-3}$$

式中，T、V 分别为测量温度和空气体积；$n_{空气}$ 是空气的物质的量；$R = 8.314\text{J} \cdot \text{K}^{-1} \cdot \text{mol}^{-1}$，为摩尔气体常数。

假设在接近 0℃（一般控制在 5℃ 以下）的低温下，水蒸气近似认为全部冷凝为液态，此时 $p_{水蒸气}$ 可以忽略，则

$$n_{空气} = \frac{p_{空气} V_0}{R T_0} = \frac{p_{大气压} V_0}{R T_0} \tag{6-4}$$

其中，T_0、V_0 分别为系统在接近 0℃ 时测得的空气的温度和体积。

将测量值 T_0、V_0 代入式（6-4）便可求得 $n_{空气}$，再将 $n_{空气}$ 代入式（6-3）即可计算出各测量温度下空气的分压 $p_{空气}$，进一步将 $p_{空气}$ 代入式（6-2）即可算出各测量温度下水的饱和蒸气压 $p_{水蒸气}$。将各温度下水的饱和蒸气压代入克劳修斯-克拉贝龙方程：

$$\ln p_{水蒸气} = -\frac{\Delta_{\text{vap}} H_{\text{m}}^{*}}{R} \cdot \frac{1}{T} + C \tag{6-5}$$

以 $\ln p_{水蒸气}$ 对 $\frac{1}{T}$ 作图，可得一条直线，其斜率 m 为：

$$m = -\frac{\Delta_{\text{vap}} H_{\text{m}}^{*}}{R} \tag{6-6}$$

由式（6-6）可得实验温度范围内水的平均摩尔汽化热 $\Delta_{\text{vap}} H_{\text{m}}^{*} = -mR$。

三、仪器和药品

恒温槽 1 套；玻璃冰槽 1 个；精密数字贝克曼温度计 1 台；U 形量气管 1 支；100mL 锥形瓶 1 个；长滴管 1 支；蒸馏水；冰块。

四、实验步骤

1. 在 U 形量气管中加入适量蒸馏水，使管中 B 端封闭 3～4mL 气体。

2. 冰槽温度调至 2～4℃，把 U 形量气管放入冰槽中 2～3min，观察 U 形管封闭气体体积不再变化时认为水蒸气完全冷凝，调节 U 形管 A、B 两液面平齐，同时读取冰槽温度 T_0 和气体体积 V_0。等待 2min，读取 T_0、V_0。读 3～4 组数。

3. 将 U 形量气管放入恒温槽中，调节恒温槽温度为 75℃，恒温 2～3min，待气液两相平衡（封闭气体体积不再变化）后，调节量气管两液面平齐，读气体体积，并同时读取数字贝克曼温度计读数。读取此时大气压力值。第一测定点要求测定 3 次。

4. 停止加热，让系统温度自然缓慢下降，A 端液面开始上升而 B 端液面下降。待温

度下降 4℃左右时，调节两液面平齐，立即同时读取体积和温度，并读取大气压力值。每隔 4℃左右测定一组数据，直至系统温度降至 50℃。

五、数据记录与处理

室温：_____℃　大气压：_____Pa

T_0：_____K；_____K；_____K

V_0：_____mL；_____mL；_____mL

表 6-1　不同温度下水的饱和蒸气压

温度/℃						
体积/mL						
大气压 p_0/Pa						
$p_{空气}$/Pa						
$p_{水蒸气}$/Pa						
$\ln p_{水蒸气}$/Pa						
$\dfrac{1}{T}$						

1. 计算各实验温度下水的饱和蒸气压 $p_{水蒸气}$，并将各项计算结果填入表 6-1。

2. 根据表 6-1 的数据以 $\ln p_{水蒸气}$-$\dfrac{1}{T}$ 作图，根据图中直线关系，计算出实验温度范围内水的平均摩尔汽化热 $\Delta_{vap}H_m^*$。

六、实验指导

1. 本实验操作的关键点

（1）气液两相是否已达平衡　常压下水的沸点相对较高，因此蒸气压达到饱和需要一定的时间，在测定第一个点时，必须保证气液两相已经达到平衡，多次测定，误差符合要求以后才能继续实验。

（2）AB 两端液面是否调平　在降温过程中，水蒸气不断冷凝，B 端压力逐渐减小，因此为了使 B 空间的压力与大气压相等，需要从 A 端取走一部分水，使两液面相平。方便的做法可以稍微多取走一些，使得 A 端液面偏低，再用回滴的方法调平。

（3）体积是否准确读取　封闭气体的体积读取非常重要，按照仪器的刻度，可以准确至 0.1mL，估读至 ±0.01mL，并且必须同时读取体积和温度。

（4）降温速度控制　降温速度不宜太快，以室温下对系统不加干预自然降温为宜。如果冷却太快，测得的温度将偏离平衡温度。因为被测系统以外和温度计本身都存在温度滞后效应。

（5）封闭空间所含空气的物质的量是否测量准确　空气的量需要用来计算不同温度下空气的分压，在系统温度在 5℃ 以下，近似认为水蒸气全部冷凝，分压为 0，此时封闭空间的压力全部由空气提供。因此测定时温度必须保证在低温状态并保持一段时间，使水蒸气充分冷凝，多次测定以保证数据的准确性。

（6）温度计传感探头的装配位置应该在 B 端封闭空间附近。

（7）B端封闭空间必须全部没入水浴液面以下。

2. 本实验采取降温法的原因

前期实验中，曾经采用了升温法和降温法两个过程来测定水的饱和蒸气压，从实验结果看，采取降温法得到的测量值比升温法更准确。分析原因如下：由于是在常压下测定不同温度水的饱和蒸气压，因此实验需要在较高温度下进行，此时如采用升温法，一方面恒温槽的滞后性表现明显，灵敏度变差，温度梯度变大，使所测得的蒸气压的偏差变大；另一方面，水在升温过程中不容易达到饱和，也会使所测蒸气压的偏差变大。采用降温法有助于克服这种缺陷。在高温情况下，如果水的蒸气压已经达到饱和，逐渐降温过程中可以保持这种饱和程度，因此相对测量偏差较小。

七、实验拓展

1. 图 6-1 所示实验装置的优点是省去了真空操作，用此装置可以很方便地研究各种液体的饱和蒸气压，如苯、二氯乙烯、四氯化碳、乙醇、正丙醇、异丙醇、丙酮、环己烷等。

2. 大气压力计

大气压力计是一种专门测定大气压的仪器，气压计的种类很多，实验室常用的大气压力计是福廷式，其构造如图 6-2 所示。

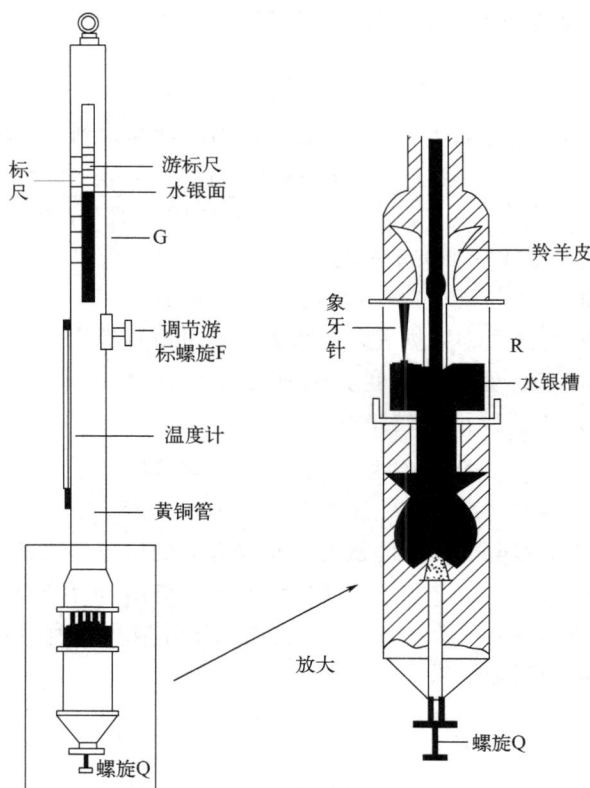

图 6-2　福廷式大气压力计

福廷式气压计的外部是一黄铜管，内部是装有水银的玻璃管，其密封的一头向上，玻璃管上部是真空，下端插在水银槽内，水银槽底部用羚羊皮包住，下端附有一螺旋可以调节槽内水银面的高低，另外还附有一象牙针，针尖是黄铜标尺刻度的零点，黄铜标尺上附有一游标尺，这样读数的精度可到 0.1mmHg[1] 或 0.05mmHg。

正确操作福廷式气压计的方法如下：

① 铅直调节。气压计必须垂直放置，在压力为 760mmHg 时，若铅直方向偏差 $1°$，则读取汞柱的高度误差约为 0.1mm，当气压计调节铅直后，旋紧固定螺旋，使之固定。

② 调节汞槽内汞面的高度。旋转螺旋 Q，水平注视水银槽内的汞面与象牙针尖之间的空隙，至汞面恰与象牙针尖接触。

③ 调节游标尺。调节游标尺使其下端面高于汞柱面，然后再慢慢下降，直至游标尺的下沿与管中汞柱的凸液面相切。

④ 读取汞柱高度。标尺的下沿边（即零线）在标尺上所指刻度，为大气压的整数部分，再从游标尺上找出一根正好与标尺上某一刻度相吻合的刻度线，其刻度值就是大气压的小数部分，同时记下气压计的温度，气压计的仪器误差，以备作其他校正用。

⑤ 整理工作。测量完毕后，务必将螺旋 Q 向下转动，使汞面离开象牙针。

在精密的测量中，要对读取的汞柱高度值进行如下的校正：

① 仪器误差的校正。气压计出厂时，均附有仪器误差的校正卡，因此各次观察值首先应按照列在校正卡上的校正值进行校正。

② 温度校正。汞及黄铜的膨胀系数代入以下校正公式。

$$h_0 = \left(1 - \frac{\alpha - \beta}{1 + \alpha t} t\right) h_t$$

式中 h_0，h_t 均以 mmHg 表示，t 以℃表示。则可计算得到 0℃时的汞柱高度 h_0。

$$h_0/\text{mmHg} = h_t/\text{mmHg} \cdot \left(1 - \frac{0.1818 \times 10^{-3} - 13.4 \times 10^{-6}}{1 + 0.1819 \times 10^{-3} t/℃} \cdot t/℃\right)$$

$$= h_t (1 - 0.000163t)$$

显然，温度校正值 $\Delta T/℃ = 0.000163 t/℃ \times h_t/\text{mmHg}$。

在实际使用时，常将其列为数据表，则可方便地进行计算。

③ 纬度和海拔的校正。重力加速度 g 随海拔 H 和纬度 L 而变化，因而必须对已校正的 h_0 再作 H 及 L 的校正。校正公式如下：

$$\Delta L = h_0 \times 2.6 \times 10^{-3} \cos 2L$$

$$\Delta H = h_0 \times 3.14 \times 10^{-7} \times H$$

随着压力传感器技术和电子技术的发展，越来越多的电子压力测量仪取代了水银气压计被应用于实验室中，采用四位或五位数字显示，使用环境为 $-10 \sim 40℃$，量程为 $(101.3 \pm 20)\text{kPa}$，分辨率为 $0.01 \sim 0.1\text{kPa}$。这类气压计应用便利灵敏，但需要经常定期进行校正，以获得稳定的测量结果。

八、思考题

1. 测定封闭空间的空气量时需要将系统温度降至 0℃附近（5℃以下），为什么？

---

[1]　1mmHg＝133.32Pa。——编者注

2. 在第一个测定点，如何判断水的气液两相已达到平衡？

3. 实验测定过程采取降温法，这样做的优点是什么？降温速率该如何控制？

4. 本实验测定水的饱和蒸气压时，并没有把系统的空气赶净，这样做是否影响实验结果？

5. 水在实验范围内的平均摩尔汽化热的文献值为 $4.06 \times 10^4 \text{J} \cdot \text{mol}^{-1}$，计算实验测定值的误差，分析实验的主要误差来源于何处？

实验七　二组分金属相图的绘制

一、实验目的

1. 了解固-液相图的基本特点。

2. 理解步冷曲线上的转折点及平台表示的含义，并学会通过分析步冷曲线上的拐点和平台绘制相图。

3. 学会用热分析法测绘 Pb-Sn 二组分金属相图，用可控升降温电炉金属相图（步冷曲线）实验装置绘制金属及其混合物的步冷曲线。

二、实验原理

人们常用图形来表示系统的存在状态与组成、温度、压力等因素的关系。在压力不变的情况下，以系统所含物质的组成为自变量，温度为应变量所得到的 $T\text{-}x$ 图是常见的一种相图。二组分相图已得到广泛的研究和应用。固-液相图多用于冶金、化工等领域。

简单的二组分金属相图主要有三种：①液相完全互溶，凝固后固相也能完全互溶成固溶体的系统，如 Cu-Ni；②液相完全互溶，固相完全不互溶的系统，如 Bi-Cd；③液相完全互溶，固相部分互溶的系统，如 Pb-Sn，本实验就以这一系统为研究对象。

对二组分系统，$C=2$，若实验压力保持不变，则

$$f^* = C + 1 - \Phi = 3 - \Phi$$

当 $\Phi=1$ 时，$f^*=2$，为双变量系统；

当 $\Phi=2$ 时，$f^*=1$，为单变量系统；

当 $\Phi=3$ 时，$f^*=0$，为无变量系统。

测绘金属相图常用的实验方法是热分析法（步冷曲线法），其原理是将一种金属或合金熔融后，使之均匀缓慢冷却，每隔一定时间记录一次温度，以系统温度对时间作图，则为步冷曲线（图 7-1）。

当熔融的系统在均匀冷却过程中无相变化时，其温度将连续均匀下降得到一光滑的步冷曲线（如图 7-1 中 ab 段）；当系统降温至 b 点所对应的温度时，开始有固体 A 析出，系统内发生相变，此时系统处于固-液两相平衡，根据相律可知，系统的自由度 $f^* = C + 1 - \Phi = 2 + 1 - 2 = 1$，表示温度可变，但由于在相变过程中系统产生相变

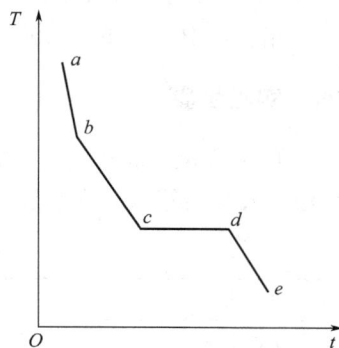

图 7-1　步冷曲线

热，所以系统的冷却速率减慢，步冷曲线的斜率发生变化（图中 bc 段），故步冷曲线出现了转折变化的"拐点"（如图中 b 点），因此步冷曲线的转折点（拐点）表征了某一温度下发生相变的信息。当系统继续降温至 c 点所示温度时，熔液中又有另一固体 B 析出，即此时熔液的组成达到最低共熔混合物的组成，此时 A 和 B 同时析出，系统处于三相平衡，根据相律可知，系统的自由度 $f^* = C + 1 - \Phi = 2 + 1 - 3 = 0$，表示温度不变，步冷曲线上出现"平台"（如图中 cd 段）。当熔液完全凝固后，温度又开始迅速下降（如图中 de 段）。因而，对组成一定的二组分低共熔混合物系统来说，根据其步冷曲线上的"拐点"及"平台"所对应的温度，即可确定有固相析出时的温度和最低共熔点的温度。

测定一系列不同组成系统的步冷曲线［图 7-2(a)］，可从步冷曲线上确定各相变点温度，再以横坐标表示系统的组成，纵坐标表示系统的温度，将各"拐点"用曲线连接起来，将"平台"用直线连接起来，就得到完整的固液相图［图 7-2(b)］，并由相线构成若干的相区。不同组成系统的步冷曲线对应的相图如图 7-2 所示。

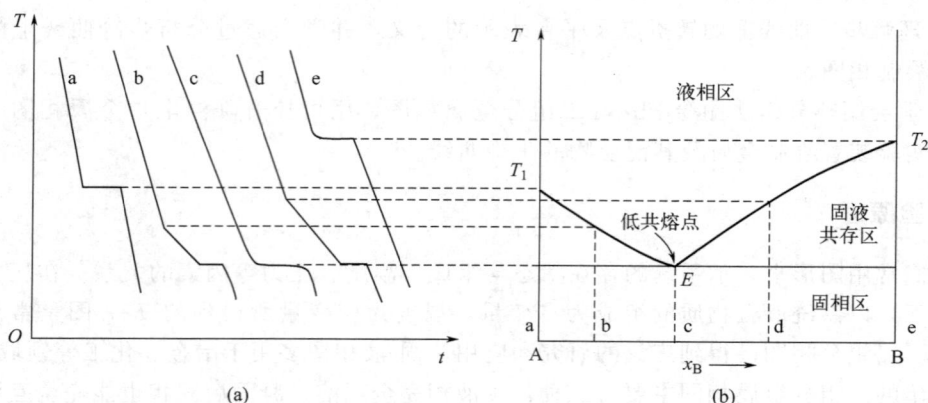

图 7-2　具有最低共熔点的二组分金属相图与步冷曲线

用热分析法（步冷曲线法）绘制相图时，被测系统必须时时处于或接近相平衡状态。因此系统的冷却速度必须足够慢，才能得到较好的步冷曲线。

三、仪器和药品

JX-6DS 可控升降电炉 1 台；不锈钢试管 5 支；秒表 1 个。
铅（C.P.）；锡（C.P.）；石墨粉。

四、实验步骤

1. 将 Pb、Sn 按表 7-1 所示质量分数（总质量必须相等，称量精确至 0.1g）配好 1～5 号装入样品管（6 号样品可不做，参考 1 号样品数据进行温度校正）。

表 7-1　6 个不同组成比例的 Pb-Sn 样品

试管编号	1	2	3	4	5	6
Pb 质量分数/%	100	80	60	38.1	20	0
Sn 质量分数/%	0	20	40	61.9	80	100

2. JX-6DS 可控升降电炉使用方法。

（1）打开测试炉上盖，将装有样品的样品管对准传感器插入。核对样品编号和通道号后，盖上不锈钢盖。

注意：为便于记录，样品编号和传感器编号（通道号）应一一对应。

（2）打开仪器电源开关，预热 5min。

（3）设置控温温度。默认测量恒定目标温度为 400℃，也可以通过"设置/确认"中的"2. 目标温度"使用"加热/＋1"和"保温/－1"键改变加热恒定目标温度值，按不同样品设定恒温温度。

（4）设定计时周期。默认计时周期为 30s，也可以通过"设置/确认"中的"3. 定时秒："使用"加热/＋1"和"保温/－1"键改变计时周期值，按实验需求设定计时周期。可以通过"设置/确认"中的"4. 蜂鸣输出："使用"加热/＋1"和"保温/－1"键改变是否开启计时周期结束的蜂鸣功能。

（5）按下加热按钮，观察炉体开始升温，直到恒温目标值附近。让加热炉恒温一段时间，一般需要在 5min 以上，以保证样品充分熔融。如果是第一次配装的样品管，因为加装的多半是颗粒样品，需要适当延长恒温时间，或者略微调高恒温温度。

（6）按下停止键，炉体温度开始下降，这时候可以按照固定的时间间隔，从仪器显示面板上，按通道号读取并记录每一个样品随时间的温度变化值。待全部样品温度低于最低共熔点温度值（本实验建议低于 150℃）以后，可以停止记录。

注意：如果测量时发现降温速度过快（降温速率一般为 5～8℃/min）可改用保温键（但必须在高于 300℃之前）；如果环境温度较高，如大于 30℃时，降温很慢，可以打开上盖加快降温。温度记录范围是 320～150℃，在温度记录期间，切记不能做任何条件的改变。

（7）实验结束，关闭仪器。待测试炉和样品管冷却后，取出样品管保存。

注意：样品管热时不能拿出来，也不能横放。

五、数据记录与处理

室温：_____℃ 大气压：_____Pa 实验温度：_____℃

表 7-2 样品温度随时间的变化记录

样品 1		样品 2		样品 3		样品 4		样品 5	
t/min	T/℃	t/min	T/℃	t/min	T/℃	t/min	T/℃	t/min	T/℃

注：每隔 1min 记录温度 320℃至系统降温至 150℃以下。

1. 利用表 7-2 中数据，绘制 5 种样品的步冷曲线，并根据平台长短及拐点位置确认组成，将相变点温度填入表 7-3。

2. 根据表 7-3 的数据绘制 Pb-Sn 二组分系统的相图，并注明相图中各区域的相。

3. 从相图上找出 Pb-Sn 系统的最低共熔点混合物的组成及最低共熔温度。

表 7-3　由步冷曲线得出相变点温度及各样品组成

样品质量分数(以 Pb 计)/%	0(纯锡)	20	38.1	60	80	100(纯铅)
拐点温度/℃	—					—
平台温度/℃	—					—
对应样品编号						

六、实验指导

1. 实验关键点

（1）被测系统必须时时处于或非常接近相平衡状态，冷却速度宜慢不宜快，根据实际情况，可控制在 5～8℃为宜。

（2）在测试过程中需保持样品在管中的均匀性，因此在熔融样品时必须充分摇晃，以保证样品管内各处组成均匀一致（注意不要烫到）。

（3）需要避免温度过高导致样品发生氧化变质，通常在样品全部熔化后再升温 50℃左右为宜，因事先不知道样品组成，所以样品熔化温度均控制在 370～390℃为宜。

（4）为了隔绝空气，建议样品上面加少量石墨粉，也是防止金属在高温下氧化普遍采用的措施。

2. SWKY-Ⅰ数字控温仪与 KWL-09 可控升降温电炉的使用方法和操作步骤

（1）将 SWKY-Ⅰ数字控温仪的温度传感器Ⅰ和Ⅱ接好，将温度传感器Ⅰ插入控温传感器插孔（KWL-09 可控升降温电炉左炉孔）。

（2）接通电源，打开电源开关。显示初始状态，"置数"指示灯亮。其中，温度显示Ⅰ控制并显示左炉孔温度，温度显示Ⅱ显示有炉孔实时温度。

（3）设置控制温度。按"工作/置数"键，置数灯亮。依次按"×100"、"×10"、"×1"、"×0.1"设置"温度显示Ⅰ"的百位、十位、个位及小数点位的数字，每按动一次，显示数码按 0～9 依次递增，直至调整到所需"设定温度"的数值。设置完毕，再按一下"工作/置数"按键，转换到工作状态。温度显示Ⅰ从设置温度转换为控制温度当前值，工作指示灯亮。本实验设置设定温度不高于室温即可。若需隔一段时间观测记录，可按"工作/置数"键，置数灯亮，按定时增、减键设置所需间隔的定时时间，有效设置范围为 10～99s。时间递减至零时，蜂鸣器鸣响，鸣响时间为 2s。若无需定时提醒功能，将时间设置至 00s。时间设置完毕，再按一下"工作/置数"按钮，仪表自动转换到工作状态，工作指示灯亮。置数工作状态时，仪器不对加热器进行控制。

（4）取一支装好样品的样品管，放入 KWL-09 可控升降温电炉右炉孔，将 SWKY-Ⅰ数字控温仪的温度传感器Ⅱ插入不锈钢试管的中间空气套管中。将 KWL-09 可控升降温电炉控制面板上的"冷风量调节"逆时针旋转到底（最小），此时冷风机电压应为零；"加热量调节"顺时针旋转至合适电压，此时样品开始加热熔化（一般在金属全部熔化后再继续升温 50℃左右），并将熔融金属搅拌均匀，使管内各处组成均匀一致。

（5）观察 SWKY-Ⅰ数字控温仪的屏幕，当温度Ⅱ显示样品温度达到所需温度后（注意：实际温度勿超过 400℃），逆时针调节"加热量调节"旋钮，停止加热，同时顺时针调节"冷风量调节"旋钮至所需合适冷风量（仪器不同，所需风量会有所区别），耐心调整使之匀速降温（降温速率一般为 5～8℃·min^{-1}为宜），每隔 1min 记录实时温度直至系统温度降至150℃以下。实验做完后，用坩埚钳从测试区炉膛内取出样品管，放入样品管摆放区进行冷却。

（6）将 SWKY-Ⅰ数字控温仪处于置数状态，逆时针调节电炉"加热器调节"到底，表头指示为零，顺时针调节"冷风量调节"到底，进行降温，待温度显示Ⅰ、温度显示Ⅱ显示都接近室温时，关闭电源。

使用 SWKY-Ⅰ数字控温仪与 KWL-09 可控升降温电炉时要注意电炉升温的惯性，因此需要提前关掉电炉。

经验做法如下：开始加热时，冷风量调节为逆时针到底，加热量调节为顺时针最大，当温度升至250～260℃时将加热量调节逆时针旋转到底，停止加热，此时电炉预热可以让系统温度升至所需温度，视所升温度的高低（是否在 370～390℃），在测试第二个样品时适当调整停止加热的温度。

冷风量的调节方法：当系统温度升至370～390℃时，可开大冷风量，使系统降温，当系统温度回降至340℃时，迅速调整冷风量至合适电压（根据以往经验电压调整）。如没有以往经验，一般经验此套设备冷风机电压调至 4V 左右，根据第一个样品降温速率，从第二个样品开始适当调整。

必须特别注意：在同一个样品测试过程中，冷风机电压绝对不可以调整，因为冷风量的改变也会引起系统降温速率的改变。

3．对步冷曲线的绘制分析

（1）绘制步冷曲线时必须注意坐标比例的选择。否则将得不到满意的结果。

（2）根据绘制出的步冷曲线上拐点及平台的不同，确定相变点温度及样品所对应的实际组成。表 7-4 列出了各个不同组成样品的步冷曲线拐点及平台的特点。

表 7-4　不同组成样品的步冷曲线拐点及平台特点

样品质量分数(以 Pb 计)/%	20	38.1	60	80	100
拐点高低	最低	没有拐点	次高	最高	没有拐点
共熔物的质量/g	53	100	64.6	32.3	100
平台长短	次短	最长,温度低于所有拐点	次长	最短	最长,温度高于所有拐点

共熔物质量以样品总质量为 100g 计算，根据表中不同组成的步冷曲线特点判断样品组成。

特别注意：要以拐点高低作为第一判据，样品总重和每次测定的冷风量都会影响平台长短，因此平台长短只能作为辅助判据。

（3）实验数据经常不是理想化的，常如图 7-3 中的虚线所示。

此种图形是由于冷却过程中有过冷现象存在，步冷曲线将出现一个低谷。因为少量固相开始析出时，所释放的凝固热不足以抵消外界环境所吸收的热量，系统进一步降低至相变温度以下，这就促使众多的微小结晶同时形成，放出更多的凝固热使系统温度得以回升，有时甚至在短时间内出现异常高峰。

过冷现象的存在使得步冷曲线的水平段变短，更使得转折点难以确定。在出现此类步冷曲线的情况下，线性近似外推的方法有助于求得较为合理的相变点温度（如图 7-4 所示）。

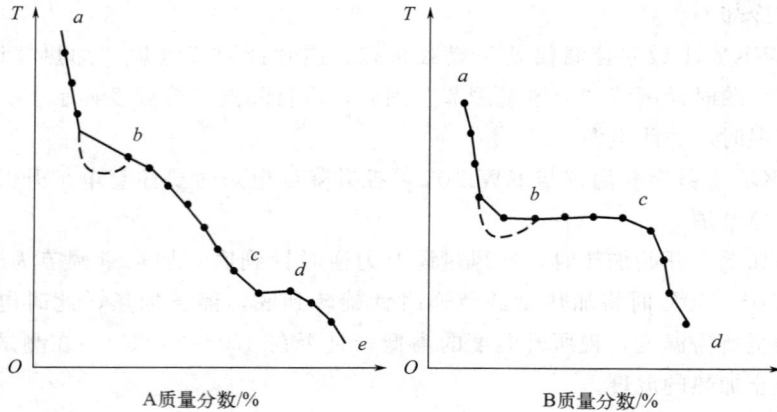

图 7-3 实际绘制的步冷曲线示意图

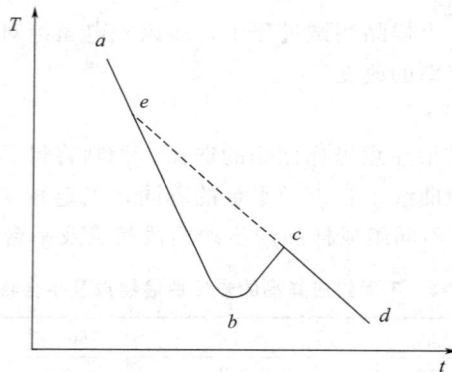

图 7-4 步冷曲线出现过冷现象的处理方法

七、实验拓展

绘制简单低共熔相图的其他方法：溶解度法。

溶解度法一般用于盐水系统。按照最低共熔点的组成来配制冰和盐的量，就可以获得较低的冷冻温度。在化工生产中，经常用盐水溶液作为冷冻的循环液，就是因为以最低共熔点的浓度配制盐水时，在 252.1K 以上都不会结冰。

八、实验数据的计算机处理（Origin9.1）

1. 数据的录入

（1）打开"Origin9.1"软件，出现"Book1"窗口。选择菜单命令"Column/Add Columns"或者窗口上侧工具栏 ▦ 快捷键添加新列，列数为"6"。

（2）选中所有列，选择菜单命令"Column/Set as/XY"或者右键命令"Set as/XY"，将数据记录表中的时间和温度数据录入到"Book1"中，写上名称［A（X1）、B（Y1）、

C（X2）、D（Y2）……]。

2．步冷曲线的绘制

（1）选中所有列，选择菜单命令"Plot/Line"或者点击窗口底侧工具栏 ⊿ 按钮，即得步冷曲线的线图。

（2）点击坐标工具栏中的数据读取 ⊞ 按钮，然后点击选中曲线图中的转折点（拐点），则在"Date Play"面板中显示出该点所对应的横坐标和纵坐标，该坐标值为各个样品的相变点，并通过"Add Text"命令将相变点（拐点和平台）值添加到曲线中。

（3）通过步冷曲线的相变点温度（拐点高低）及平台长短判断 4 个样品的组成，通过"Add Text"命令将样品组成标注至曲线中。

3．Pb-Sn 金属相图的绘制

（1）选择菜单命令"File/New/Worksheet"，新建一个工作表"Book2"，将 4 个样品的质量分数和由步冷曲线得到相变点温度值以及纯 Pb、纯 Sn 的理论熔点值录入"A（X）"列中，写上列名称；将温度数据录入"B（Y）"列，写上列名称。

（2）选中"Book2"中的两列数据，选择菜单命令"Plot/Line＋Symbol"或者点击窗口底侧工具栏 ✓ 按钮，绘制线点图"Graph2"。

（3）选择菜单命令"Format/Plot Properties"，打开"Plot Details-Plot Properties"对话框，在"Line"选项卡中的"Width"下拉菜单中，选"4"使曲线变粗，点击"OK"按钮。

（4）图形空白处右键选择"Add Text"命令，或点击窗口左侧工具栏 T 按钮，在图中添加最低共熔混合物的组成及熔点以及各个相区的名称等。

4．图形和曲线的显示设置

（1）选择菜单命令"Format/Plot Properties"，打开"Plot Details-Plot Properties"对话框可对曲线的线条类型、颜色等进行设置。

（2）双击左边或底边坐标轴，在打开的"Axis Dialog"对话框中对坐标轴的显示进行设置，包括坐标轴的范围、坐标间隔值、坐标轴线条的粗细等。

（3）双击坐标名称，在打开的"Object Properties"对话框中，对坐标名称的字体大小等进行设置修改。

5．数据结果的导出

将"Book2"中的数据复制到 Word 文档的表格中，将 Origin 中绘制的图形"Graph1"和"Graph2"通过菜单命令"Edit/Copy Page"复制到 Word 文档中，写上表格及图形名称等。

九、思考题

1．何谓热分析法？用热分析法测绘相图时应该注意些什么？

2．用相律分析在各条步冷曲线出现拐点和平台的原因。

3．为什么在不同组分熔融液的步冷曲线上最低共熔点的水平线段长度不同？

4．实验中各样品的总质量为什么要求相等？如果总质量不等有什么影响？

5．Pb-Sn 金属相图中总质量均为 100g 的含 Pb 20％和含 Pb 80％的两条步冷曲线中，哪一条的平台长？通过计算说明原因。

实验八　完全互溶双液系的气-液平衡相图

一、实验目的

1. 理解完全互溶双液系的沸点-组成图中，沸点出现极大/极小值的原因。

2. 了解阿贝折射仪的测量原理和使用方法，掌握折射率-组成工作曲线的绘制方法。

3. 了解沸点的测定方法，掌握蒸馏法绘制具有恒沸点的二组分气-液平衡相图的原理和方法。

二、实验原理

两种液态物质混合而成的二组分系统称为双液系。两个组分若能按任意比例互相溶解，称为完全互溶双液系。完全互溶的双液系，因两种组分具有不同的挥发性，故在一定外压下，混合物沸腾时，平衡共存的气、液两相的组成不同。同时混合物的沸点也会随着平衡组成的不同而发生变化。因此，在恒压下将溶液蒸馏，测定其相平衡温度（沸点）和相平衡组成（气相组成，液相组成），描述这种关系的图，称为恒压下的沸点-组成图。获得此类相图的方法称为蒸馏法。

在恒压情况下，完全互溶双液系的沸点-组成图（T-x）可分为三类：①理想溶液或接近理想溶液混合物的双液系，其液体混合物的沸点介于两纯物质沸点之间［图 8-1(a)］，如苯-甲苯系统。②各组分蒸气压对拉乌尔定律产生很大的正偏差，则其溶液有最低恒沸点［图 8-1(b)］，如乙醇-乙酸乙酯系统、苯-乙醇系统。③各组分蒸气压对拉乌尔定律产生很大的负偏差，则其溶液有最高恒沸点［图 8-1(c)］，如丙酮-氯仿系统、卤化氢-水系统。第②③两类溶液在最高或最低恒沸点时的气、液两相组成相同，溶液沸点保持不变，此时的温度称恒沸点，相应的组成称恒沸组成。①类混合物一般可用精馏的方法将其分离为两种纯物质；而②③类混合物用一般精馏方法只能分离出一种纯物质和恒沸混合物，如要获得两种纯物质，需采用其他方法。乙醇-乙酸乙酯双液系属于具有最低恒沸点的系统。

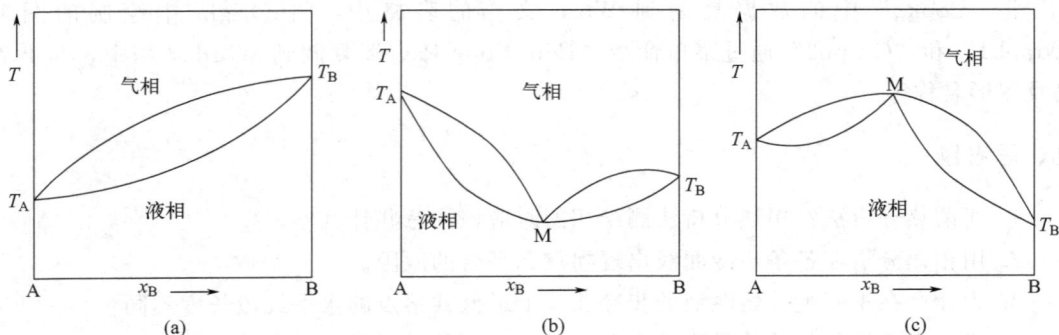

图 8-1　两组分系统的沸点-组成关系图

为了绘制 T-x 图，可采取不同的方法。如取该系统不同组成的溶液，用化学分析方法分别分析沸腾时气、液两相的组成，从而绘制出 T-x 图，但对不同系统要用不同的化学分析方法来确定组成，显然是很繁杂的。特别是对于某些系统目前还没有精确、有效的化学分析方法，其相图的绘制就更加困难。本实验采用阿贝折射仪测气、液两相的折射率，来间接获取其组成，是一种简洁、准确的方法，被广泛采用。

本实验用沸点仪测定乙醇-乙酸乙酯双液系的沸点。当气、液两相达平衡后，通过精密温度计测其沸点，用阿贝折射仪测气（气相冷凝液）、液相的折射率，由工作曲线求出相应的组成。测定已知组成的溶液的折射率，以折射率对组成作图即为工作曲线。

各种沸点测定仪的具体构造虽各有特点，但其设计思路都集中于如何正确测定沸点，便于取样分析、防止过热及避免分馏等方面。本实验所用沸点仪如图 8-2 所示。这是由一支直型回流冷凝管和一支带有袋状冷凝槽的长型蒸馏管组成。袋状冷凝槽用于收集冷凝下来的气相样品。蒸馏管中放置少量沸石以防止溶液沸腾时的过热现象，还能防止暴沸。

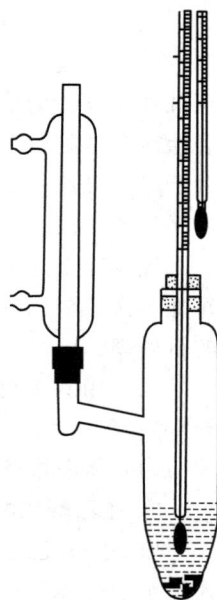

图 8-2 沸点测定仪

三、仪器和药品

沸点测定仪 1 套；阿贝折射仪 1 台；电子天平（公用）；可调压电热套 1 个；5mL 量筒 2 个；25mL 量筒 2 个；分度为 0.1℃的温度计（50～100℃）1 支；具塞离心试管 25 个；滴管 25 支；50mL 具塞锥形瓶 5 个；洗耳球 1 个。

无水乙醇（A. R.）；乙酸乙酯（A. R.）。

四、实验步骤

1. 工作曲线的绘制。

在编号为 1、2、3、4、5 的五个已准确称重去皮的具塞锥形瓶中分别加入 1、2、3、4、5mL 的乙酸乙酯，准确称重，记录数据，再向各瓶中分别加入 6、5、4、3、2mL 的无水乙酸后盖塞称重，摇匀。将阿贝折射仪与超级恒温水浴相连，水浴恒温温度（25.0±0.1）℃，用阿贝折射仪分别测其折射率。同时测定纯无水乙醇的折射率，每个样品平行测定 3 次取平均值（数据记录在表 8-1 中）。用以绘制折射率对组成 $w(CH_3COOC_2H_5)$ 的工作曲线 I。将混合液倒入回收瓶，并将具塞锥形瓶放入烘箱中烘干，待用。

另取编号为 1、2、3、4、5 的五个已准确称重去皮的具塞锥形瓶中分别加入 1、2、3、4、5mL 的无水乙醇准确称重，记录数据；再向各瓶中分别加入 5、4、3、2、1mL 的乙酸乙酯后盖塞称重，摇匀。恒温下分别测其折射率。同时测定纯 $CH_3COOC_2H_5$ 的折射率（数据记录在表 8-2 中）。用以绘制折射率对组成 $w(CH_3CH_2OH)$ 的工作曲线 II。

2. 在无水乙醇中依次加入乙酸乙酯，测定不同组成溶液的沸点及气液相组成。

（1）取 20mL 无水乙醇置于沸点测定仪内，接好线路，打开回流水（回流水下进上出），加热套通电并调节可调旋钮使液体加热至沸腾，回流并观察温度计的变化，待回流稳定后，记下此时的沸点温度。撤去电热套，将系统充分冷却（一般冷却至 50℃以下）。

（2）用量筒量取 1.0mL 左右的乙酸乙酯加入沸点仪中，将袋状冷凝槽中的液体倒回沸点仪内，继续加热液体至沸腾，回流一段时间，使袋状冷凝槽处的冷凝液不断更新，直至观察温度计的读数后，记下沸点温度。撤去电热套，待系统充分冷却后，用一长滴管取袋状冷凝槽处的气相冷凝液放入离心试管，马上盖塞。同时用干燥的滴管取适量液相样品置于另一支离心试管中，盖塞，用阿贝折射仪分别测气相冷凝液和液相的折射率，每个样品平行测 3 次。

继续在上述溶液中陆续加入乙酸乙酯 1.0、2.0、2.0、3.0、4.0、5.0mL、10.0mL，每加一次乙酸乙酯均按上述步骤测定取气相冷凝液前后混合液的沸点及气相冷凝液和液相的折射率。

（3）用沸水校正精密温度计的零点。如有需要，同时进行露茎校正（方法见"实验指导"）。

（4）将蒸馏管内的溶液倒入回收瓶，将沸点仪放入烘箱中烘干备用。

3. 在乙酸乙酯中依次加入无水乙醇，测定各组成溶液的沸点及气液相组成。

取 20mL 乙酸乙酯置于已经烘干的沸点测定仪内，先测定乙酸乙酯的沸点，再依次加入无水乙醇 1.0、1.0、1.0、2.0、2.0、3.0mL，按照步骤 2，完成各组成溶液沸点及气液相组成的测定。用沸水校正精密温度计的零点。数据记录到表 8-4 中。

4. 将所用玻璃仪器直接放烘箱烘干（无需水洗）。将阿贝折射仪测量棱镜吹干。

五、数据记录与处理

室温：_____℃　　大气压：_____Pa　　实验温度：_____℃

表 8-1　组成为 $w(CH_3COOC_2H_5)$ 的工作曲线 Ⅰ 的绘制

样品编号		0 号	1 号	2 号	3 号	4 号	5 号
加乙酸乙酯	体积/mL	0	1	2	3	4	5
	质量/mL						
加乙醇	体积/mL	0	6	5	4	3	2
	总质量/mL						
$w(CH_3COOC_2H_5)/\%$		0					
折射率 n	1						
	2						
	3						
	平均						

表 8-2　组成为 $w(CH_3CH_2OH)$ 的工作曲线 Ⅱ 的绘制

样品编号		0 号	1 号	2 号	3 号	4 号	5 号
加乙醇	体积/mL		1	2	3	4	5
	质量/g						
加乙酸乙酯	体积/mL		5	4	3	2	1
	总质量/g						
$w(CH_3CH_2OH)/\%$		0					

样品编号		0 号	1 号	2 号	3 号	4 号	5 号
折射率	1						
	2						
	3						
	平均						

表 8-3　无水乙醇中加入乙酸乙酯的沸点及气液相组成测定（如不进行露茎校正则不记录 $t_环$ 和 l）

混合液体积组成		沸点/℃			折射率测定					
加醇/mL	加酯/mL	$t_观$	$t_环$	l	气相			液相		
					1	2	3	1	2	3
20	—									
—	1									
—	1									
—	2									
—	2									
—	3									
—	4									
—	5									
—	10									
温度计校正值		温度计沸水温度：								

表 8-4　乙酸乙酯中依次加入无水乙醇的沸点及气液相测定（如不进行露茎校正则不记录 $t_环$ 和 l）

混合液体积组成		沸点/℃			折射率测定					
加酯/mL	加醇/mL	$t_观$	$t_环$	l	气相			液相		
					1	2	3	1	2	3
20	—									
—	1									
—	1									
—	1									
—	2									
—	2									
—	2									
温度计校正值		温度计沸水温度：								

1. 根据表 8-1 和表 8-2 的数据，分别作工作曲线Ⅰ和工作曲线Ⅱ。

2. 从工作曲线Ⅰ和Ⅱ查找气液相组成及相应沸点填入表 8-5。

3. 根据表 8-5 数据绘制乙醇-乙酸乙酯的沸点-组成图，并从图中找出乙醇-乙酸乙酯的最低恒沸混合物的恒沸点温度和最低恒沸组成。

表 8-5 乙醇-乙酸乙酯的沸点及对应的气液相组成

	沸点温度	校正后沸点温度	气相折射率	气相组成	液相折射率	液相组成
乙醇						
中加						
乙酸						
乙酯						
乙酸						
乙酯						
中加						
乙醇						

六、实验指导

1. 阿贝折射仪的原理及使用

折射率是很多液体药物规定的理化常数指标之一，测定折射率可以鉴别药液的纯度或测出其含量。

（1）基本原理

光从一种介质进入另一种介质时，在界面上发生折射，对任何两种介质，在一定波长和一定外界条件下，其入射角 θ_1 和折射角 θ_2 与这两种介质的折射率 n_1（介质 1）和 n_2（介质 2）的关系为：

$$\frac{\sin\theta_1}{\sin i\theta_2} = \frac{n_1}{n_2}$$

如果介质 2 为真空，$n_{真空} = 1$，则介质 1 的绝对折射率 n 为

$$n = \frac{\sin\theta_{真空}}{\sin\theta_1}$$

如介质 2 为空气，则 $n_{空气} = 1.00027$（空气的绝对折射率）。设 n' 称为介质 1 对空气的相对折射率，则

$$n' = \frac{\sin\theta_{空气}}{\sin\theta_1} = \frac{n}{n_{空气}}$$

由于 $n_{空气} = n_{真空}$，故 n 与 n' 相差极小，在不作精密测量时，通常以 n' 作为介质的绝对折射率。

当光从光密介质 A 进入光疏介质 B 时，由于 $n_A > n_B$，则折射角 θ_B 必大于入射角 θ_A〔如图 8-3(a) 所示〕。当入射角 θ_A 为 $\theta_{A,0}$ 时，折射角 $\theta_{B,0}$ 最大，为 $90°$，此时光沿界面方向前进〔如图 8-3(b) 所示〕；若 $\theta_A > \theta_{A,0}$，则光不能进入介质 B，而从界面反射，如图 8-3(c)，此现象称作"全反射"，$\theta_{A,0}$ 为临界角。

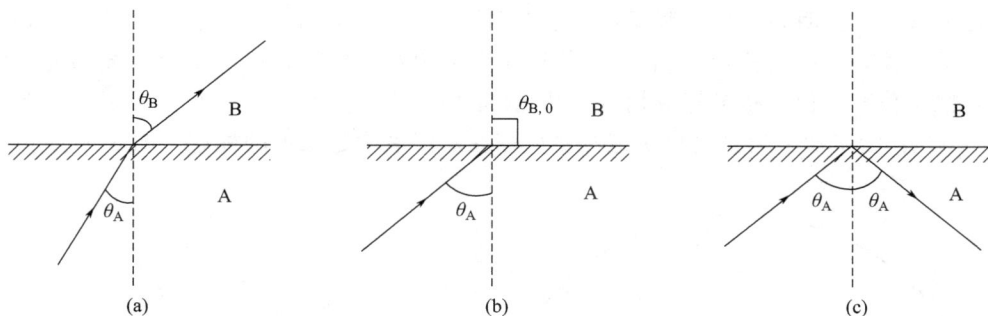

图 8-3 光的折射和全反射

阿贝折射仪就是根据光的折射和全反射原理设计而成。由图 8-4 可以看出，光线自反射镜反射到辅助棱镜 F，由于 F 镜上的 CD 面为一毛玻璃面，所以光在 CD 面发生漫射，从而使光线可以从不同的方向进入 CD 面与 AB 面之间的待测液体层，而后达到 AB 面进入折射棱镜 E 中，由于在 AB 面上光线的入射角可由 $0°\sim90°$，而且 $n_{液体}$ 小于 $n_{棱镜}$，则全部入射光均能进入棱镜 E（全反射的反过程）。

光线达到 BK 面时又发生折射，入射角为 s，折射角为 γ，设被待液体的折射率为 n，棱镜折射率为 $n_{棱镜}$，则有

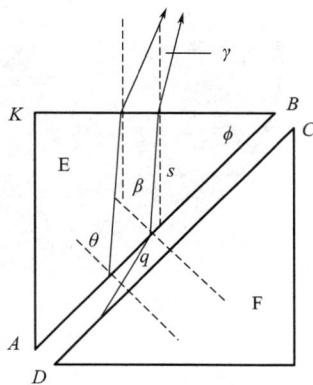

图 8-4 折射仪原理图

$$\frac{\sin\beta}{\sin\alpha} = \frac{n}{n_{棱镜}} \text{ 及 } \frac{\sin\gamma}{\sin s} = \frac{n_{棱镜}}{n_{空气}} = n_{棱镜}(n_{空气} \approx 1)$$

由图 8-4 可知，

$$\phi + (90° + s) + (90° - \beta) = 180°$$

$$\therefore \beta = \phi + s$$

$$n = n_{棱镜}\frac{\sin\beta}{\sin\alpha} = n_{棱镜}\frac{1}{\sin\alpha}\sin(\phi + s)$$

$$= \frac{n_{棱镜}}{\sin\alpha}(\sin\phi\cos s + \cos\phi\sin s)$$

$$= \frac{n_{棱镜}}{\sin\alpha}\sin\phi\sqrt{1 - \sin^2 s} + \frac{n_{棱镜}}{\sin\alpha}\cos\phi\sin s$$

$$= \frac{\sin\phi}{\sin\alpha}\sqrt{n_{棱镜}^2 - n_{棱镜}^2\sin^2 s} + \frac{n_{棱镜}}{\sin\alpha}\cos\phi\sin s$$

$$\therefore n = \frac{\sin\phi}{\sin\alpha}\sqrt{n_{棱镜}^2 - n_{棱镜}^2\sin^2 s} + \frac{n_{棱镜}}{\sin\alpha}\cos\phi\sin s$$

$$n = \frac{\sin\phi}{\sin\alpha}\sqrt{n_{棱镜}^2 - \sin^2\gamma} + \frac{\sin\gamma\cos\phi}{\sin\alpha}$$

此式表明，被测液体的折射率n与棱镜折射率$n_{棱镜}$和γ、ϕ、α有关，对于一定的棱镜，$n_{棱镜}$和ϕ为定值，故n仅取决于γ和α。

如果每次测量都选用相同的α，则n只和γ有关系，α的选择就是利用了全反射原理，由于入射角最大为90°，此时折射角最大，为θ。此时因为θ最大，故在其左侧不会有光线而呈黑暗部分，而另一面则是明亮部分，明暗两部分的交界线很容易在目镜中找到。

在测量时，把明暗交界线调至目镜中十字线的交叉点，标尺上的读数即为n的值（实际上应是γ值，已被转换成n值了）。刻度盘上的读数有两行，一行是以日光为光源的条件下，把γ值和n值直接换算成相当于钠光灯的折射率n_D（从1.3000～1.7000），另一行是0～95%，为工业上用折射仪快速测量蔗糖在水溶液中的浓度的标志（图8-5）。

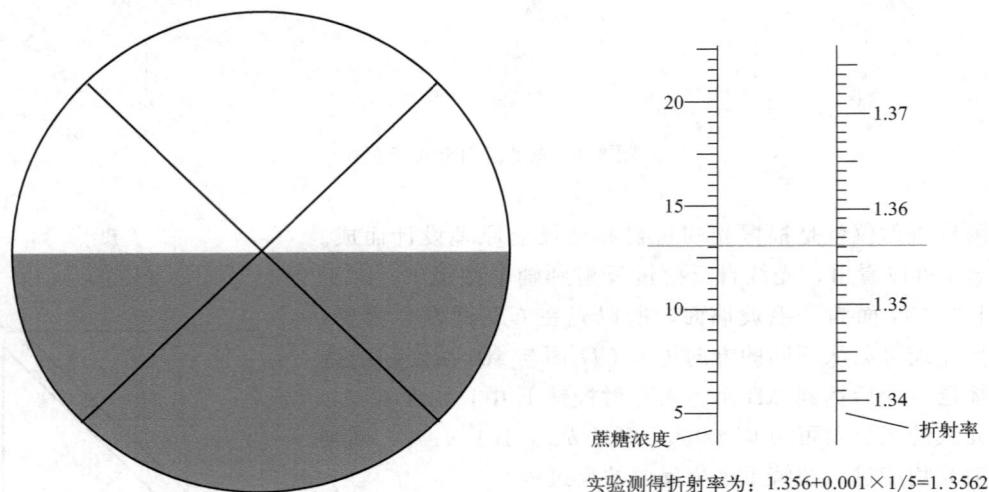

实验测得折射率为：1.356+0.001×1/5=1.3562

图8-5　折射仪的目镜成像和读数镜视场

在使用阿贝折射仪时，由于日光光源含有不同波长的光，故通过棱镜时因不同波长的光的折射率不同而产生色散，致使明暗界线模糊不清。为此，在测量目镜下面设计安装了一套消除色散的棱镜，通过调节消色散棱镜的相对位置，使原来发生色散的光恰恰被消色散棱镜的色散作用所抵消，出来的各色光平行了，明暗界线也就清楚了。

（2）折射仪的使用方法

① 安装：将折射仪放在光线相对明亮的桌上（勿使阳光直接照射）。连接恒温水，通常选用的温度为（25.0±0.1）℃（以折射仪上的温度计为准）。

② 加样品：校正后，应向棱镜面上加几滴丙酮或乙醇，使E、F两棱镜之间AB、CD面均被丙酮（或乙醇）浸润，再用吸耳球吹干，以此来清洗棱镜表面，通常洗2～3次即可。洗净后，用滴管将被测液体小心滴在F镜CD面上，闭合并锁紧E、F两棱镜。（注意：每次测定时两个棱镜都要锁紧，防止两棱镜所夹液面成劈状影响数据重复性。）如果样品很易挥发，亦可在两棱镜闭合情况下从加液槽内加入样品。

③ 对光：转动左边的刻度盘旋钮，使刻度盘标尺上的示值为最小，调节反光镜，使入射光进入棱镜组，同时从测量目镜中观察，使视场最亮。调节目镜，使视场准丝十字交叉线最清晰。

④ 粗调：转动刻度盘旋钮，使刻度盘标尺上的示值逐渐增大，直至观察到视场中出现彩色光带或清晰的明暗分界线为止。

⑤ 消色散：若有彩色光带出现，调节右边的消色散旋钮，至视场中出现清晰的明暗分界线。

⑥ 精调：转动刻度盘旋钮，至明暗分界线刚好处于十字线交叉点上为止。若此时又呈微色散，必须重新调消色散旋钮，使分界线明暗清晰（调节过程在目镜中看到的图案颜色变化如图 8-6）。图 8-6（a）为未调节右边消色散旋钮前在右边目镜看到的出现彩色光带的图像，此时颜色是散的；图 8-6（b）为调节右边消色散旋钮直到出现有明显的明暗分界线；图 8-6（c）为通过调节左边读数盘旋钮使分界线刚好经过十字线交叉点的读数视场。

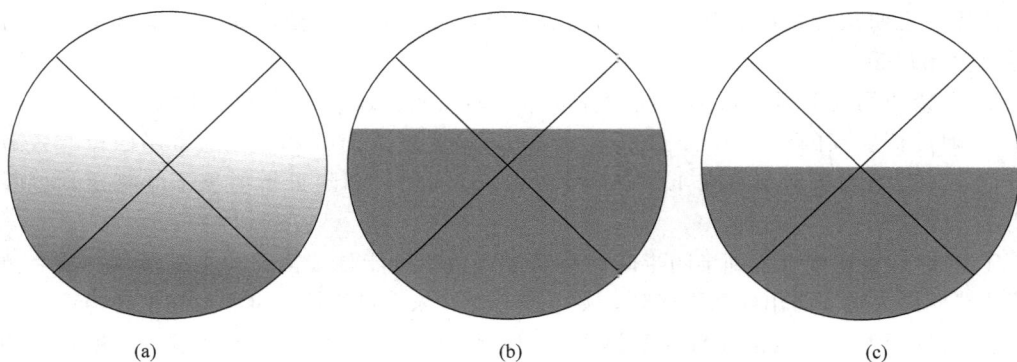

(a)　　　　　　　　　　(b)　　　　　　　　　　(c)

图 8-6　折射仪的目镜成像视场

⑦ 读数：由于眼睛在判断分界线是否处于十字线交叉点上时容易疲劳，为减少偶然误差，应转动刻度盘旋钮，重复测定 3 次，3 个读数相差不能大于 0.0002，取其平均值。试样的成分对折射率的影响是极其灵敏的，样品被沾污或样品中易挥发组分的挥发，皆会使样品组分发生微小变化，导致读数不准确。因此一个样品应重复取样 3 次进行测定，得到的数据再取平均值。

通常使用折射仪测量液体的折射率可准确至 ±0.0001，因此可用来鉴定纯液体的纯度，测量双液系的浓度，而且还可为判断物质的结构、量子化学的计算提供一些线索。

⑧ 仪器校正：折射仪刻度盘上的标尺零点有时会发生移动，须加以校正。其方法是用重蒸馏水或一已知折射率的标准折射玻璃块来校正。该标准折射玻璃块及一小瓶 α-溴萘随折射仪一同购进，如使用标准折射玻璃块（简称玻块），首先拉下下面的棱镜 F，滴一滴 α-溴萘在玻块的光面上，然后将该标准玻块的光面用特殊的胶粘于测量棱镜面上，不需合上辅助棱镜，但要打开测量棱镜背的小窗，使光线从小窗射入，此时测得的值与玻块的折射率值有差异，此差值为校正值。也可以将折射率调到该物质的折射率数值，此时观察目镜内的十字线交点是否通过明暗界线，如不通过，可用特制的手柄或钟表螺丝刀旋动镜筒上的校正螺丝进行调节，使十字线交点恰好通过明暗分界线。

这种校正零点的方法，也是使用该仪器测定固体折射率的方法，只要将被测固体代替玻块进行测定即可。

在实验室中一般用纯水作为标准物质（$n_D^{20}=1.3325$）来校正零点。在精密测量中，须在所测量的范围内用几种不同折射率的标准物质进行校正，考察标尺刻度间距是否正确，把一系列的校正值画成校正曲线，以供测量对照校正。

⑨ 温度对折射率的影响：液体的折射率是随温度变化而变化的，多数液态的有机化合物当温度每增高 1℃ 时，其折射率下降 $3.5\times10^{-4}\sim5.5\times10^{-4}$。在 $15\sim30$℃ 之间，温度每升高 1℃，纯水的折射率下降 0.0001。若测量时要求准确度为 ±0.0001，则温度应控制在 $t\pm0.1$℃，此时阿贝折射仪需要超级恒温槽配套使用。

⑩ 压力对折射率有影响，但不明显，只有在很精密的测量中才会考虑压力的影响。

（3）阿贝折射仪的使用注意事项

① 阿贝折射仪的关键部位是棱镜，必须注意保护。滴加液体时，滴管的末端切不可触及棱镜，擦洗棱镜时要用柔软的镜头纸单向吸干液体，切不可来回用力擦，以免将毛玻璃面擦光。在每次测量前后都必须用 $1\sim2$ 滴丙酮或乙醇滴于棱镜面上，洗净镜面，待晾干后再关闭棱镜。

② 严禁使用阿贝折射仪测量腐蚀性液体，如强酸、强碱、氟化物等物质。

③ 阿贝折射仪的量程为 $1.3000\sim1.7000$，精密度为 ±0.0001，通常用四位有效数字进行记录。若液体折射率不在 $1.3000\sim1.7000$ 范围内，则阿贝折射仪不能测定，也看不到明暗界线。

④ 有时在目镜中看不到半明半暗而是畸形，这时可能是棱镜面未充满液体，或者测量棱镜位置偏离太远。若出现弧形光环，则可能有光线未经过棱镜直接照射在聚光透镜上。

⑤ 阿贝折射仪不能在较高温度热源（如电灯泡）和阳光直射下使用，以免影响测量温度。

2. 水银温度计校正

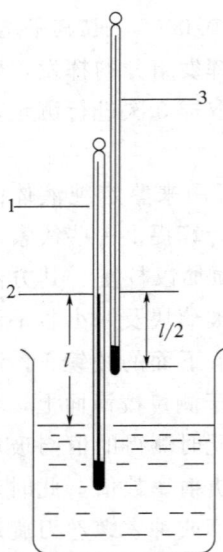

图 8-7 水银温度计校正图示
1—测量温度计；2—水银柱位置；
3—辅助温度计

为消除系统误差，一般应对水银温度计的读数进行零点和露茎校正。

（1）零点校正 由于水银温度计下部玻璃的体积可能会有所改变，致使水银温度计的读数与真值不符，故需进行零点校正。校正方法是：与标准温度计相比较或用纯物质的相变点进行标定校正。

（2）温度计露茎校正 全浸式水银温度计如不能全部浸没在被测系统中，因露出部分与被测系统温度不同，必然存在读数误差，故需进行校正，这种校正称为露茎校正。

计算公式为：

$$\Delta t_{露茎}=Kl(t_{观}-t_{环})$$

式中，K 为水银对玻璃的相对膨胀系数，$K=0.000157$；l 为露出被测系统之外的水银柱高度（温度计的观察值与沸点仪塞子处温度计读数之差），即露茎高度，以温度差表示；$t_{观}$ 为测量温度计上的读数；$t_{环}$ 为辅助温度计上的读数（即环境温度），辅助温度计的水银球应在露茎高度之半处（即 $\dfrac{l}{2}$ 处），如图 8-7 所示。

计算出 $\Delta t_{露茎}$（注意正、负值），再加上 $t_{观}$，即为校正后的实际温度值，即

$$t_{实} = t_{观} + \Delta t_{露茎}$$

（3）压力校正 在一个标准大气压下测得的沸点称为正常沸点，由于实验时大气压并非一个标准大气压，因此应对实验测得的沸点进行压力校正，校正公式由特鲁顿规则及克劳修斯-克拉贝龙方程推导而得。其公式为：

$$\Delta t_{压/℃} = \frac{(273.15 + t_{观/℃})}{10} \times \frac{101325 - p/Pa}{101325}$$

经校正后的系统测定温度为：

$$t = t_{观} + \Delta t_{零} + \Delta t_{露茎} + \Delta t_{压}$$

3. 实验关键

（1）正确安装沸点测定装置。由于整个系统并非绝对恒温，气、液两相的温度会有少许差别，因此沸点仪中应正确放置温度计水银球浸入液相的高度。实验证实，若温度计水银球全部浸入液相，由于过热现象的存在，实测温度往往高于气相温度约 0.5℃；反之，若水银球浸入液相过少，如置于蒸气支管口，实测温度比液相温度低 0.3℃左右。因此，观测温度计水银球位置应低于蒸气支管口，水银球应约有一半浸入液相中一半露在蒸气中，以保证气液相温度与温度计读数温度接近。随着溶液量的增加要不断调节水银球的位置。

（2）本实验采取回流冷凝法，回流效果直接影响实验质量，为保证实验质量，需采取正确措施。一是供电电压不宜太大，务必使液相保持微沸状态，即气流高度要低于冷凝管的 1/3 处。温度过高不但容易造成溶液的暴沸和气相冷凝不完全，而且导致平衡沸点温度难以准确测量。二是冷凝管的袋状冷凝槽部位宜小，刚够取液量即可（理论上，冷凝的第一滴是平衡点），该处体积过大时要适当倾斜。每次取样量不宜过多，取样时毛细管一定要干燥，不能留有上次的残液，气相部分的样品要取干净。

（3）由于气相样品（冷凝液）挥发性大，量少，蒸发面积大，因此只有在停止加热且充分冷却后取样分析才能保证气相组成的正确性。至于液相，因为量多，挥发性小，很少发生不正常情况，故可从容测定。

（4）折射率的测定要动作迅速，以免混合液中低沸点组分的快速挥发造成测量误差。测量样品前，务必将折射仪洗净吹干。

（5）阿贝折射仪的明暗分界线从上和从下趋向十字交叉点，其数值往往不一致，可取两者的平均值，或所有测定，连同校准都从一个方向趋向十字交叉点，即可消除此项误差。

4. 可能的误差分析

（1）样品转移不迅速，转移过程中有挥发；取气相和液相样品或加样品时未使系统温度降至 50℃以下。

（2）观测折射仪读数，产生的误差；折射率的测定要求快速、准确，如操作不当误差将会很大。

（3）仪器未校正，包括温度计的零点及露茎校正，折射仪的校正。

（4）样品滴在折射仪上未快速合上。

（5）温度计的插入深度、沸腾的程度不同，温度计水银球没入液体 1/2，不能接触瓶

底，加热功率保持一致，回流水流速一致，则回流的高度应该保持一致。

（6）读取沸点温度时未达到气液两相平衡。

5. 实验操作细节

实验操作中学生极易出现忘掉某一细节导致实验失败的问题，可将得到一个实验点所需的实验细节操作总结如下：

回流水（应该常开）—系统温度 50℃ 以下—加样—加热至回流稳定—读沸点温度—系统温度降至 50℃ 以下—取气相冷凝液—取液相—气液相样品降至室温，分别测定折射率。

6. 正确绘制相图是实验技能训练的教学目的之一。

在绘制相图时要注意以下几点：

① 横、纵坐标的选取要注意比例适当，相图以形成正方形为宜。

② 不能使用的实验实测点，应用特殊图例（如×，以区分参与绘图的实验点）画在相图曲线上，实测点的取舍要有充分的理由和根据。

③ 恒沸点是本实验系统的特征点，但它是通过相图绘制后从相图上得到的，而不是通过实验直接测得的。

七、实验拓展

1. 沸点温度压力校正公式的推导

由克劳修斯-克拉贝龙方程得：

$$\frac{\mathrm{d}\ln p}{\mathrm{d}t} = \frac{\Delta_{vap}H_m}{RT^2}$$

设标准大气压 $p^{\ominus}$ 时正常沸点 T_{0b}，则上式近似为

$$\frac{\Delta p}{p^{\ominus}\Delta T} = \frac{\Delta_{vap}H_m}{RT_b^2}$$

其中，$\Delta p = p^{\ominus} - p$，$\Delta T = T_{0b} - T_b$。

$$\Delta T = T_{0b} - T_b = \frac{\Delta p}{p^{\ominus}} \times \frac{RT_b^2}{\Delta_{vap}H_m}$$

根据特鲁顿规则：$\dfrac{\Delta_{vap}H_m}{T_b} \approx 85\sim88 \mathrm{J \cdot K^{-1} \cdot mol^{-1}}$，有

$$\Delta T = T_{0b} - T_b \approx \frac{p^{\ominus}-p}{p^{\ominus}} \times \frac{8.314T_b^2}{88T_b} \approx \frac{T_b}{10} \times \frac{p^{\ominus}-p}{p^{\ominus}}$$

$$= \frac{273.15 + t_{观}}{10} \times \frac{101325\mathrm{Pa} - p}{101325\mathrm{Pa}}$$

2. 实验系统

利用本实验方法还可以测定丙酮-氯仿、苯-乙醇、异丙醇-环己烷、乙醇-环己烷、正丙醇-水等系统的双液系的组成，并绘制出它们的相图。

3. 常见的共沸混合物

（1）与水形成的二元共沸物（水沸点 100℃）

溶剂	沸点/℃	共沸点/℃	含水量/%	溶剂	沸点/℃	共沸点/℃	含水量/%
氯仿	61.2	56.1	2.5	甲苯	110.5	85.0	20.0
四氯化碳	77.0	66.0	4.0	正丙醇	97.2	87.7	28.8
苯	80.4	69.2	8.8	异丁醇	108.4	89.9	88.2
丙烯腈	78.0	70.0	13.0	二甲苯	137-40.5	92.0	37.5
二氯乙烷	83.7	72.0	19.5	正丁醇	117.7	92.2	37.5
乙腈	82.0	76.0	16.0	吡啶	115.5	94.0	42.0
乙醇	78.3	78.1	4.4	异戊醇	131.0	95.1	49.6
乙酸乙酯	77.1	70.4	8.0	正戊醇	138.3	95.4	44.7
异丙醇	82.4	80.4	12.1	氯乙醇	129.0	97.8	59.0
乙醚	35.0	34.0	1.0	二硫化碳	46.0	44.0	2.0
甲酸	101.0	107.0	26.0				

(2) 常见有机溶剂间的共沸混合物

共沸混合物	组分的沸点/℃	共沸物的组成（质量分数）/%	共沸物的沸点/℃
乙醇-乙酸乙酯	78.3,78.0	30,70	72.0
乙醇-苯	78.3,80.6	32,68	68.2
乙醇-氯仿	78.3,61.2	7,93	59.4
乙醇-四氯化碳	78.3,77.0	16,84	64.9
乙酸乙酯-四氯化碳	78.0,77.0	43,57	75.0
甲醇-四氯化碳	64.7,77.0	21,79	55.7
甲醇-苯	64.7,80.4	39,61	48.3
氯仿-丙酮	61.2,56.4	80,20	64.7
甲苯-乙酸	101.5,118.5	72,28	105.4
乙醇-苯-水	78.3,80.6,100	19,74,7	64.9

4. 药学应用

在药学中相图的绘制有着重要的应用。在药物合成中可气化物质的分离和提纯，如蒸馏、分馏和精馏，溶剂的回收；药物分析中气相色谱的分离原理的建立也是借助相图完成的。绘制相图可以帮助我们了解最低恒沸点、不同温度压力下物质的状态等信息，对指导药物制剂的设计有重要意义。

八、实验数据的计算机处理

利用 Origin 软件的多曲线图绘制来完成实验数据的处理。（以 Origin9.1 为例）

1. 标准溶液的组成-折射率数据的录入

打开 "Origin9.1" 软件，出现 "Book1" 窗口。在 "A(X)" 和 "B(Y)" 两列分别录入组成 x（乙酸乙酯或乙醇）和折射率 n 数据，"Long Name" 写出列名称，点击菜单 "File/Save Project as"，另存为 "双液系的气液平衡相图.opj" 的 Origin 文件。

2. 折射率 n 和组成 x（乙酸乙酯）的工作曲线 I

(1) 点击选中 "Book1" 中的 "A(X)" 和 "B(Y)" 两列数据，选择菜单命令 "Plot/

Symbol/Scatter"或者点击窗口左下角 ⋰ 按钮，绘制散点图。

（2）在"Graph1"的窗口中，选择菜单命令"Analysis/Fitting/Linear Fit"，在弹出的"Linear Fit"对话框中点击"OK"按钮，即在"Graph1"中生成拟合的直线及拟合结果分析表格，显示有拟合直线方程的斜率、截距、相关系数等参数。

（3）在 Graph1 空白处点击鼠标右键"Add Text"命令或点击窗口左侧工具栏 T 按钮，在图中添加拟合直线方程和相关系数"R"的信息。

3. 折射率 n 和组成 x（乙醇）的工作曲线 Ⅱ

选择菜单命令"File/New/Worksheet"，新建一个工作表"Book2"，根据步骤 1 和 2 得到"Graph2"及工作曲线 Ⅱ 的线性方程及相关系数等。

4. x_g、x_i 和 $T(K)$ 数据的计算与输入（工作曲线 Ⅰ 与第一组数据）

（1）选择菜单命令"File/New/Worksheet"，新建一个工作表"Book3"，"B(Y)"列录入数据记录表中 n_g 数据，写上列名称。

（2）选中 Book3 的"A(X)"列，选择菜单命令"Column/Set column values"或者右键选择"Set column values"命令，在弹出的"Set values"对话框中"Col(C)="处录入由 n_g［Column(B)］计算 x_g 的计算公式，点击"OK"按钮，如图所示。

（3）增加两列，"D(Y2)"列录入记录表中的 n_i 数据、选择"Set column values"命令在"C（X2）"列输入将经过校正的温度 $t(℃)$ 计算转换为 $T(K)$ 值。由此计算得到工作曲线 Ⅰ 相关的第一组 x_g、x_i 和 $T(K)$ 三列数据。

5. x_g、x_i 和 $T(K)$ 数据的计算与输入（工作曲线 Ⅱ 与第二组数据）

选择菜单命令"File/New/Worksheet"，新建一个工作表"Book4"，按照步骤 4 得到工作曲线 Ⅱ 相关的第二组 x_g、x_i 和 $T(K)$ 三列数据。

6. 气-液平衡相图的绘制

（1）选择菜单命令"File/New/Worksheet"，新建一个工作表"Book5"，选择菜单命令"Column/Add Columns"或者窗口上侧工具栏 ⊞ 快捷键添加两列。选中所有列，选择菜单命令"Column/Set as/XY"或者右键命令"Set as/XY"，将"Book3"和"Book4"中的 x_g 和 x_i 数据分别复制到"Book5"中的"A(X1)"和"C(X2)"两列中，写上列的名称；将"Book3"和"Book4"中的 $T(K)$ 数据复制到"Book5"中的"B(Y1)"和"D(Y2)"两列中，写上列名称。

（2）选中"Book5"中的四列数据，选择菜单命令"Plot/Line＋Symbol"或者点击窗口底侧工具栏 ⋰ 按钮，绘制散点图"Graph3"。

（3）选择菜单命令"Format/Plot Properties"，打开"Plot Details-Plot Properties"对话框，在"Line"选项卡中的"Connect"下拉菜单中，选"B-Spline"使曲线光滑。

7. 恒沸点和恒沸组成的寻找确定

（1）平衡相图中的最低点即为恒沸点，点击左边工具栏中的 ＋ 按钮，然后点击选中曲线图中最低点，则在"Date Play"面板中显示出该点所对应的横坐标（温度值）和纵坐标（组成值），也就是恒沸点和恒沸组成。

（2）图形空白处鼠标右键选择"Add Text"命令，或点击窗口左侧工具栏 T 按钮，在图中添加恒沸点和恒沸组成以及各个相区的名称等。

8. 图形和曲线的显示设置

（1）选择菜单命令"Format/Plot Properties"，打开"Plot Details-Plot Properties"

对话框，在"Line"选项卡中的"Width"下拉菜单中，选"4"使曲线变粗，点击"OK"按钮。

（2）双击左边或底边坐标轴，在打开的"Axis Dialog"对话框中对坐标轴的显示进行设置，包括坐标轴的范围、坐标间隔值、坐标轴线条的粗细等。

（3）双击坐标名称，在打开的"Object Properties"对话框中，对坐标名称进行设置修改。

9. 数据结果的导出

将"Book5"中的数据复制到 Word 文档的表格中，将 Origin 中绘制的图形"Graph1""Graph2""Graph3"通过菜单命令"Edit/Copy Page"复制到 Word 文档中，写上表格及图形名称等。

九、思考题

1. 绘制工作曲线的目的是什么？使用阿贝折射仪时须注意哪些问题？

2. 如何判断气、液两相已达平衡？

3. 测定溶液的沸点和气、液两相组成时，是否每次都要把沸点仪烘干？什么时候需要烘干？为什么？

4. 实验步骤中，在系统中加入某组分时，如果加的量发生了偏差，对相图的绘制有无影响？为什么？

5. 气液平衡时，气液两相温度是否应该一样？实际测定时是否一样？如何防止有温度差异？

6. 取气、液相样和加样前，为什么要将混合液温度降至50℃以下？

实验九　三氯甲烷-乙酸-水三组分系统相图的绘制

一、实验目的

1. 掌握相律和用三角形坐标表示三组分相图的方法。
2. 用溶解度法绘制具有一对共轭溶液的三组分相图。

二、实验原理

萃取技术因其高效、选择性强的特点，成为现代工业与科研中不可或缺的分离手段。选择合适的萃取剂，是确保萃取过程顺利、经济性和有效性的重要因素，而具有一对共轭溶液的三组分相图对确定合理的萃取条件极为重要。

三组分系统组分数 $c=3$，根据相律公式 $f=c-\Phi+2$，其中 Φ 为相数，f 为自由度。由相律公式可以看出，当 $f=0$ 时，$\Phi=5$，即在三组分系统中最多可以有五相平衡共存；当 $\Phi \geqslant 1$（系统至少有一相存在）时，$f \leqslant 4$，说明在三组分系统中最多可以有四个独立变量（温度、压力和两个浓度项），因此要完整地表示三组分系统的相图，需用四维坐标，这是不可能做到的。对凝聚系统来说，压力对平衡影响不大，故通常在恒定压力下，$\Phi=1$ 时，$f^{*}=3$，就可用立体图形表示不同温度下平衡系统的状态。若在定温定压下，

$f^{**}=2$，此时只要用平面坐标就可以表示系统状态了。在定温定压下，三组分系统的状态和组成之间的关系通常可用等边三角形坐标表示，如图 9-1 所示。

等边三角形三顶点分别表示三个纯物 A、B、C。AB、BC、CA 三边分别表示 A 和 B、B 和 C、C 和 A 所组成的二组分系统的组成。三角形内任一点则表示三组分系统的组成。如 P 点的组成为：$W_A=Cc$，$W_B=Aa$，$W_C=Bb$。

用等边三角形表示组成，有以下几个特点：

（1）通过任一顶点（如图 9-2 中的 A），向其对边引直线 AD，则 AD 线上各点所代表的系统组成其 B、C 两个组分的含量比值保持不变。即若在组成为 D 的 B 和 C 的混合溶液中，逐渐加入 A，则随着 A 的增加，系统总组成点沿 DA 线移动。

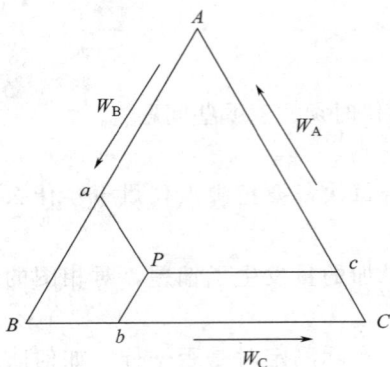

图 9-1　三角形坐标表示法

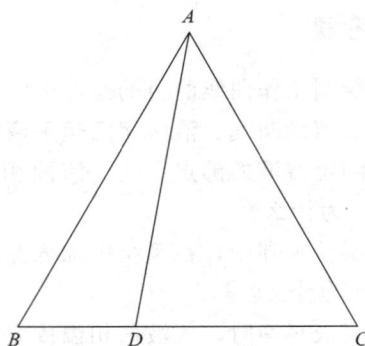

图 9-2　等边三角形坐标的特性图

（2）如果有一组系统，其组成位于三角形某一边的直线上，则这一组系统所含有顶角所代表的组分的含量都相等。例如图 9-3 中，代表三个不同系统的 d、e、f 三点都位于平行于底边 BC 的线上，这些系统中所含 A 的质量分数都相同。

（3）如果有两个三组分系统，其组成点为 E 和 F（图 9-4），将该两个系统混合后，其物系点（M 点）必位于 E、F 两点连线上。物系点（M）在线上的位置与 E、F 两系统的互比量有关，依杠杆规则有 $\dfrac{质量(E)}{质量(F)}=\dfrac{\overline{FM}}{\overline{EM}}$。

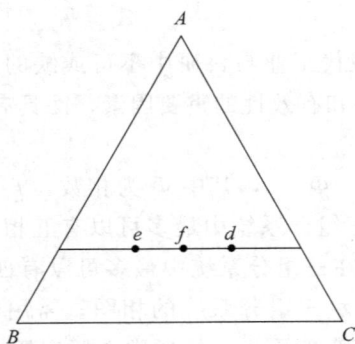

图 9-3　三组分系统组成表示法

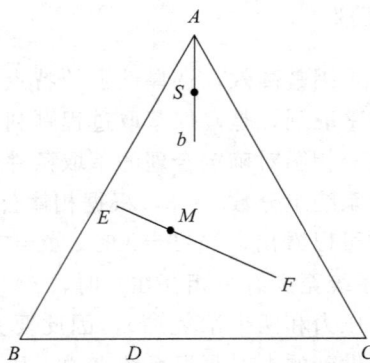

图 9-4　三组分系统的杠杆规则

（4）设 S 为三组分液相系统，如果从液相 S 中析出纯组分 A 的晶体（图 9-4），则剩余液相的组成将沿着 AS 的延长线变化，假定在结晶过程中，液相的浓度变化到 b 点，则此时晶体 A 的量与剩余液体量之比，等于 bS 线段与 SA 线段之比（杠杆规则），反之，倘若在液相 b 中加入组分 A，则物系点将沿 bA 的连线向接近 A 的方向移动。

本实验要绘制具有一对共轭溶液的三组分系统的相图（图 9-5）。该三液系中，A 和 B 及 A 和 C 完全互溶，而 B 和 C 部分互溶。曲线 adb 为溶解度曲线。该曲线上面是单相区，曲线下面是两相共轭区。物系点落在两相区内，即分成两相，一相为 C 在 B 中的饱和溶液，另一相为 B 在 C 中的饱和溶液，这对溶液称为共轭溶液。如 O 点分成组成为 E 和 F 的两相，EF 线称为连接线。

绘制溶解度曲线的方法较多。本实验是先在完全互溶的两个组分（如 A 和 C）以一定的比例混合所成的均相溶液（如图 9-5 中 N 点）中加入组分 B，物系点则沿 NB 线移动，直至溶液变浑，即为 L 点，然后加入 A，物系点沿 LA 上升至 N' 点而变清。如再加入 B，则物系点又沿 $N'B$ 由 N' 点移至 L' 点而再次变浑，再滴加 A 使变清……。如此反复，最后连接 L、L'、L''……，即可绘出其溶解度曲线。

测定连接线时，在两相区配制混合液（如 O 点），达平衡时两相的组成一定，只需分析每相中 1 个组分的含量，在溶解度曲线上就可以找出每相的组成点（如 E 和 F），其连线即为连接线。

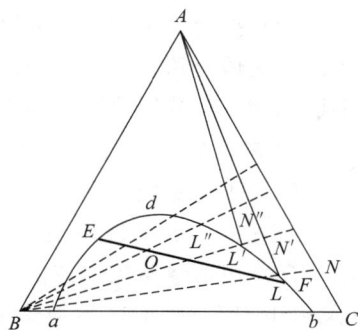

图 9-5　具有一对共轭溶液的三组分系统的相图

三、仪器和药品

50mL 酸式滴定管 1 支；50mL 碱式滴定管 1 支；2mL 吸量管 4 支；5mL 吸量管 2 支；10mL 吸量管 1 支；100mL 具塞锥形瓶 2 只；25mL 具塞锥形瓶 4 只；100mL 锥形瓶 2 只；100mL 分液漏斗 2 只；漏斗架 1 个。

CH_3Cl（A.R.）；CH_3COOH（A.R.）；$0.5mol \cdot L^{-1}$ 标准 NaOH 溶液（需准确标定）；H_2O。

四、实验步骤

1. 溶解度曲线的测定

（1）在洁净的酸式滴定管内装水，在碱式滴定管内装 NaOH 溶液。

（2）取 1 个干燥洁净的 100mL 具塞锥形瓶，用吸量管移入 6.00mL CH_3Cl 和 1.00mL CH_3COOH，摇匀，边振荡边慢慢滴入 H_2O，溶液刚刚由清变浑，即为终点，记下水的体积 V_1。

（3）向此系统中加入 2.00mL CH_3COOH，系统又成均相，继续用水滴定至终点，记下 H_2O 的体积 V_2。

（4）依次加入 3.50mL、6.50mL CH_3COOH，并分别用 H_2O 滴定至终点，记下水的体积 V_3、V_4。将各组分的用量记录在表 9-1。

（5）在系统中加入 40.0mL H_2O，配制共轭系统，盖上塞子每隔 5min 摇动一次，半小时后将此溶液作测量连接线 I 用（此为溶液 I 的物系点）。

（6）另取 1 个干燥洁净的 100mL 具塞锥形瓶，移入 1.00mL CH_3Cl 和 3.00mL CH_3COOH，用 H_2O 滴定至终点，记下水的体积 V_5。依次添加 2.00mL、5.00mL、6.00mL CH_3COOH。分别用 H_2O 滴定至终点，记下水的体积 V_6、V_7、V_8。将各组分的用量记录在表 9-1。

（7）最后加入 9.00mL CH_3Cl 和 5.00mL CH_3COOH，盖上塞子每隔 5min 摇动一次，半小时后作为测量另一根连接线 II 用（此为溶液 II 的物系点）。

2. 连接线的测定

（1）称量四个洁净干燥的 25mL 具塞锥形瓶的质量。

（2）把溶液 I 和溶液 II 迅速转移到分液漏斗中（分液漏斗事先需干燥），经半小时后待两层液体分清，把上下两层液体分开，用干燥洁净的移液管吸取溶液 I 上层 2.00mL、下层 2.00mL 分别放于已经称重的 25mL 具塞锥形瓶中，再称其质量，算出上下层液的质量，记录于表 9-2 中。

（3）用适量蒸馏水清洗上层液于 150mL 锥形瓶中，以酚酞作指示剂，用准确标定的 $0.5mol \cdot L^{-1}$ NaOH 溶液滴定至终点，所用体积记录于表 9-2。

（4）用适量蒸馏水清洗下层液于 150mL 锥形瓶中，以酚酞作指示剂，用准确标定的 $0.5mol \cdot L^{-1}$ NaOH 溶液滴定至终点，所用体积记录于表 9-2。

（5）同法分别吸取溶液 II 上层 2.00mL、下层 2.00mL 移入两个具塞锥形瓶中，称重后分别滴定。

五、数据记录与处理

室温：_____℃　大气压：_____Pa　实验温度：_____℃

表 9-1　溶液 I 和溶液 II 滴定过程各组分的体积及相应的质量分数

溶液	CH₃COOH			CH₃Cl			H₂O		
	V/mL	W/g	$w/\%$	V/mL	W/g	$w/\%$	V	W/g	$w/\%$
I	1.00			6.00			V_1		
	3.00						V_2		
	6.50						V_3		
	13.00						V_4		
	13.00						V_4+40mL		
II	3.00			1.00			V_5		
	5.00						V_6		
	10.00						V_7		
	16.00						V_8		
	21.00			10.00			V_8		

1. 根据实验温度查阅密度表根据公式计算当前温度下的密度，由体积计算各组分质量 W。

表 9-2　溶液 Ⅰ 和 Ⅱ 上下层清液称量及滴定数据记录

溶液		$W(溶液)/g$	$V(NaOH)/mL$	$w(CH_3COOH)/\%$
Ⅰ	上层			
	下层			
Ⅱ	上层			
	下层			

滴定所用 NaOH 标定浓度 $c_{NaOH} =$ _____ mol·L^{-1}。

2. 数据处理

（1）根据表 9-1 中各组分的质量分数，在三角坐标纸上标出，连成平滑曲线即为溶解度曲线，在 BC 边上的相点即为该温度下 H_2O 在 CH_3Cl 中或 CH_3Cl 在 H_2O 中的溶解度。

（2）根据表 9-2 中数据计算上下层液的 w（CH_3COOH），并在溶解度曲线上找出相应点，其连线即为连接线，它应该通过物系点。

六、实验指导

1. 不同温度下相对密度计算公式和溶解度数据

（1）在温度 T 时的相对密度可按下式计算：

$$d_T = d_{273.2} + \alpha(T/K - 273.2) \times 10^{-3} + \beta(T/K - 273.2)^2 \times 10^{-6}$$
$$+ \gamma(T/K - 273.2)^3 \times 10^{-9}$$

CH_3Cl 和 CH_3COOH 的 $d_{273.2}$、α、β、γ 值如表 9-3 所示。

表 9-3　CH_3Cl 和 CH_3COOH 的 $d_{273.2}$、α、β、γ 值

组分	$d_{273.2}$	α	β	γ
CH_3Cl	1.5264	-1.856	-0.531	-8.8
CH_3COOH	1.072	-1.1229	0.0053	-2.0

摘自 Washburn E W. International Critical Tables of Numerical Data, Physics, Chemistry and Technology. New York: McGraw-Hill Book Company, Inc., 1928, 3: 28.

（2）不同温度下 CH_3Cl 在水中的溶解度数据（表 9-4）

表 9-4　CH_3Cl 在水中的溶解度

温度/K	273.2	283.2	293.2	303.2
$w(CH_3Cl)/\%$	1.052	0.888	0.815	0.770

（3）不同温度下 H_2O 在 CH_3Cl 中的溶解度数据（表 9-5）

表 9-5　H_2O 在 CH_3Cl 中的溶解度

温度/K	276.2	284.2	290.2	295.2	304.2
$w(H_2O)/\%$	0.019	0.043	0.061	0.065	0.109

表 9-4 和表 9-5 数据摘自 Stephon H, Stephon T. Solubilities of inorganic and organic compound, Vol 1, part 2, New York: Pergamon press, 1963: 370。

2. 实验注意事项

（1）因为所测定的系统含有 H_2O 的组成，故所用玻璃器皿均需干燥。

（2）在滴加 H_2O 的过程中须一滴一滴地加入，每加一滴充分摇匀后，方可加入下一滴，直至液体刚刚由澄清变浑浊。滴加过程中需要不停地摇动锥形瓶，待出现浑浊并在 2～3min 内不消失，即为终点。特别是在接近终点时要多加摇动，这时溶液接近饱和，溶解平衡需较长时间。由于分散的"油珠"颗粒能散射光线，所以只要系统出现浑浊，且在 2～3min 内不消失，即可视为到达终点。

（3）在实验过程中注意尽量减少 CH_3COOH 和 CH_3Cl 的挥发，测定连接线时取样要迅速。

（4）用 H_2O 滴定如不慎超过终点，可以再滴加一定量的 CH_3COOH（需记录加入的体积并计入总体积），使系统由浑变清，再用 H_2O 继续滴定至终点。

七、实验拓展

1. 该相图的另一种测绘方法是：在两相区内以任一比例将此三种组分混合液置于一定的温度下，使之平衡，然后分析互成平衡的两共轭相的组成，在三角坐标纸上标出这些点，并连成线，此法较为繁杂。

2. 化工应用：三组分部分互溶相图是液-液萃取操作的基础，例如石油工业中某些芳烃和烷烃的沸点相差不大，经常形成恒沸物，用一般精馏方法无法分离，就是用二甘醚、环丁砜等溶剂进行萃取分离的。

3. 含有两固体(盐)和一液体(水)的三组分系统相图的绘制常用湿渣法。原理是平衡的固、液分离后，其滤渣总带有部分液体（饱和溶液），即湿渣。但它的总组成必定是在饱和溶液和纯固相组成的连接线上。因此，在定温下配制一系列不同相对比例的过饱和溶液，然后过滤，分别分析溶液和滤渣的组成，并把它们一一连成直线，这些直线的交点即为纯固相的成分，由此亦可知该固体是纯物还是复盐。

4. 设计水杨酸甲酯-异丙醇-水三液系统的相图绘制

水杨酸甲酯-异丙醇-水系统所用原料安全无毒，能用于药学研究，可对处方选择提供指导。

实验目的、原理与方法相同，系统改为水杨酸甲酯(A)-异丙醇(B)-水(C)三组分系统。同样也是由浑变清时终点不明显，要用由清变浑的滴定终点方法。即预先混合互溶的 A、B 溶液，用 C 滴定，具体操作数据如表 9-6 所示。

表 9-6 水杨酸甲酯-异丙醇-水系统实验操作数据

数据点序号	水杨酸甲酯/mL	异丙醇/mL	水/mL
1	0.2	1.8	V_1
2	0.6	5.4	V_2
3	1.0	7.4	V_3
4	2.0	9.0	V_4
5	6.0	10.8	V_5
6	9.0	9.2	V_5
7	12.2	7.4	V_6
8	14.2	5.6	V_7
9	16.0	4.6	V_8

八、实验数据的计算机处理（Origin9.1）

1. 实验数据录入

（1）打开"Origin9.1"软件，出现"Book1"窗口。选择菜单命令"Column/Add

Columns"或者窗口上侧工具栏 ▥ 快捷键添加新列，列数为"7"。

（2）选中所有列，选择菜单右键命令"Set as/XYZ XYZ"，将数据记录表中的 V（CH_3Cl）、V（H_2O）、V［CH_3COOH］的体积值分别录入到"Book1"中，写上名称 A（X1）、B（Y1）、C（Z1），写上各列名称。保存文件为三液系 *.OPJ。

（3）在书后附录二中查出水的密度，表 9-3 中查出三氯甲烷、乙酸的密度，由 Origin 计算其质量，并在"Book1"中添加的 D（X2）、E（Y2）、F（Z2）列分别计算录入 V（CH_3Cl）、V（H_2O）、V（CH_3COOH）的质量数据。首先选中 D（X2）列，选择菜单命令"Column/Set column values"或者右键选择"Set column values"命令，在弹出的"Set values"对话框中"Col（D）＝"处录入质量的计算式"Col（V（CH_3Cl））* ρ（CH_3Cl）"，点击"OK"按钮。同样方法计算并在 E（Y2）、F（Z2）列计算录入水、醋酸的质量值。

（4）选择菜单命令"Column/Set column values"或者右键选择"Set column values"命令，在新添加的 G（X3）、H（Y3）、I（Z3）列分别计算录入的 CH_3Cl、H_2O、CH_3COOH 的质量百分数值。

2. 相图的绘制

（1）选中 G（X3）、H（Y3）、I（Z3）三列，选择菜单命令"Plot/Specialized/Ternary"或下方图标 △ 绘制三角坐标图，如图 9-6 所示。如果得到的三角坐标和教材不一致，是由于三个坐标的顺序不一致导致的。可以通过改变 G（X3）、H（Y3）、I（Z3）三列所代表的组分数据来改变三个坐标的顺序。调整 G（X3）、H（Y3）、I（Z3）三列数据顺序为 H_2O、CH_3COOH、CH_3Cl 使得帽形区向下（如图 9-7）。

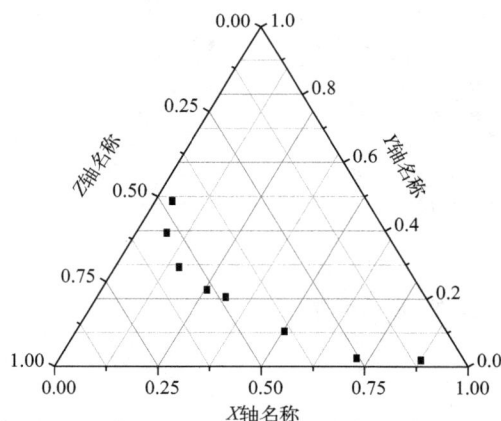

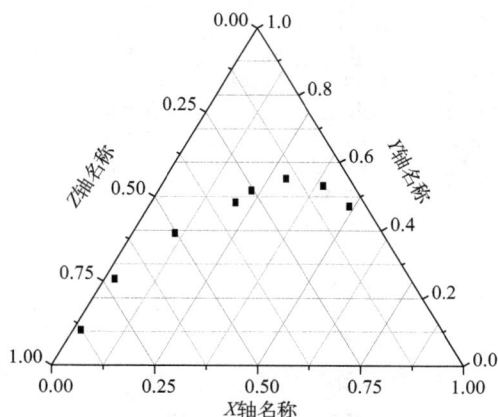

图 9-6 数据依次为 CH_3Cl、H_2O、CH_3COOH 的
质量分数时对应的三角坐标

图 9-7 调整坐标顺序后的
三角坐标图

（2）在图形窗口下，点击 ✎ 按钮，将散点图连线，得到线点图（图 9-8）。

（3）选择菜单命令"Format/Plot Properties"，打开"Plot Details-Plot Properties"对话框，在"Line"选项卡中的"Width"下拉菜单中，选"3"使曲线变粗，点击"OK"按钮（图 9-9）。

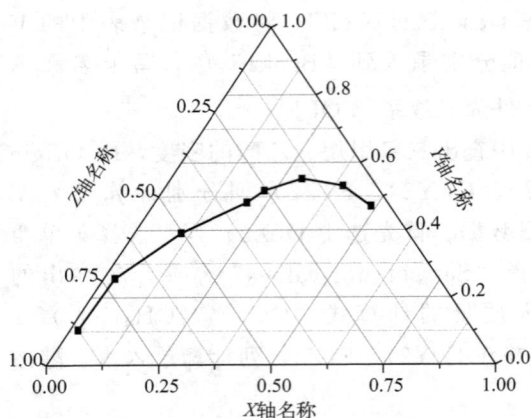

图 9-8　线点图

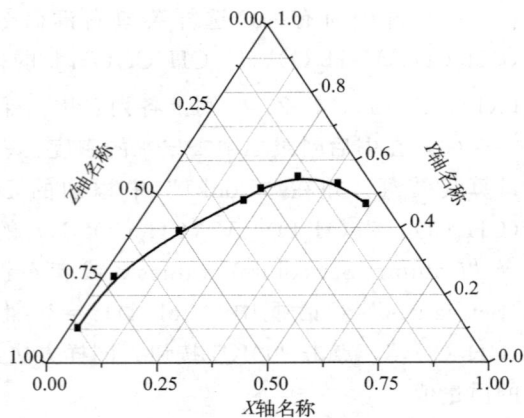

图 9-9　连线光滑的曲线图

（4）在表中填入 X 轴两顶点坐标（0，0，100）（100，0，0），选择 G（X3）、H（Y3）、I（Z3）重新作图，连线，圆滑，设置等，得到调整后完整的三液系相图（图 9-10）。

G(X3)	H(Y3)	I(Z3)
0	0	100
1.89	10.44	87.67
2.44	25.67	71.88
10.4	39.2	50.4
20.52	48.28	31.2
21.96	50.21	24.83
29.39	55.44	15.52
39.42	53.14	7.44
48.71	47.16	4.13
100	0	0

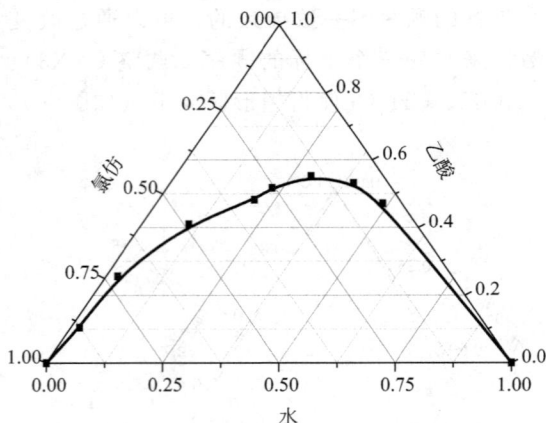

图 9-10　添加顶点坐标后完整的三液系相图

3. 图形和曲线的显示设置

（1）选择菜单命令"Format/Plot Properties"，打开"Plot Details-Plot Properties"对话框可对曲线的线条类型、颜色等进行设置。

（2）双击左边或底边坐标轴，在打开的"Axis Dialog"对话框中对坐标轴的显示进行设置，包括坐标轴的范围、坐标间隔值、坐标轴线条的粗细等。

（3）双击坐标名称，在打开的"Object Properties"对话框中，对坐标名称的字体大小等进行设置修改。

4. 数据结果的导出

将"Book1"中的数据复制到 Word 文档的表格中，将 Origin 中绘制的图形"Graph1"

通过菜单命令"Edit/Copy Page"复制到 Word 文档中，写上表格及图形名称等。

九、思考题

1. 如连接线不通过物系点，其可能的原因是什么？
2. 在用 H_2O 滴定溶液Ⅱ的最后一个点时，溶液由清变浑的终点不明显，这是为什么？
3. 滴定过程中，若某次滴水量超过终点而读数不准，是否需要立刻倒掉溶液重新做实验？
4. 从测量的精密度来看，系统的百分组成能用几位有效数字？
5. 为什么具有一对共轭溶液的三组分系统的相图对确定各区的萃取条件极为重要？

实验十　甲基红酸解离平衡常数的测定

一、实验目的

1. 熟练掌握朗伯-比尔定律，会运用朗伯-比尔定律解决实际问题。
2. 掌握分光光度法测定甲基红解离平衡常数的基本原理。
3. 进一步掌握分光光度计和酸度计的正确使用方法。

二、基本原理

甲基红（对二甲氨基偶氮苯邻羧酸）是一种弱酸型的染料指示剂，其分子式为

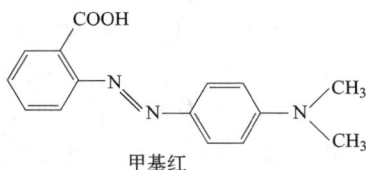

甲基红

甲基红具有酸式（HMR）和碱式（MR$^-$）两种形式，它在碱性溶液中呈黄色，酸性溶液中呈红色。在 pH 4～6 的水溶液中部分解离，以两种离子形式存在，并存在如反应式（10-1）所示平衡：

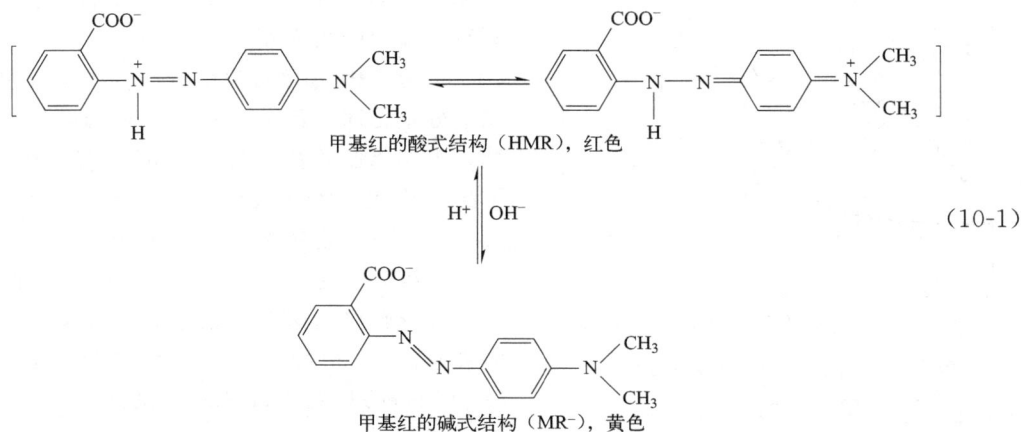

甲基红的酸式结构（HMR），红色

H^+ ‖ OH^-

(10-1)

甲基红的碱式结构（MR$^-$），黄色

为讨论方便，将甲基红的解离平衡简单地写成

$$HMR \Longrightarrow H^+ + MR^- \tag{10-2}$$

其解离平衡常数为：

$$K = \frac{[H^+][MR^-]}{[HMR]} \tag{10-3}$$

$$pK = pH - \lg \frac{[MR^-]}{[HMR]} \tag{10-4}$$

可见若想求出解离常数，只要测得溶液的 pH 值和比值 $\frac{[MR^-]}{[HMR]}$ 即可。溶液平衡时的 pH 值可由酸度计直接测出来。因甲基红本身带有颜色，且在有机溶剂中解离度很小，所以用一般的化学分析或其他物理化学方法很难确定比值 $\frac{[MR^-]}{[HMR]}$。由 HMR 和 MR$^-$ 的颜色可知，HMR 和 MR$^-$ 在可见光谱范围内各有一个强的吸收峰，溶液离子强度的变化对它的酸解离平衡常数没有明显的影响，若控制甲基红在 pH = 4~6 的 CH$_3$COOH-CH$_3$COONa 缓冲系统中部分解离，颜色随 pH 值的变化而改变，比值 $\frac{[MR^-]}{[HMR]}$ 可用分光光度法测定，根据朗伯-比尔定律而求得。

对一化学反应平衡系统，分光光度计测得的吸光度包括各物质的贡献，根据朗伯-比尔定律：

$$A = \varepsilon l c \tag{10-5}$$

式中，A 为吸光度；c 为溶液浓度，mol·L^{-1}；l 为溶液的厚度（比色皿宽度），cm；ε 为摩尔吸光系数，L·mol^{-1}·cm^{-1}。

溶液中若含有一种组分，可测定其在不同波长下的吸光度，以波长 λ 为横坐标，吸光度 A 为纵坐标作图，可得一条曲线，称为该组分的特征吸收曲线。由特征吸收曲线可找到该组分的最大吸收波长。如果溶液中含有两种（或两种以上）组分，每种组分都具有特征吸收曲线，并且各组分的特征吸收曲线互不干扰，可在各组分的最大吸收波长下，对各组分分别进行吸光度测定。

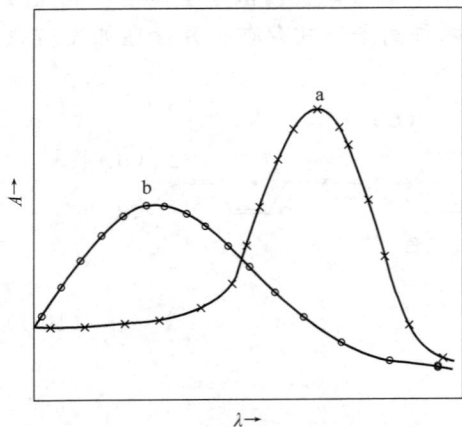

图 10-1　组分 a 和 b 部分重合的特征吸收曲线

如图 10-1 所示，当溶液中有 a 和 b 两种组分，组分 a 和 b 的特征吸收曲线部分重合，此时无法简单地在 a 和 b 的最大吸收波长下分别测定两组分的吸光度。

当溶液中含有的两组分 a 和 b 特征吸收曲线部分重合时，组分 a 和 b 仍符合朗伯-比尔定律，当比色皿的宽度为 1cm 时，它们在某波长下的吸光度可分别表示为 $A_a = \varepsilon_a c_a$ 和 $A_b = \varepsilon_b c_b$，则该溶液在某波长下的吸光度等于该波长下各组分吸光度之和，即吸光度具有加和性。

部分解离的甲基红溶液在 HMR（a）的最大吸收波长 λ_a 和 MR$^-$（b）的最大吸收波长 λ_b 下测得的吸光度 $A(\lambda_a)$ 和 $A(\lambda_b)$ 可分别表示为：

在 λ_a 下： $A(\lambda_a)=A_a(\lambda_a)+A_b(\lambda_a)=\varepsilon_a(\lambda_a)\cdot c_a+\varepsilon_b(\lambda_a)\cdot c_b$ (10-6)

在 λ_b 下： $A(\lambda_b)=A_a(\lambda_b)+A_b(\lambda_b)=\varepsilon_a(\lambda_b)\cdot c_a+\varepsilon_b(\lambda_b)\cdot c_b$ (10-7)

式中，c_a 代表［HMR］，c_b 代表［MR⁻］，$A(\lambda_a)$ 和 $A(\lambda_b)$ 分别为在 HMR 和 MR⁻ 的最大吸收波长 λ_a 和 λ_b 处所测得的总的吸光度。$\varepsilon_a(\lambda_a)$、$\varepsilon_b(\lambda_a)$、$\varepsilon_a(\lambda_b)$、$\varepsilon_b(\lambda_b)$ 分别为 a（HMR）和 b（MR⁻）在波长 λ_a 和 λ_b 下的摩尔吸光系数。

将式（10-6）式（10-7）联立求解，得

$$\frac{[MR^-]}{[HMR]}=\frac{A(\lambda_b)\cdot\varepsilon_a(\lambda_a)-A(\lambda_a)\cdot\varepsilon_a(\lambda_b)}{A(\lambda_a)\varepsilon_b\cdot(\lambda_b)-A(\lambda_b)\cdot\varepsilon_b(\lambda_a)}$$ (10-8)

由此可见，测得溶液在 λ_a 和 λ_a 下的吸光度 $A(\lambda_a)$ 和 $A(\lambda_b)$，以及各组分在 λ_a 和 λ_a 下的摩尔吸光系数，即可求得比值 $\dfrac{[MR^-]}{[HMR]}$。

通过控制 pH 值配制只有组分 HMR(a) 或 MR⁻(b) 的甲基红溶液，测定其吸收曲线，可以找到 HMR 和 MR⁻ 的最大吸收波长 λ_a 和 λ_b。在波长 λ_a 和 λ_b 处，分别测得 HMR 和 MR⁻ 系列浓度溶液的吸光度值与浓度的线性关系，由作图法求得直线的斜率即为摩尔吸光系数。例如，首先配制一系列 pH＝2 的不同浓度的甲基红酸性溶液，用 1cm 的比色皿在波长 λ_a 和 λ_b 下分别测定不同浓度溶液的吸光度，吸光度值对浓度作图可得到一条直线。由直线斜率可求得 $\varepsilon_a(\lambda_a)$ 和 $\varepsilon_b(\lambda_a)$ 值。同法配制 pH＝8 的不同浓度的甲基红碱性溶液可得到 $\varepsilon_a(\lambda_b)$ 和 $\varepsilon_b(\lambda_b)$。

通过加入不同的缓冲液，配制几组 pH 值在 4～6 之间的两组分共存的甲基红部分解离溶液，测得 $A(\lambda_a)$ 和 $A(\lambda_b)$ 及溶液的 pH 值，根据式（10-8）可以求得比值 $\dfrac{[MR^-]}{[HMR]}$，再由式（10-4）求 pK 值。

三、仪器和药品

分光光度计 1 台；1cm 比色皿 3 只；酸度计 1 台；pH 玻璃复合电极 1 支；10mL 移液管 1 支；5mL 移液管 1 支；10mL 比色管 4 支；比色管架 1 个；100mL 容量瓶 6 个；25mL 量筒 4 支；50mL 小烧杯 5 个。

pH 为 6.864 和 4.002 的标准缓冲溶液；$0.1\ mol\cdot L^{-1}$ HCl 溶液；$0.01\ mol\cdot L^{-1}$ HCl 溶液；$0.04mol\cdot L^{-1}$ CH_3COONa 溶液；$0.01\ mol\cdot L^{-1}$ CH_3COONa 溶液；$0.02\ mol\cdot L^{-1}$ CH_3COOH 溶液。

甲基红贮备液（实验室准备）：0.5g 晶体甲基红溶于 300mL 95％的乙醇中，用蒸馏水稀释至 500mL，至少放置一周后取上清液使用。

标准甲基红溶液（实验室准备）：取 8mL 贮备液加 50mL 95％的乙醇稀释至 100mL。

四、实验步骤

1. 分光光度计的使用

分光光度计开机自检通过后，需预热 10min 后使用。

使用分光光度计前，应详细阅读说明书，或实验指导部分，了解该仪器的基本使用方法。

2. 测定酸式甲基红 HMR、碱式甲基红 MR⁻ 的最大吸收波长 λ_a 和 λ_b。

测定下述两种甲基红总浓度相等的溶液的吸光度随波长的变化，即可找出最大吸收波长。

溶液 a（只有 HMR）：取 10.00mL 标准甲基红溶液和 10mL 0.1mol·L^{-1} HCl 溶液，稀释至 100mL，此溶液的 pH 值大约为 2，此时甲基红完全不解离，溶液中只有 HMR 存在，溶液为红色。

溶液 b（完全解离为 MR$^-$）：取 10.00mL 标准甲基红溶液和 25mL 0.04mol·L^{-1} CH$_3$COONa 溶液，稀释至 100mL，此溶液的 pH 值大约为 8，此时甲基红完全解离，全部以 MR$^-$ 的形式存在，溶液为黄色。

蒸馏水作参比，取部分 a 液和 b 液分别放在两只比色皿内，在 350～600nm 之间每隔 10nm（或连续扫描，依分光光度计性能而定）测定它们的吸光度，找出 HMR（a）和 MR$^-$（b）的最大吸收波长和 λ_a 和 λ_b。数据记录在表 10-1 中。

3. 检验 HMR 和 MR$^-$ 是否符合朗伯-比尔定律，并测定它们在 λ_a 和 λ_b 下的摩尔吸光系数 $\varepsilon_a(\lambda_a)$、$\varepsilon_b(\lambda_a)$、$\varepsilon_a(\lambda_b)$、$\varepsilon_b(\lambda_b)$。

将 a 液和 b 液分别用 0.01mol·L^{-1} HCl 溶液和 0.01mol·L^{-1} CH$_3$COONa 溶液稀释至原浓度的 0.2、0.4、0.6、0.8 倍及原溶液。分别在波长 λ_a 和 λ_b 下测定这些溶液的吸光度。数据记录在表 10-2 中。

4. 配制并测定部分解离甲基红溶液在波长 λ_a 和 λ_b 下的总吸光度及 pH 值。

在编号 1～4 的 100mL 容量瓶中，分别加入标准甲基红溶液 10.00mL 和 0.04mol·L^{-1} CH$_3$COONa 溶液 25mL，然后从瓶 1～4 中依次加入 0.02mol·L^{-1} CH$_3$COOH 溶液 50、25、10、5mL，用蒸馏水稀释至刻度配制成四组待测液（样品 1～4）。测定各溶液在 λ_a 和 λ_b 下的吸光度 $A(\lambda_a)$ 和 $A(\lambda_b)$，重复测量 3 次取平均值，再用酸度计测定溶液的 pH 值。数据记录在表 10-3 中。

注意：$A(\lambda_a)$、$A(\lambda_b)$ 和 pH 值要一一对应。

五、数据记录与处理

室温：_____℃　大气压_____Pa　实验温度：_____℃

表 10-1　溶液 a 和 b 在不同波长下的吸光度

	λ/nm									
A	a 液									
	b 液									

表 10-2　a、b 系列溶液的吸光度

溶液浓度　吸光度	不同浓度 a 液吸光度		不同浓度 b 液吸光度	
	$A_a(\lambda_a)$	$A_a(\lambda_b)$	$A_b(\lambda_a)$	$A_b(\lambda_b)$
0.2 倍原液				
0.4 倍原液				
0.6 倍原液				
0.8 倍原液				
原液				

表 10-3 部分解离的甲基红溶液在 λ_a 和 λ_b 下的总吸光度及对应的 pH 值

实验项目		样品 1	样品 2	样品 3	样品 4
$A(\lambda_a)$	第 1 次				
	第 2 次				
	第 3 次				
	平均				
$A(\lambda_b)$	第 1 次				
	第 2 次				
	第 3 次				
	平均				
pH					

1. 根据表 10-1 在同一坐标内绘制 HMR 和 MR⁻ 的吸收曲线，确定 HMR 和 MR⁻ 的最大吸收波长 λ_a 和 λ_b。

2. 根据表 10-2 中数据绘制 4 组 A-c 关系图，从图中可求得甲基红的单一存在形式溶液 a 和 b 在波长 λ_a 和 λ_b 时的 4 个摩尔吸光系数 $\varepsilon_a(\lambda_a)$、$\varepsilon_b(\lambda_a)$、$\varepsilon_a(\lambda_b)$、$\varepsilon_b(\lambda_b)$。

3. 将上述数据代入式（10-8）中求取不同 pH 值下的 $\dfrac{[\mathrm{MR^-}]}{[\mathrm{HMR}]}$，并根据式（10-4）求出各部分解离溶液中甲基红的解离平衡常数 K。数值记录在表 10-4 中。

表 10-4 不同 pH 值下的 $\dfrac{[\mathrm{MR^-}]}{[\mathrm{HMR}]}$ 及解离常数 K

样品编号	$\dfrac{[\mathrm{MR^-}]}{[\mathrm{HMR}]}$	$\lg\dfrac{[\mathrm{MR^-}]}{[\mathrm{HMR}]}$	pH	pK	K
1					
2					
3					
4					

六、实验指导

1. T6 型紫外-可见分光光度计使用指导

开机前检查样品池中不能有样品，紫外可见分光光度计自检通过需预热 20min 后测定。

接通电源，打开仪器左侧开关，仪器自动开机自检，自检过程中不要人为干扰。

分光光度计自检通过后进入初始界面，因本实验在可见区测定，为了保护和节省氘灯光源能量，自检完成后马上关掉氘灯，按面板上的"▲▼"键使光标移动至系统应用，按"Enter"键，选择氘灯，按"Enter"键，氘灯状态由"On"转为"Off"，按"Ruturn"键返回初始界面。

选择所需测量方式为吸光度测量。光标在光度测量时，按"Enter"键，进入光度测量界面，选择光度方式为 ABS，如光度方式不是 ABS，则按 "Set" 键进入设置页面，光标在光度方式状态下，反复按 "Enter" 键直至出现光度方式为 ABS，按 "Ruturn" 键返回光度测量页面。按 "GOTOλ" 输入所需波长，按 "Enter" 键进入测量界面，先在测量光路中放入参比溶液，盖上样品池，按 "Zero" 校零，取出参比溶液，将待测液放入测量光路中，盖上样品池，待数值稳定后读数。

使用 T6 型分光光度计要注意换溶液或者换波长之后都应该用参与溶液重新校零。

2. Sartorius-PB-10-pH 计校准使用方法

pH 计在使用前处于待机状态，电极部分应浸泡于饱和 KCl 的电极储存液中。（或者提前 24 小时浸泡在蒸馏水中。）

Sartorius-PB-10-pH 计一般用两点校准的方法，仪器会自动储存近期校准数据，校准后的 pH 计短期内无需再次校准。

按 "Mode" 键可以在 pH 和 mV 模式之间切换，测定 pH 将模式置于 pH 状态。按 "Set up" 键，显示屏显示 "Clear buffer"，按 "Enter" 确认，消除记忆的校准数据。按 "Set up" 键直至显示屏显示缓冲液组在 "1.68，4.01，6.86，9.18，12.46"，按 "Enter" 确认。将复合电极小心地从蒸馏水中取出，用蒸馏水充分洗净，滤纸吸干（注意一定是吸干而不是擦干！！！以免损坏电极）。将电极浸入第一种缓冲溶液中（6.86），轻轻摇晃烧杯使溶液均匀，待数值稳定出现 "S" 时，按 "Standardize"，仪器自动校准（如果校准时间过长，可按 "Enter" 手动校准）。校准成功后，6.86 作为第一校准点值被储存，屏幕左下角显示 "6.86"。将电极从第一种缓冲液中取出，清洗电极吸干后浸入第二种缓冲液（4.01），待数值稳定出现 "S" 时，按 "Standardize"，仪器自动校准，成功后，4.01 作为第二校准点值被储存，屏幕左下方显示（4.01 6.86）和信息 "％SlopeXX"。XX 显示测量的电极斜率值，该测量值在 90％～105％ 范围内可以接受。如果与理论值有太大偏差，将显示错误信息（Err），此时应反复清洗电极，并重复校准步骤。

将待测液倒入干燥洁净的小烧杯中，插入清洗干净的电极，待测液液面应没过电极。待数值达到稳定出现 "S" 时，读取记录数据。

3. 比色皿的选择与使用

为便于测定摩尔吸光系数，本实验均选定 1cm 宽度的比色皿。

使用比色皿时，应注意溶液不要装得太满，一般装液 $\frac{2}{3} \sim \frac{3}{4}$，不能超过 80％，并注意比色皿上如果有白色箭头，让其指向光路方向。用手拿取时只能拿毛玻璃的面，并且必须用擦镜纸擦干透光面，以保护透光面不受损坏或产生斑痕。在用比色皿装待测液前必须用待测溶液润洗 3 次，以免改变待测溶液的浓度。比色皿在放入样品池时，尽量使它们的前后位置一致，以减小测量误差。

4. 最大吸收波长的确定

a 液最大吸收波长在 520nm 左右，b 液最大吸收波长在 430nm 左右，每次改变波长，都需要重新校零。

关于甲基红标准溶液的浓度要求：a 液原液在 λ_a 下吸光度 0.9～1.1 左右浓度为合适，如果太稀或太浓，建议稍微加大或减少甲基红标准液用量，但必须保证所配 a、b 液和 1～4 号甲基红溶液所有甲基红的量必须一致。配溶液过程中，凡涉及甲基红的均需要用移液管准确移取，缓冲液均可用量筒量取。配好后的 1～4 号甲基红溶液 pH 值应在 4～6 之间。

5. 四个摩尔吸光系数的确定

配制 a、b 液系列不同倍数稀释液时注意提前用缓冲液润洗比色管，以免改变溶液的 pH 值。测完后应简单检查线性。

测定顺序应该由稀到浓，直接用较浓待测液润洗稀溶液用过的比色皿，无需蒸馏水洗。

本实验中是通过 a 液和 b 液的相对浓度求算摩尔吸光系数，因此所求摩尔吸光系数为与甲基红浓度相关的数值，在实验过程中要保持甲基红浓度一致，计算过程中可消除浓度的影响。

七、实验拓展

1. 本实验中公式(10-8) 的推导

为了推导方便，将式(10-6) 和式(10-7) 简化为

$$A(\lambda_a)=\varepsilon_a(\lambda_a) \cdot c_a+\varepsilon_b(\lambda_a) \cdot c_b \qquad 简写为 A=ax+by \qquad (10-9)$$

$$A(\lambda_b)=\varepsilon_a(\lambda_b) \cdot c_a+\varepsilon_b(\lambda_b) \cdot c_b \qquad 简写为 B=cx+dy \qquad (10-10)$$

式中，a、b、c、d 分别为 $\varepsilon_a(\lambda_a)$、$\varepsilon_b(\lambda_a)$、$\varepsilon_a(\lambda_b)$、$\varepsilon_b(\lambda_b)$；x 为 [HMR]；y 为 [MR$^-$]。

式(10-9) 乘以 d，式(10-8) 乘以 b，得

$$Ad=adx+bdy \qquad (10-11)$$

$$Bb=cbx+bdy \qquad (10-12)$$

式(10-11) 与式(10-12) 相减，求出 x，

$$x=\frac{Ad-Bb}{ad-bc} \qquad (10-13)$$

同理，处理式(10-9) 和式(10-10)，求得 y，

$$y=\frac{Ac-Ba}{bc-ad} \qquad (10-14)$$

$$\frac{x}{y}=\frac{Ad-Bb}{ad-bc} \cdot \frac{bc-ad}{Ac-Ba}=\frac{Ad-Bb}{Ba-Ac} \qquad (10-15)$$

a、b、c、d 对应 $\varepsilon_a(\lambda_a)$、$\varepsilon_b(\lambda_a)$、$\varepsilon_a(\lambda_b)$、$\varepsilon_b(\lambda_b)$ 代入，得

$$\frac{[MR^-]}{[HMR]}=\frac{y}{x}=\frac{Ba-Ac}{Ad-Bb}=\frac{A(\lambda_b) \cdot \varepsilon_a(\lambda_a)-A(\lambda_a) \cdot \varepsilon_a(\lambda_b)}{A(\lambda_a) \cdot \varepsilon_b(\lambda_b)-A(\lambda_b) \cdot \varepsilon_b(\lambda_a)}$$

2. 其他应用

用本实验方法还可以测定酚酞的电离平衡常数。

八、思考题

1. 实验中 a、b 溶液的浓度是否影响摩尔吸光系数的测定？

2. 影响解离常数的因素有哪些？不同 pH 值下甲基红解离常数是否相同？为什么？

3. 在测定吸光度时，为什么每个波长都要用空白溶液校正零点？理论上应该用什么溶液作为空白溶液？本实验用的是什么溶液？为什么？

4. 配制 1～4 号溶液时，如果每个容量瓶所取的甲基红标准溶液的量不一致对实验结

果有无影响？所取缓冲溶液的量如果不准确对实验结果有无影响？为什么？

5. 在吸光度测定中，应该如何选用比色皿？

实验十一　配位化合物的组成及稳定常数的测定

一、实验目的

1. 掌握用等摩尔系列法测定配合物的组成及稳定常数的基本原理和实验方法。
2. 计算络合反应的标准自由能变化。
3. 熟练掌握分光光度计的使用方法和 pH 的测量技术。

二、实验原理

溶液中金属离子 M 和配体 L 形成配合物 ML_n，其反应式为

$$M + nL \rightleftharpoons ML_n \tag{11-1}$$

当达到平衡时，其配合物稳定常数 K 和配合平衡时的离子浓度关系为

$$K \frac{[ML_n]}{[M][L]^n} \tag{11-2}$$

式中，$[M]$、$[L]$ 和 $[ML_n]$ 分别为配合平衡时金属离子、配体和配合物的浓度，n 为配合物的配位数。

稳定常数和配位数的测定方法较多，常见的可用等摩尔系列法或者保持金属离子浓度不变，改变配体浓度的方法。本实验介绍应用最广的等摩尔系列法。

在维持金属离子及配体浓度之和（$[M]+[L]$）不变的条件下，改变 $[M]$ 及 $[L]$，则当 $\frac{[L]}{[M]}=n$ 时，配合物浓度达到最大，即 $\frac{d[ML_n]}{d[M]}=0$。

形成配合物时，往往伴随明显的颜色变化，如果在可见光某个波长区域，配合物 ML_n 有强烈的吸收，而金属离子 M 和配体 L 几乎不吸收，则可用分光光度法测定配合物组成及配合物稳定常数。

根据朗伯-比尔定律，$A=\varepsilon lc$ ［式(10-5)］。对于溶质和溶剂一定的系统，在一定波长下 ε 是一个常数。若在一定波长下用固定的比色皿测定吸光度，则吸光度 A 仅与配合物浓度成正比。

等摩尔连续递变法就是在维持金属离子浓度 $[M]$ 和配体浓度 $[L]$ 之和不变的条件下，配制一系列 $\frac{[L]}{[M]+[L]}$ 组成不同的溶液，使 $\frac{[L]}{[M]+[L]}$ 比值由 0 到 1。先测定 $\frac{[L]}{[M]+[L]}=0$（此时 $[L]=0$，溶液中仅有 M）、$\frac{[L]}{[M]+[L]}=1$（此时 $[M]=0$，溶液中仅有 L）及 $\frac{[L]}{[M]+[L]}$ 比值居中间数值时三种溶液的 A-λ 数据，找出 $\frac{[L]}{[M]+[L]}$ 比值居中间数值时有最大吸收峰，而金属离子 M 和配体 L 几乎不吸收的 λ 值，则该 λ 值应极接近配合物 ML_n 的最大吸收波长。然后在该固定波长下，测定一系列的不同 $\frac{[L]}{[M]+[L]}$ 比

值组成溶液的吸光度 A，做 A-$\dfrac{[L]}{[M]+[L]}$ 曲线，则曲线必定存在着极大值，而极大值所对应的溶液组成就是配合物组成（如图 11-1 为配合物配位数为 1 的情况）。

这是理想状况下，金属离子 M 和配体 L 在波长 λ 下完全没有吸收。由于 M 和 L 实际上可能存在着一定程度的吸收，因此所观察到的吸光度 A 并不是完全由配合物 ML_n 的吸收所引起，必须加以校正，其校正方法如下：

在吸光度 A-$\dfrac{[L]}{[M]+[L]}$ 关系曲线上，过 $[M]=0$ 和 $[L]=0$ 的两点做直线 ML（图 11-2），则直线

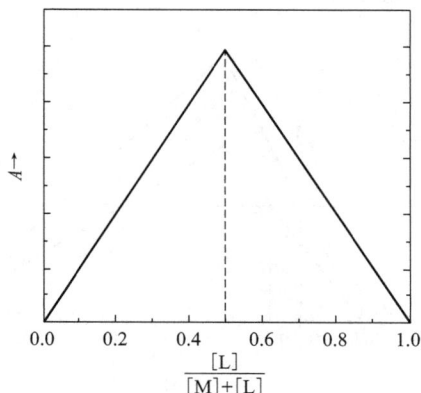

图 11-1　A-$\dfrac{[L]}{[M]+[L]}$ 关系曲线

ML 上所表示的某点组成的吸光度值 A_0 可认为是由于 $[M]$ 及 $[L]$ 的吸收所引起的。因此，如 O 点组成校正后的吸光度 A' 应等于曲线上的吸光度数值减去相应组成下 ML 直线上的吸光度数值即 $A'=A-A_0$。最后做校正后的吸光度 A' 对 $\dfrac{[L]}{[M]+[L]}$ 的曲线，该曲线极大值对应的组成才是配合物的实际组成。

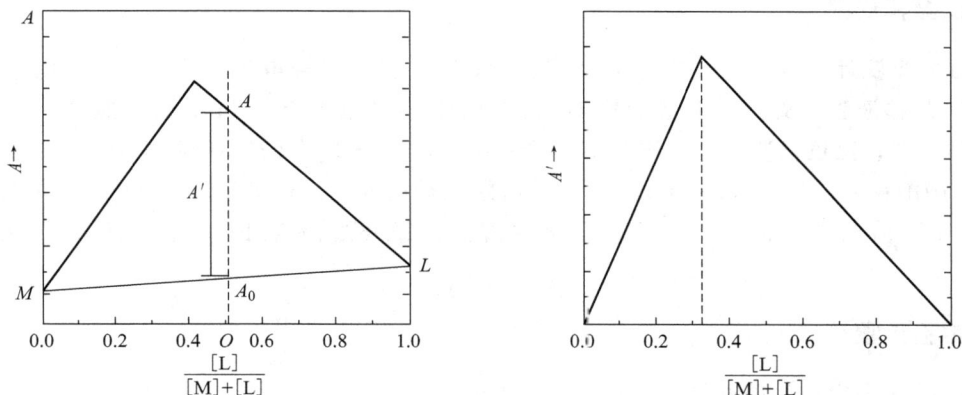

图 11-2　配合物吸光度校正方法（左）及校正后的曲线（右）

设 x_{max} 为曲线极大值所对应的组成，即 $x_{max}=\dfrac{[L]}{[M]+[L]}$，则配位数 n 为

$$n=\frac{[L]}{[M]}=\frac{x_{max}}{1-x_{max}} \tag{11-3}$$

当配合物的组成确定以后，就可以根据下述方法确定配合物的稳定常数：设开始时金属离子 $[M]$ 和配体 $[L]$ 的浓度分别为 a 和 b，而达到配合平衡时配合物浓度为 x，则

$$K=\frac{x}{(a-x)(b-nx)^n} \tag{11-4}$$

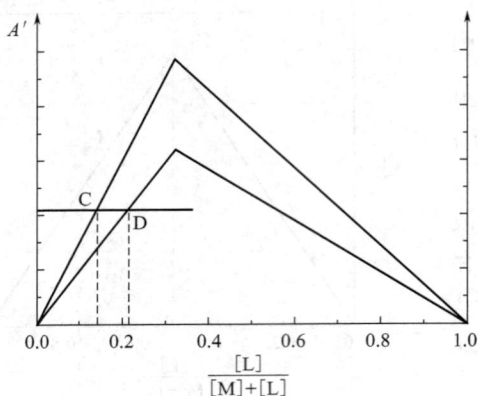

图 11-3 两系列溶液的 A'-$\dfrac{[L]}{[M]+[L]}$ 曲线图

由于吸光度已经通过上述方法进行校正，因此可认为校正后溶液的吸光度正比于配合物的浓度。配制两组 [M]+[L] 总浓度不同的溶液，在同一个坐标图上，分别作两组溶液校正后的 A'-$\dfrac{[L]}{[M]+[L]}$ 关系曲线，在这两条曲线上找出吸光度相同的两点，如图 11-3 中 C、D 两点：过纵轴上任一点作横轴的平行线，交两曲线于 C、D 两点，此两点所对应的溶液的配合物浓度 $[ML_n]$ 应相同。设对应于 C、D 两点溶液中的金属离子浓度和配体浓度分别为 a_1、b_1 和 a_2、b_2，则

$$K = \frac{x}{(a_1 - x)(b_1 - nx)^n} = \frac{x}{(a_2 - x)(b_2 - nx)^n} \tag{11-5}$$

将 a_1、b_1、a_2、b_2 及 n 代入式(11-6)，解方程可得到 x，根据式(11-5) 可计算配合物的稳定常数 K。

利用 $\Delta G^{\ominus} = -RT\ln K$ 可计算该配位反应的标准自由能变化。

三、仪器和药品

分光光度计 1 台；1cm 比色皿 2 只；pH 计 1 台；复合电极 1 只；10mL 比色管 11 个；5mL 移液管 2 支；1mL 移液管 4 支；100mL 容量瓶 1 个；50mL 容量瓶 2 个；50mL 小烧杯 4 个；比色管架 1 个；洗耳球 1 个；0.005mol·L^{-1} 的钛铁试剂（1,2-二羟基苯-3,5-二磺酸钠）溶液；0.005mol·L^{-1} 的硫酸铁铵溶液；pH 值为 6.86 和 4.01 的标准缓冲液；pH 值为 4.6 的 HAc-NH$_4$Ac 缓冲溶液：每升溶液含 100g 醋酸铵及 100mL 冰醋酸。

四、实验步骤

1. 分光光度计的调试使用方法参见实验十。

2. 用 0.005mol·L^{-1} 硫酸铁铵溶液（M）和 0.005mol·L^{-1} 钛铁试剂溶液（L），在比色管中按照表 11-1 配制 11 个待测溶液样品（第一组），依次将各样品加蒸馏水稀释至 10mL。

表 11-1　待测溶液配制表

样品编号	1	2	3	4	5	6	7	8	9	10	11
M 体积/mL	0	0.20	0.40	0.60	0.80	1.00	1.20	1.40	1.60	1.80	2.00
L 体积/mL	2.00	1.80	1.60	1.40	1.20	1.00	0.80	0.60	0.40	0.20	0
缓冲液	pH 为 4.6 的缓冲液 2.50mL										
蒸馏水	稀释至刻度										

3. 测定配合物 ML_n 的最大吸收波长 λ_{max}。以蒸馏水作为参比溶液，用 6 号样品溶液测定其吸收曲线，在 $350\sim600nm$ 波长范围每隔 20nm 测定一次吸光度 A，在最大吸收波长附近每隔 5nm 测一次吸光度（记录在表 11-2 中）。找出最大吸光度所对应的波长 λ_{max}，在此波长下，验证 1 号和 11 号样品溶液的吸光度应接近于零。

4. 在 λ_{max} 下测定第一组 11 个样品溶液的吸光度值（数据记录在表 11-3 中）。

5. 把 $0.005mol \cdot L^{-1}$ 硫酸铁铵溶液和 $0.005mol \cdot L^{-1}$ 钛铁试剂溶液分别稀释至 $0.0025mol \cdot L^{-1}$，按步骤 2 配制第二组待测溶液样品。并在 λ_{max} 下测定每个样品溶液的吸光度值（数据记录在表 11-3 中）。

6. 用 100mL 容量瓶配制以上任意一个样品溶液，并测定其 pH 值（pH 计的使用校正方法见实验十）。

五、数据记录与处理

室温：_____℃　　大气压：_____Pa　　实验温度：_____℃

表 11-2　6 号样品吸光度测定数据

λ/nm											
A											

表 11-3　配合物组成测定数据

样品号	1	2	3	4	5	6	7	8	9	10	11
第一组 A											
第二组 A											

pH 值测定数据记录：所配溶液为_____号，pH 值为_____。

1. 分别做两组溶液的 $A-\dfrac{[L]}{[M]+[L]}$ 的曲线。

2. 按所给方法进行校正，求出各校正后的吸光度 A'。

3. 作两组溶液的 $A'-\dfrac{[L]}{[M]+[L]}$ 曲线，找出 λ_{max} 对应的 x_{max}，按式（11-4）计算配位数 n。

4. 从 $A'-\dfrac{[L]}{[M]+[L]}$ 图中找出两组溶液中任一相同吸光度对应的两点，并根据两个点的溶液组成求出 a_1、b_1、a_2、b_2 值，再根据式（11-6）计算出 x 的值。

5. 根据 x 的值计算配合物的稳定常数 K。

6. 根据 $\Delta G^{\ominus}=-RT\ln K$ 计算此配位反应在实验温度下的标准自由能变化。

六、实验指导

1. 由于溶液 pH 值对配合物的组成有影响，故配制缓冲溶液时一定要准确，注意使其 pH 值范围符合指定要求。

2. 更换溶液测定吸光度时，比色皿应用蒸馏水冲洗干净，并用待测液润洗 $2\sim3$ 次。

3. 注意在作吸光度 $A-\lambda$ 数据时，每次改变波长一定要用参比溶液校零。

4. 定波长下测定一定数据后，也应用参比溶液校零。

七、实验拓展

1. 另一种数据处理方法

若配合物很稳定，吸光度-溶液组成曲线会有明显的极值点 B（极值吸光度为 A）；若配合物不稳定，部分解离，其极值可能降至 B_1（对应的吸光度为 A_1）（图 11-4），此时配合物的解离度 α 为 $\alpha = \dfrac{A - A_1}{A}$，若 ML_n 的初始浓度为 c，则 $ML_n \rightleftharpoons M + nL$ 解离平衡时的浓度分别为 $c - c\alpha$、$c\alpha$ 和 $nc\alpha$，此时平衡常数可表示为：

$$K = \frac{c(1 - \alpha)}{c\alpha(nc\alpha)^n} = \frac{1 - \alpha}{n^n c^n \alpha^{(n+1)}}$$

式中，c 为 B 点对应的金属离子的浓度。

对于较不稳定的配合物，测得吸光度-组成曲线，将曲线两侧的直线部分延长相交，其相交点即为 B 点，则稳定常数可求。

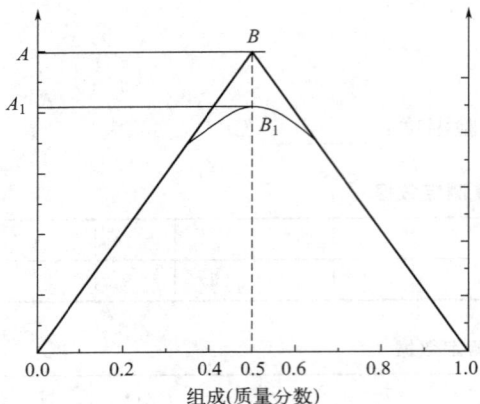

图 11-4 吸光度-溶液组成图

2. 其他测定系统

（1）铁离子与磺基水杨酸配合物。$pH = 2$ 时，铁离子（$FeCl_3$）与磺基水杨酸形成 $1:1$ 型配合物。缓冲液为 $0.01 mol \cdot L^{-1}$ KClO$_4$ 溶液。

（2）铜离子（硝酸铜）与磺基水杨酸，缓冲液为 $pH = 5$ 的硝酸溶液。

（3）邻菲啰啉与 $(NH_4)_2Fe(SO_4)_2$，$pH\ 4 \sim 5$ 的 $CH_3COOH\text{-}CH_3COONa$ 缓冲溶液。

八、思考题

1. 为什么要控制溶液的 pH 值？

2. 为什么只有维持 [M]+[L] 总浓度不变条件下改变 [M] 和 [L]，使 $\dfrac{[L]}{[M]} = n$ 时配合物浓度才达到最大？

3. 为什么在同一坐标图中的不同 [M]+[L] 总浓度下作出的 A-$\dfrac{[L]}{[M]+[L]}$ 的两条曲线，吸光度值相同的两点所对应的配合物浓度相同？

4. 如果在 λ_{max} 下，金属离子和配位体的吸光度不为 0，如何做数据校正处理？

实验十二　电导法测定难溶盐溶解度及弱酸解离平衡常数

一、实验目的

1. 掌握惠斯通（Wheatstone）电桥测定溶液电导的原理和方法。

2. 用电导法测定难溶盐的溶解度。

3. 学会用电导法测定弱酸的电导率，并求摩尔电导率、解离度和解离平衡常数。

二、基本原理

一些难溶盐在水中的溶解度很小，其浓度不能用普通的滴定方法测定，但可用电导法来求得。对于电解质溶液，若浓度不同，则其电导不同。可用摩尔电导率 Λ_m 来量度。Λ_m 定义为两极相距为 1m 时在两电极的溶液之间含 1mol 电解质的溶液所具有的电导。若溶液的摩尔浓度以 c 表示，则摩尔电导率可表示为：

$$\Lambda_m = \frac{\kappa}{c} \tag{12-1}$$

式中，Λ_m 的单位是 $S \cdot m^{-2} \cdot mol^{-1}$；$c$ 的单位是 $mol \cdot L^{-1}$；κ 称为电导率 $\left(\kappa = \frac{1}{\rho}\right)$，它相当于长度为 1m，截面积为 $1m^2$ 导体的电导，其单位是 $S \cdot m^{-1}$。

如需测定难溶盐的溶解度，首先测定难溶盐饱和溶液的电导率 κ（溶液），因溶液极稀，不能忽略水的电导率的贡献，所以必须从 κ（溶液）中减去水的电导率 $\kappa(H_2O)$ 才能得到难溶盐的电导率：

$$\kappa（难溶盐）＝\kappa（溶液）－\kappa(H_2O) \tag{12-2}$$

摩尔电导率的计算公式为

$$\Lambda_m（难溶盐）＝\frac{\kappa（溶液）－\kappa(H_2O)}{c} \tag{12-3}$$

c 即为难溶盐饱和溶液的浓度。由于浓度极稀，Λ_m 约等于 Λ_m^∞。而 Λ_m^∞ 的值可以根据离子独立运动定律，由离子无限稀释摩尔电导率相加而得。因此测得溶液及水的 κ，根据式（12-3）可求得难溶盐的饱和溶液浓度 c（单位是 $mol \cdot m^{-3}$），要注意所取粒子的基本单元在 Λ_m 和 c 中应一致。例如 $PbSO_4$，可取 $\Lambda_m(PbSO_4)$ 和 $c(PbSO_4)$，或者 $\Lambda_m\left(\frac{1}{2}PbSO_4\right)$ 和 $c\left(\frac{1}{2}PbSO_4\right)$，从而可以计算 $PbSO_4$ 的溶解度。

$$c＝\frac{\kappa(PbSO_4)}{\Lambda_m^\infty(PbSO_4)}＝\frac{\kappa（饱和溶液）－\kappa(H_2O)}{2\left[\Lambda_m^\infty\left(\frac{1}{2}Pb^{2+}\right)+\Lambda_m^\infty\left(\frac{1}{2}SO_4^{2-}\right)\right]} \tag{12-4}$$

$\Lambda_m^\infty\left(\frac{1}{2}Pb^{2+}\right)$ 与 $\Lambda_m^\infty\left(\frac{1}{2}SO_4^{2-}\right)$ 的数值见附录十二。

因此，难溶盐溶解度的测定归结为电导率的测定。

电导率的测定在实验上可以通过测定电阻来实现。电阻的倒数 $\frac{1}{R}$ 为电导 G，它表明了导体导电能力的大小，单位是西门子 S。

$$G = \frac{1}{R} \tag{12-5}$$

导体的电阻与其长度成正比，与其截面积成反比，即：

$$R = \rho \cdot \frac{l}{A} \tag{12-6}$$

ρ 是比例常数，称为电阻率或比电阻。定义电导率 $\kappa = \frac{1}{\rho}$，则有

$$\kappa = \frac{l}{A} \cdot G \qquad \text{或} \qquad \kappa = \frac{l}{A} \cdot \frac{1}{R} \qquad\qquad (12\text{-}7)$$

对于确定的电导池来说，$\dfrac{l}{A}$是常数，称为电导池常数。可见通过用已知电导池常数的电导电极测定溶液的电阻就可得到溶液的电导率κ。电导池常数可通过测定已知电导率的电解质溶液的电导（或电阻）来确定。

溶液的电阻通常利用惠斯通电桥来测定。线路如图 12-1 所示。其中 S 为音频信号发生器；R_1、R_2 和 R_3 是三个可调阻值的电阻箱的电阻；R_x 为待测溶液的电阻值；H 为示零装置。

测定时调节 R_1、R_2、R_3，使 H 无电流通过时，表明 C、D 两点的电势相等，电桥达到了平衡。此时有如下关系式成立：

$$R_x = \frac{R_1 R_3}{R_2} \qquad\qquad (12\text{-}8)$$

R_x 的倒数即为待测溶液的电导。

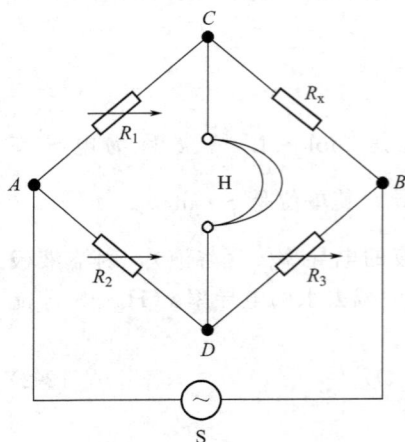

图 12-1 惠斯通电桥线路示意图

在弱电解质溶液中，只有已经解离的部分才能承担传递电荷量的任务。在无限稀释的溶液中可认为弱电解质全部解离，此时溶液的摩尔电导率可以根据离子独立运动定律计算而得。

$$\Lambda_m^\infty = \nu_+ \Lambda_{m,+}^\infty + \nu_- \Lambda_{m,-}^\infty \qquad\qquad (12\text{-}9)$$

对弱电解质而言，Λ_m 与 Λ_m^∞ 的差别来自两个因素：一是电解质的不完全解离；二是离子间存在的相互作用力。若溶液中离子浓度很低，其相互作用可以忽略，则 Λ_m 与 Λ_m^∞ 的关系可表示为

$$\frac{\Lambda_m}{\Lambda_m^\infty} = \alpha \qquad\qquad (12\text{-}10)$$

式中，α 为弱电解质的解离度。

HAc 在水溶液中存在解离平衡，若 HAc 起始浓度为 c，则平衡时 HAc、H^+ 和 Ac^- 的浓度分别为 $c(1-\alpha)$、$c\alpha$ 和 $c\alpha$，则

$$K_c = \frac{c^2 \alpha^2}{c(1-\alpha)} = \frac{c\alpha^2}{1-\alpha} \qquad\qquad (12\text{-}11)$$

如测定弱电解质 HAc 的解离常数，则需要分别测定不同浓度下 HAc 的电导率（要求浓度较稀），代入公式(12-1)，求出摩尔电导率 Λ_m，对于 1—1 价电解质的 HAc，$\Lambda_m^\infty = \Lambda_{m,H^+}^\infty + \Lambda_{m,Ac^-}^\infty$，再得到无限稀释时的摩尔电导率 Λ_m^∞，根据式(12-10)，求出解离度 α。

将 α 代入公式(12-11)，就可以得到某一温度时的 HAc 的电离平衡常数 K_c，测定几个不同浓度下的 α 计算 K_c，最后取其平均值。

因温度对溶液的电导有影响，本实验应在恒温下测定。

三、仪器和药品

音频信号发生器 1 台；耳机或数字万用表 1 个；电导电极（镀铂黑）1 支；可变电阻箱

3 个；恒温槽 1 套；导线若干；250mL 锥形瓶 12 个；50mL 移液管 5 个；$PbSO_4$（A. R.）；
$0.02mol \cdot L^{-1}$ KCl 溶液；$0.2mol \cdot L^{-1}$ HAc 溶液。

四、实验步骤

1. 按图 12-1 所示连接好线路。调节恒温槽温度至 （25.0±0.1）℃（夏天可控制高出室温 5℃ 左右）。

2. 测定电导池常数。

将电导电极用蒸馏水冲洗干净，并用滤纸吸干。将电极插入盛有适量 $0.02mol \cdot L^{-1}$ KCl 溶液的锥形瓶中，液面应高于电极铂片 2mm 以上。将锥形瓶放入恒温槽内，恒温 10min 后测其电阻，改变电阻箱 R_1、R_2 的比例，平行测定 3 次，各次测量结果偏差不应超过 1%（数据记录在表 12-1 中）。

3. 测定 $PbSO_4$ 饱和溶液的电导率。

取适量固体 $PbSO_4$ 放入 200mL 锥形瓶中，加入约 100mL 重蒸馏水，摇动并加热至沸腾，趁热倒掉清液，以除去可溶性杂质。按同法重复两次。再加入约 100mL 重蒸馏水，加热至沸腾，使溶液充分饱和。置于恒温槽中恒温后，倾出上层清液放于一清洁干燥的锥形瓶中，重新恒温 10min 后测其电阻，改变电阻箱 R_1、R_2 的比例平行测定 3 次（数据记录在表 12-1 中），取其平均值。

4. 测定重蒸馏水的电导率。

取约 100mL 重蒸馏水放入一干燥洁净的锥形瓶中，恒温 10min 后，改变电阻箱 R_1、R_2 的比例测定电阻 3 次（数据记录在表 12-1 中），取其平均值。

5. 测定不同浓度的 HAc 的电导率。

取 $0.2mol \cdot L^{-1}$ HAc 溶液 200mL，逐级稀释为 0.1、0.05、0.025、$0.0125mol \cdot L^{-1}$ 的 HAc 溶液，放入恒温槽内恒温 10min 后，分别测其电阻，改变电阻箱 R_1、R_2 的比例平行测定 3 次（数据记录在表 12-2 中），取其平均值。

五、数据记录与处理

室温：_____℃　大气压：_____Pa　实验温度：_____℃　实验温度下

$\kappa_{KCl} =$ _____

表 12-1　不同溶液的电阻测定（平行测定 3 次，测量结果偏差不应超过 1%）

待测溶液	测定次数	R_1	R_2	R_3	R_x
$0.02mol \cdot L^{-1}$ KCl（电导池常数测定）	1				
	2				
	3				
重蒸馏水	1				
	2				
	3				
$PbSO_4$ 饱和溶液	1				
	2				
	3				

表 12-2　不同浓度的 HAc 电阻的测定

HAc 浓度/mol · L^{-1}	测定次数	R_1	R_2	R_3	R_x
	1				
0.0125	2				
	3				
	1				
0.025	2				
	3				
	1				
0.05	2				
	3				
	1				
0.1	2				
	3				
	1				
0.2	2				
	3				

根据表 12-1 计算电导池常数，通过计算得到 $PbSO_4$ 的溶解度 $c(mol \cdot L^{-1})$（通过查附录十二，计算 $\Lambda_m^{\infty}(PbSO_4)$）。已知 $PbSO_4$ 在 25℃时溶解度文献值为 $1.49 \times 10^{-4} mol \cdot L^{-1}$，计算实验测量结果的相对误差。

根据表 12-2 测定数据求 HAc 在各个浓度的解离度 α 和解离常数 K_c。已知在 25℃时 HAc 解离平衡常数的文献值 $K_c = 1.754 \times 10^{-5}$，将计算结果与文献值比较。

$$\Lambda_m^{\infty} = \Lambda_{m,H^+}^{\infty} + \Lambda_{m,Ac^-}^{\infty} = \underline{\hspace{6cm}}$$

六、实验指导

1. 为避免通电时化学反应和极化现象的发生，本实验采用了几种手段：

（1）使用镀铂黑的电导电极。其目的在于减少极化现象，增加电极表面积，使测定电阻时有较高灵敏度。镀铂黑电极不用时，应浸入电导水中，以防止电极干燥老化。

（2）实验电源采用的是 1000Hz 的交流电，目的也是减少电极极化。交流电的频率选择很重要，频率越高，越可以消除极化带来的误差，但频率过高会产生较大的相位差，使电桥不能平衡。因此增大交流电频率以防极化的同时，还要尽量消除相位差对电桥平衡的影响。根据经验，1000Hz 的交流频率是比较适合的选择。

（3）经过多次尝试，发现检流装置使用数字万用表更加方便。

2. 为了得到合格的硫酸铅饱和溶液，制备时需注意：

（1）充分煮沸，倒掉前两次的清液，除去可溶性杂质。

（2）留第三次煮沸的清液备用，放在恒温槽中或室温下先自然冷却后再放入恒温槽中恒温，注意始终不能将待测液冷却至恒温槽温度以下。

3. 在测定过程中调节电桥平衡时，通常固定 R_1 和 R_2 的数值，去调节 R_3，使得万用数字表的示数最小时读取 R_3 的值。平行测定时，通常改变 R_1 和 R_2 的比例，重新调节 R_3，以减少测量误差。

固定 R_1 和 R_2 的数值时，要注意数量级匹配，即所测溶液的电阻数量级是多少，在设置 R_1 和 R_2 数值时，也采用相同的数量级。比如测定 $0.02\,mol\cdot L^{-1}$ KCl 溶液时，适合将 R_1 和 R_2 的数值固定为百位；而测定硫酸铅饱和溶液时，则适合将 R_1 和 R_2 的数值固定在 10000 左右。

4. 调节电桥平衡时可能遇到的三种情况。

(1) 调节可调电阻箱 R_3 过程中，放在相邻电阻箱两个电阻值时耳机中通过电流声音相同或万用数字表几乎相同，此时应将电阻箱电阻值放在较小数值上，在下一位的 $4\sim6$ 位置调整。如测定 $0.02\,mol\cdot L^{-1}$ KCl 溶液的电阻时，在电阻值百位上，放在 3 和 4 时电流大小差不多，此时，应放在 3，再调节电阻的十位的数值，大约应该在 $4\sim6$ 的位置，即电阻值应在 350Ω 左右。

(2) 调节可调电阻箱 R_3 过程中，放在某个电阻值时明显示零装置的电流最小，但调到下一位时放在零上电流最小，此时，应注意将上一位电阻值减小一个，在下一位 $7\sim9$ 位置调节。如测定 $0.02\,mol\cdot L^{-1}$ KCl 溶液的电阻时，在电阻值百位上，放在 4 时明显电流最小，但当调到十位时，发现放在 0 的位置电流最小，此时，应将百位的数值调回 3，再调节电阻十位的数值，应该在 $7\sim9$ 位置。

(3) 测定重蒸馏水过程中可能遇到超出量程的情况。一般重蒸馏水的电阻值都会在 10 万以上，甚至是几十万，因可调电阻箱最大阻值为 99999，因此调整 R_1 和 R_2 的比例为 1 时，是测不出蒸馏水的真正阻值的，此时应减小 R_2 的阻值并选择 R_1 和 R_2 的合适比例测定。

5. 温度对电导影响较大，因此，必须把待测液置于恒温槽中恒温。通常温度升高 $1\,^\circ\!C$ 电导平均增加 1.9%，即 $G_t/S = G_{25}/S\cdot[1+0.019(t/^\circ\!C-25)]$。

6. 水的处理

在精确测量电导时，要考虑水的电导率的影响。

重蒸馏水：蒸馏水是电的不良导体，但由于溶有杂质，如二氧化碳和可溶性固体杂质，它的电导显得很大，影响电导测量的结果，因而需对蒸馏水进行处理。

处理的方法是，向蒸馏水中加入少量高锰酸钾，用硬质烧瓶进行蒸馏。本实验要求水的电导率应小于 $1\times10^4\,S\cdot m^{-1}$（电阻大于 $1\times10^6\,\Omega$）。

7. 标准 KCl 溶液的配制：本实验中，电导池常数用标准的 KCl 溶液求得，常用浓度为 $0.02\,mol\cdot L^{-1}$，可通过准确称量配制。

七、实验拓展

1. 如何通过实验测得弱电解质溶液无限稀释时的摩尔电导 Λ_m^∞？

已知强电解质溶液的稀溶液遵从科尔劳奇（Kohlrausch）平方根定律，即

$$\Lambda_m = \Lambda_m^\infty - A\sqrt{c} \tag{12-12}$$

由此可见在浓度极稀时，强电解质的 Λ_m 与 $\sqrt{c}$ 成线性关系，式中 Λ_m^∞ 是无限稀释时的摩尔电导，A 是常数。

对于弱电解质溶液无法用式(12-12) 得到无限稀释时的摩尔电导 Λ_m^∞，但可根据科尔劳奇离子独立运动的原理，根据相应的强电解质溶液无限稀释时的摩尔电导率算得。如对

于 HAc,

$$\Lambda_m^\infty(\text{HAc}) = \Lambda_m^\infty(\text{HCl}) + \Lambda_m^\infty(\text{NaAc}) - \Lambda_m^\infty(\text{NaCl}) \tag{12-13}$$

2. 估算在测量 $0.02\text{mol} \cdot \text{L}^{-1}$ KCl 溶液的摩尔电导时，由于蒸馏水不纯引起的误差。

3. 通过作图法处理弱酸解离平衡常数的测定数据。

对正文中式(12-11) $K_c = \dfrac{c^2\alpha^2}{c(1-\alpha)} = \dfrac{c\alpha^2}{1-\alpha}$ 进行线性处理。

$$K_c = \frac{c\left(\dfrac{\Lambda_m}{\Lambda_m^\infty}\right)^2}{1 - \dfrac{\Lambda_m}{\Lambda_m^\infty}} = \frac{c\Lambda_m^2}{\Lambda_m^\infty(\Lambda_m^\infty - \Lambda_m)} \tag{12-14}$$

$$\frac{1}{\Lambda_m} = \frac{1}{\Lambda_m^\infty} + \frac{c\Lambda_m}{K_c\Lambda_m^{\infty\,2}} \tag{12-15}$$

以 $\dfrac{1}{\Lambda_m}$ 对 $c\Lambda_m$ 作图，截距即为 $\dfrac{1}{\Lambda_m^\infty}$，根据直线的斜率即可求得 K_c 值。

4. 电导测定在科研和生产中均有广泛用途。如电导滴定，电导分析（气体溶解后引起溶液电导变化），测定临界胶束浓度、电离常数、难溶盐溶解度，水质监测（特别是实验室用蒸馏水或离子交换水），电解质溶液浓度控制及自动记录，物质水分含量测定及控制和借助电导变化进行动力学研究等。

5. 药学应用：

电导率测定在药学实践中有着重要意义。例如纯净水在药品生产中被用作辅料、制剂或分析试剂等，因此电导率测定在药品生产企业或药品研究单位被用来对水质进行控制和分析。电导率测定也可用于鉴别乳状液类型、乳状液转型和稳定性的研究。

八、思考题

1. 为什么电桥电源选用 1000Hz 的交流电，而不采用直流电或者高频交流电源？

2. 为什么要测定电导池常数？如何测定？

3. 交流电桥平衡的条件是什么？

4. 用交流电桥测定电解质溶液的电导，其原理、方法与测定金属导体电阻相同，但技术上做了哪些改变？为什么做这样的改变？

5. 影响溶液电导的因素有哪些？实验中应采取哪些相应措施防止这些因素的影响？

6. 分析产生误差的原因。

实验十三　电池电动势的测定及其应用

一、实验目的

1. 掌握对消法测定电动势的基本原理和方法。

2. 掌握电池电动势的测定方法，通过测定电池电动势求溶液的 pH 值。

3. 通过测定电池电动势求一定温度下难溶盐 AgCl 的溶度积。

4. 掌握电动势法测弱酸解离常数的方法。

二、实验原理

电极电势和电动势测定在生产和科学实验中有广泛应用，例如测定溶液的 pH 值、浓度，电位滴定，求难溶盐类的溶解度，测定离子的价数，测定电解质溶液的活度系数等。电极电势测定的原理在生产中可用于自动控制，例如自动控制反应液的 pH 值，提高产品的质量和产量。

电池电动势不能直接用伏特计来测量，因为电池与伏特计相接后，必须有适量的电流通过才能使伏特计显示，这便构成了回路，会使电池中发生化学反应，电极被极化，溶液浓度就会不断改变，电池的电动势不能保持稳定。同时，电池本身有内阻，因而伏特计不可能有稳定的数值。所以测量可逆电池的电动势必须在几乎没有电流通过的情况下进行。

对消法（又叫补偿法）就是在外电路上加一个方向相反而电动势几乎相等的电池，以对抗原电池的电动势，此时，外电路上差不多没有电流通过，相当于在 R_0 为无限大的情形下测定。在电池无电流（或极小电流）通过时，测得其两极的静态电势，这时的电势降即为该电池的平衡电势，此时电池反应是在接近可逆条件下进行的，因此，对消法测电池电动势的过程是一个趋近于可逆过程的例子。

设 E_x 为可逆电池的电动势，U 为两极间的电势差，即伏特计的读数，R_0 为导线上的电阻（即外阻），R_i 为电池的内阻，I 为电流，则根据欧姆定律：

$$E_x = (R_0 + R_i)I \tag{13-1}$$

若只考虑外电路，则

$$U = R_0 I \tag{13-2}$$

两式中的 I 相等，所以

$$\frac{U}{E_x} = \frac{R_0}{R_0 + R_i} \tag{13-3}$$

若 $R_0 \gg R_i$，则 $U \approx E_x$。

对消法测电池电动势的线路原理见图 13-1：E_N 是标准电池，它的电池电动势是准确知道的；E_x 是待测电池；E_w 是工作电源，它与标准电池和待测电池的电流方向相反；G 是检流计；R_N 是标准电池的补偿电阻，可用来调节工作电流；R 是被测电池电动势的补偿电阻，它是一个可变电阻，可通过调整 A 点位置调节接入电路的阻值 R_K 大小，使接入电路的电压降与 E_x 相补偿，K 是转换开关。

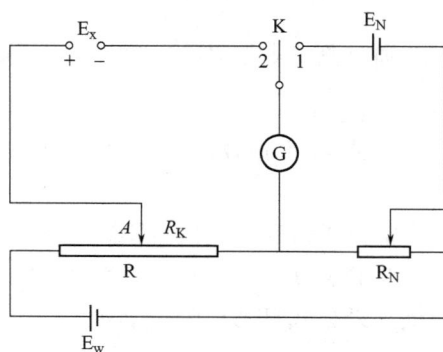

图 13-1　对消法测电池电动势线路原理图

测量时，首先要标定工作电流，将转换开关 K 合在 1 的位置，调节变阻器 R_N，使检流计指示为零，这时 $E_N = IR_N$，其中 I 是流过 R、线路中的 R_N 的电流，称为电位差计的工作电流，E_N 是标准电池的电动势。

工作电流调好后，将转换开关 K 合至 2 的位置上，此时 E_x 接入电路，由于 E_x 和 E_w 方向相反，大小不等，则检流计的指针（或光点）总是朝某一个方向偏转。调节滑线电阻

R，再次使检流计指示为零，此时滑动触头 A 在可调电阻上的电阻值设为 R_K，则有 $E_x = IR_K$，因为此时的工作电流 I 就是前面所调节的数值 $I = \dfrac{E_N}{R_N}$，因此有 $E_x = \dfrac{E_N}{R_N}R_K$，所以当标准电池电动势 E_N 和标准电池电动势的补偿电阻 R_N 的数值确定时，只要正确读出 R_K 的数值（实际操作中 R 是由已知阻值的各进位盘电阻所组成），就可以正确测出待测电池的电动势 E_x 了。

原电池是由两个电极（半电池）组成，电池的电动势 E 是两个电极电势的差值（假设两电极溶液互相接触而产生的接触电位已经用盐桥消除掉）。设正极电势为 φ_+，负极电势 φ_-，一般规定

$$E = \varphi_+ - \varphi_- \tag{13-4}$$

一定温度下，电极电势的大小取决于电极的性质和溶液中有关离子的活度。电极电势的绝对值无法测定，手册上所列的电极电势的数值都是相对电极电势，即将标准氢电极（$p_{H_2} = 1p^{\ominus}$，$a_{H^+} = 1\,mol \cdot L^{-1}$）的电极电势定为零，将它作为负极与待测电极组成原电池，所测电池的电动势即为该待测电极的电极电势。若待测电极实际上进行的是还原反应，则待测电极的电极电势取正值；若待测电极实际上进行的是氧化反应，则取负值。

由于氢电极使用比较麻烦，故常用另外一些易制备、电极电势稳定的电极作为参比电极，常用的参比电极有甘汞电极，银-氯化银电极等，这些电极与标准氢电极比较而得到的电势值已精确测出，在物理化学手册中可以查到。

另外，当两种电极的不同电解质溶液接触时，由于离子的迁移速率不同，在溶液的界面上会存在着微小的电势差，称为液体接界电势，简称液接电势。液接电势不能被消除，在电动势测量时，常用"盐桥"放在两个溶液之间，以代替原来产生显著液接电势的两个溶液直接接触，使液接电势降低到毫伏数量级以下，以减小对实验的影响。

本实验包括以下几项内容：（一）电极电势的测定；（二）pH 值的测定；（三）难溶盐 AgCl 溶度积的测定；（四）弱酸解离常数的测定。

（一）电极电势的测定

通过测定电池 a 的电动势 E_a，求室温下 Ag^+ 浓度为 $0.02\,mol \cdot L^{-1}$ 的银电极的电极电势 $\varphi_{Ag^+/Ag}$。

电池 a：$Hg(l) \mid Hg_2Cl_2(s) \mid KCl(饱和) \parallel AgNO_3(0.02\,mol \cdot L^{-1}) \mid Ag(s)$

$$E_a = \varphi_{Ag^+/Ag} - \varphi_{饱和甘汞} \tag{13-5}$$

测出 E_a，且计算出实验温度下的 $\varphi_{饱和甘汞}$，即可求得 $\varphi_{Ag^+/Ag}$。

实验温度下饱和甘汞电极的电势可由以下公式求出（一些常见参比电极的电极电势与温度关系公式见书后附录十四）。

$$\varphi_{饱和甘汞}/V = 0.2438 - 6.5 \times 10^{-4}(t/^{\circ}C - 25)$$

（二）pH 值的测定

测定电池 b 的电动势 E_b，求 HCl 溶液的 pH 值。

电池 b：$Hg(l) \mid Hg_2Cl_2(s) \mid KCl(饱和) \parallel H^+(待测定)，Q \cdot H_2Q(s) \mid Pt$

（注：Q 表示醌，H_2Q 表示氢醌）

$$E_b = \varphi_{Q \cdot H_2Q} - \varphi_{饱和甘汞}$$

$$\varphi_{Q \cdot H_2Q}/V = \varphi_Q^{\ominus} \cdot {}_{H_2Q}/V + [0.0591 + 2 \times 10^{-4}(t/℃ - 25)]lg\, a_{H^+}/mol \cdot L^{-1} \quad (13\text{-}6)$$

$$pH = \frac{\varphi_Q^{\ominus} \cdot {}_{H_2Q}/V - \varphi_{饱和甘汞}/V - E_b/V}{0.0591 + 2 \times 10^{-4}(t/℃ - 25)} \quad (13\text{-}7)$$

测出该电池的电动势 E_b，计算实验温度下 $\varphi_Q^{\ominus} \cdot {}_{H_2Q}$ 和 $\varphi_{饱和甘汞}$，由式（13-7）即可求出 HCl 溶液的 pH 值。

$$\varphi_Q^{\ominus} \cdot {}_{H_2Q}/V = 0.6990 - 7.4 \times 10^{-4}(t/℃ - 25)$$

（三）难溶盐 AgCl 溶度积的测定

测定氯化银的溶度积，可设计电池 c。

电池 c：$Ag(s) | AgCl(s) | KCl(a_1) \| AgNO_3(a_2) | Ag(s)$

左边电极是 Ag 浸在含有 AgCl 沉淀（镀在银电极上）的 KCl 溶液中，实际上等于 Ag 和极稀 Ag^+ 所形成的电极，且 Ag^+ 的浓度由 Cl^- 所控制；右边电极是 Ag 浸在较浓 Ag^+ 溶液中所形成的电极，这两个电极组成的电池电动势为

$$E_c = \frac{RT}{F} \ln \frac{a_{2(Ag^+)}}{a_{1(Ag^+)}} \quad (13\text{-}8)$$

式中，$a_{1(Ag^+)}$ 为含有 AgCl 沉淀的 KCl 溶液中 Ag^+ 的活度；$a_{2(Ag^+)}$ 为 $AgNO_3$ 溶液中 Ag^+ 的活度。

在一定温度下，AgCl 的活度积为

$$K_{sp} = a_{Ag^+}\, a_{Cl^-} \quad (13\text{-}9)$$

将式（13-9）代入式（13-8）得

$$E = \frac{RT}{F} \ln \frac{a_{2(Ag^+)} a_{1(Cl^-)}}{K_{sp}} \quad (13\text{-}10)$$

$$\ln K_{sp} = -\frac{EF}{RT} + \ln(a_{2(Ag^+)} a_{1(Cl^-)}) = -\frac{EF}{RT} + \ln(m_2^+ \gamma_2^+ \cdot m_1^- \gamma_1^-) \quad (13\text{-}11)$$

式中，m_1^+，γ_1^+ 分别为 KCl 溶液中 Cl^- 的质量摩尔浓度和活度因子；m_2^+，γ_2^+ 分别为 $AgNO_3$ 溶液中 Ag^+ 的质量摩尔浓度和活度因子。

由实验测得上述电池 c 的电动势，且已知 m_1^+、γ_1^+、m_2^+、γ_2^+ 后，就可以求得该温度下 AgCl 的活度积 $K_{sp}(AgCl)$。

查阅附录十五，可得到组成电池所用浓度的 $AgNO_3$ 和 KCl 在 25℃时的离子平均活度因子。浓度较低时，质量摩尔浓度（$mol \cdot kg^{-1}$）可近似等于摩尔浓度（$mol \cdot L^{-1}$）。

在纯水中，AgCl 的溶解度很小，可认为 $m_0 \to 0$，因此 $\gamma(Ag^+) = \gamma(Cl^-) \to 1$，故活度积就是溶度积。

（四）测定弱酸的解离平衡常数

以苯甲酸为例：

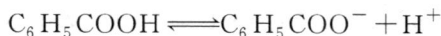

$$C_6H_5COOH \Longrightarrow C_6H_5COO^- + H^+$$

$$K_a = \frac{a_{A^-}\, a_{H^+}}{a_{HA}} \quad (13\text{-}12)$$

式中，a_{A^-} 为苯甲酸根离子活度；a_{H^+} 为氢离子活度；a_{HA} 为苯甲酸的活度。

当苯甲酸的浓度很小时，活度可近似地视为浓度，于是 $K_a = \dfrac{c_{A^-} c_{H^+}}{c_{HA}}$，欲求 K_a 可设计电池 d。

电池 d：$Hg(l) \mid Hg_2Cl_2(s) \mid KCl(饱和) \parallel H^+(待测定)，Q \cdot H_2Q(s) \mid Pt$

阳极：$2Hg(l) + 2Cl^- \Longrightarrow Hg_2Cl_2(s) + 2e$

$$\varphi_{饱和甘汞}/V = 0.2438 - 6.5 \times 10^{-4}(t/℃ - 25)$$

当温度一定时，$\varphi_{饱和甘汞}$ 为一常数。

阴极：$C_6H_4O_2(s) + 2H^+(aq) + 2e \Longrightarrow C_6H_4(OH)_2(s)$

$$\varphi_{Q \cdot H_2Q} = \varphi^{\ominus}_{Q \cdot H_2Q} - \frac{RT}{2F}\ln\frac{a_{H_2Q}}{a_Q a^2_{H^+}} \tag{13-13}$$

在酸性溶液中，$a_{H_2Q} = a_Q$，故

$$\varphi_{Q \cdot H_2Q} = \varphi^{\ominus}_{Q \cdot H_2Q} - \frac{RT}{F}\ln a_{H^+} \tag{13-14}$$

在 0～37℃ 区间，$\varphi_{Q \cdot H_2Q}/V = 0.6990 - 7.4 \times 10^{-4}(t/℃ - 25)$

$$E_d = \varphi_{Q \cdot H_2Q} - \varphi_{饱和甘汞} = \varphi^{\ominus}_{Q \cdot H_2Q} - \varphi_{饱和甘汞} + \frac{RT}{F}\ln a_{H^+} \tag{13-15}$$

当温度一定时，$\varphi^{\ominus}_{Q \cdot H_2Q}$、$\varphi_{饱和甘汞}$ 均为常数。

$$E_d = \varphi^{\ominus}_{Q \cdot H_2Q} - \varphi_{饱和甘汞} - \frac{2.303RT}{F}pH \tag{13-16}$$

测出电池电动势 E_d 后，即可利用式(13-16)求出溶液的 pH 值。

在一定量的苯甲酸溶液（以 HA 表示）中依次加入已知浓度和数量的 NaOH 溶液，使溶液 pH 值发生变化后，分别测定电池电动势 E_d，由式(13-16)求出溶液 pH 值，根据公式 $K_a = \dfrac{c_{A^-} c_{H^+}}{c_{HA}}$，可得

$$pK_a = pH - \lg\frac{c_{A^-}}{c_{HA}} \tag{13-17}$$

式中，$c_{A^-} = c_{C_6H_5COO^-} = c_{Na^+} = c_{盐}$，$c_{HA} = c_{酸}(初始) - c_{盐} = c_{HA}(初始) - c_{NaOH}$。
由酸和盐的浓度 $c_{酸}$ 和 $c_{盐}$ 以及 pH 值可求出 pK_a，进而求出 K_a。

三、仪器和药品

UJ-25 型电位差计 1 台；直流检流计 1 台；稳压电源 1 台；标准电池 1 个；Ag、Pt、饱和甘汞电极各 1 支；Ag-AgCl 电极 1 支；导线若干；盐桥 1 个；100mL 烧杯 8 个；20mL 移液管 2 支；25mL 移液管 1 支；1mL 移液管 1 支；50mL 碱式滴定管 1 支；250mL 容量瓶 1 个；250mL 锥形瓶 2 个；洗耳球 1 个。

$0.02mol \cdot L^{-1}$ $AgNO_3$ 溶液；$0.02mol \cdot L^{-1}$ KCl 溶液，KCl 饱和溶液；醌氢醌；未知浓度 HCl 溶液；$0.01mol \cdot L^{-1}$ 苯甲酸溶液；$0.1mol \cdot L^{-1}$ NaOH 溶液（用前准确标定）；酚酞指示剂。

四、实验步骤

1. 通过查阅附录十三得到当天实验温度下的标准电池电动势，并将 UJ-25 型电位差计面板上 1.018 旁边的两个旋钮调整至实验温度的电动势。

2. 将 UJ-25 型电位差计线路按图 13-2 连接好，所有开关放在"关"的位置，直流检流计放在"短路"位置，暂不接通电源，检查无误后方能接通电源开始实验。

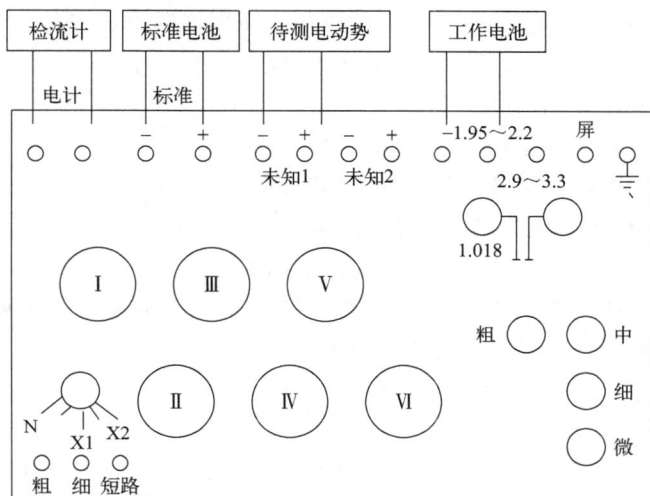

图 13-2　UJ-25 型电位差计面板及线路连接图

3. 接通电源，将直流稳压电源（工作电池）置于电压位置，并调整输出电压为 2.0V，调好直流检流计零点，通过调节几个标准化旋钮（顺序是粗—中—细—微）开始标准化（注意：标准化以后用于标准化的各个旋钮不能再动）。

4. 分别测定下列电池的电动势。

按说明分别制作半电池后接入电位差计的未知位置，进行测试，数据记录在表 13-1 中。

电池 a：$Hg(l)|Hg_2Cl_2(s)|KCl(饱和)\|AgNO_3(0.02mol \cdot L^{-1})|Ag(s)$

电池 a 的准备：饱和甘汞电极作为参比电极，浸入饱和 KCl 溶液中，接未知负；银电极浸入 $0.02mol \cdot L^{-1} AgNO_3$ 溶液中，接未知正。两半电池用盐桥跨接。

电池 b：$Hg(l)|Hg_2Cl_2(s)|KCl(饱和)\|H^+(待测定)，Q \cdot H_2Q(s)|Pt$

电池 b 的准备：饱和甘汞电极作参比电极，浸入饱和 KCl 溶液中，接未知负；Pt 电极浸入未知浓度 HCl 溶液中，接未知正。两半电池用盐桥跨接。

电池 c：$Ag(s)|AgCl(s)|KCl(a_1)\|AgNO_3(a_2)|Ag(s)$

电池 c 的准备：将新制的 Ag 丝插入半电池管中封好，吸入加有 2 滴 $0.1mol \cdot L^{-1}$ $AgNO_3$（不能多加）的 $0.02mol \cdot L^{-1}$ 的 KCl 溶液中（或用少量 $0.02mol \cdot L^{-1}$ 的 KCl 溶液冲洗已经做好的 Ag-AgCl 电极，浸入 $0.02mol \cdot L^{-1}$ KCl 溶液中），接未知负；银电极浸入 $0.02mol \cdot L^{-1} AgNO_3$ 溶液中，接未知正。两半电池用盐桥跨接。

5. 测定苯甲酸的解离平衡常数。

电池 d：$Hg(l) | Hg_2Cl_2(s) | KCl(饱和) \| H^+(待测定)，Q \cdot H_2Q(s) | Pt$

（1）电池 d 的准备。饱和甘汞电极作参比电极，浸入饱和 KCl 溶液中，接未知负；准确移取 40mL 苯甲酸溶液于洗净并烘干的 100mL 烧杯中，加适量 $Q \cdot H_2Q$（醌氢醌），不断搅拌，待其饱和后插入 Pt 电极，接未知正。两半电池用盐桥跨接。

（2）连接好线路，用对消法测电动势 $E_{d,0}$。

（3）向待测溶液中准确加入 1mL 标定好的 $0.1mol \cdot L^{-1}$ NaOH 溶液，充分搅拌后测定电动势 $E_{d,1}$。记录 $E_{d,1}$ 值及 NaOH 溶液体积（体积读数应估读至 $\pm 0.01mL$）。

（4）依次加入 $0.1mol \cdot L^{-1}$ NaOH 溶液 1mL、0.5mL、0.5mL，分别测定 $E_{d,2}$、$E_{d,3}$、$E_{d,4}$ 值及 NaOH 溶液体积。

上述（2）～（4）实验数据记录在表 13-2 中。

（5）标定苯甲酸溶液的浓度。用 250mL 容量瓶将 $0.1mol \cdot L^{-1}$ 的 NaOH 溶液稀释至 1/10 倍，准确移取苯甲酸溶液 25mL 放入洁净的锥形瓶中，用稀释后的 NaOH 溶液标定苯甲酸的准确浓度（酚酞作指示剂），平行测定 3 次。

6. 测定完毕后，整理实验台，洗净并整理好仪器，用蒸馏水洗净所有电极，铂电极浸入蒸馏水中，饱和甘汞电极套上橡皮帽及塞子放入盒中。

五、数据记录与处理

室温：_____℃　大气压：_____Pa　实验温度：_____℃

表 13-1　电池 a、b、c 的电动势测定

电池	电动势			
	第一次测定	第二次测定	第三次测定	测定平均值
E_a				
E_b				
E_c				

表 13-2　苯甲酸解离常数测定（电池 d 的电动势测定）

溶液编号	测试液组成		电动势编号	电动势/V			
	$V_{苯甲酸}$/mL	V_{NaOH}/mL		第一次测定	第二次测定	第三次测定	测定平均值
0			$E_{d,0}$				
1			$E_{d,1}$				
2			$E_{d,2}$				
3			$E_{d,3}$				
4			$E_{d,4}$				

NaOH 稀释后浓度为 _____。

滴定 25mL 苯甲酸所用 NaOH 体积：（1）_____；（2）_____；（3）_____。

1. 由 E_a 求室温下 Ag^+ 浓度为 $0.02mol \cdot L^{-1}$ 的银电极的电极电势 $\varphi_{Ag^+/Ag}$。

2. 由 E_b 求未知浓度 HCl 溶液的 pH 值。

3. 由 E_c 求难溶盐 AgCl 溶度积。

注：电极的电极电势与温度有关，其关系式见附录十四。标准电池的电动势与温度有关，其关系式及数据查阅见附录十三。

4. 根据电池 d 不同配比时的电动势 E_d 计算苯甲酸的解离平衡常数。

根据滴定结果计算标准苯甲酸溶液的浓度。

根据表 13-2，利用下列公式计算各项填入表 13-3。

$$c_{A^-} = c_{盐} = c_{Na^+} = \frac{(cV)_{NaOH}}{V_{苯甲酸} + V_{NaOH}}, \quad c_{HA} = \frac{(cV)_{苯甲酸} - (cV)_{NaOH}}{V_{苯甲酸} + V_{NaOH}},$$

$$pH = \frac{(\varphi^{\ominus}_{Q \cdot H_2Q} - \varphi_{饱和甘汞} - E)F}{2.303RT} \qquad pK_a = pH - \lg\frac{c_{A^-}}{c_{HA}}$$

表 13-3　苯甲酸解离平衡常数测定

序号	$V_{苯甲酸}$	V_{NaOH}	$\overline{E}_d$	c_{A^-}	c_{HA}	pH	pK_a	K_a
1							—	—
2								
3								
4								
5								

5. 计算苯甲酸的 K_a 值。

六、实验指导

1. 本实验所用电位差计为 UJ-25 型，实验前应认真阅读教材，必须严格遵守操作规程，以免损坏精密贵重仪器。

2. 注意保护标准电池，标准电池不可横放、倒置及摇动。标准电池正负极的导线，不可相碰，以免短路，使用时只能通过电键短暂地接通且迅速找到平衡点。新型标准电池有电源开关，使用时需打开电源开关。

3. 标准化过程中如果检流计指针或光点朝一个方向偏转，则表明工作电池与标准电池在检流计内通过的电流无法对消，其可能的原因如下：标准电池或工作电池的极性接反；工作电源（稳压电源）电压不符合电位差计所要求的电压值（过大或过小）；标准电池可能失效，必要时更换标准电池。

4. 测定过程中如果检流计指针或光点朝一个方向偏转，证明可逆电池的电动势不能被补偿，可能的原因如下：被测电动势超出电位差计量程；工作电源无输出或低于电位差计规定值，检查稳压电源的电压是否符合实验要求；工作电池或被测电池极性接反。

5. 测量时，检流计光点不动，说明测量回路中必有断路。此时应检查电极是否有问题，特别是饱和甘汞电极，填充液是否充足，线路是否通畅等，必要时更换甘汞电极；也可能工作电流回路中有断路，检查各个接线点是否牢固。

6. 检查电极是否完好。

饱和甘汞电极（由实验室制备）：使用前应检查填充液是否足够，如果不足，需用滴管添加饱和 KCl 溶液。注意不能有气泡，如有气泡应排除，浸入饱和 KCl 溶液中。

铂电极：铂电极都是比较软的薄片，使用铂电极一定要使用电极夹，勿将电极直接浸入溶液中。使用铂电极制作醌氢醌电极时，将待测 HCl 溶液倒入一半电池管内，加入少量醌氢醌，搅拌使达过饱和（务必使溶液出现颜色，还能看见少量固体，溶液才达到过饱和），将一支洗净擦干并固定在电极夹上的铂电极浸入被醌氢醌饱和的待测液。

银电极：每次使用前应用细砂纸将银电极的表面擦亮，再用少量 $0.02 \text{mol} \cdot \text{L}^{-1}$ $AgNO_3$ 溶液冲洗，插入盛有 $0.02 \text{mol} \cdot \text{L}^{-1}$ $AgNO_3$ 溶液的半电池管内。

银-氯化银电极：将新制的 Ag 丝插入半电池管中封好，吸入加有 2 滴 $0.1 \text{mol} \cdot \text{L}^{-1}$ $AgNO_3$（不能多加）的 $0.02 \text{mol} \cdot \text{L}^{-1}$ KCl 溶液中（或用少量 $0.02 \text{mol} \cdot \text{L}^{-1}$ KCl 溶液冲洗已经做好的 Ag-AgCl 电极，浸入 $0.02 \text{mol} \cdot \text{L}^{-1}$ KCl 溶液中）。

7. 减小液接电势的方法——盐桥

在两个含有不同溶质的溶液所形成的界面上，或者两种溶质相同而浓度不同的溶液界面上，存在着微小的电势差，称为液接电势。液接电势产生的原因是离子迁移速率不同而引起的。

液接电势不能完全消除，只能采取办法尽量减小。实验室常用的方法是在两个溶液中间插入一个盐桥，即在两个溶液之间放置一个倒置的 U 形管，管内装满正、负离子迁移数相近的电解质溶液（用琼脂固定），在盐桥和两溶液的接界处，因为盐桥中电解质的浓度远大于两溶液中电解质的浓度，界面上主要是盐桥中电解质的正、负离子同时向溶液扩散。又因为盐桥电解质的正负离子迁移数接近，运动速率几乎相同，这样液接电势就接近于零。盐桥中的电解质不能含有与组成电池中的电解质发生反应或生成沉淀的离子，如含有 Ag^+、Hg_2^{2+} 等，就不能用 KCl 盐桥，而要改用浓 NH_4NO_3 或 KNO_3 溶液作盐桥。

本实验所用盐桥的电解质为 NH_4NO_3，制备方法如下：

取 3.5g 琼脂，加入 75mL 蒸馏水，水浴加热使之完全溶解，称取 30g NH_4NO_3，逐次加入使之溶解。待溶液呈透明状，趁热用滴管注入 U 形玻璃管，注意 U 形管中不能有气泡，待冷却后凝成胶冻即可使用。将其浸在蒸馏水中，放入冰箱冷藏保存。

七、实验拓展

1. 让学生用电镀法自己制备 Ag-AgCl 电极。

待镀电极可选用螺旋形的铂丝或银丝，如果用铂丝则用硝酸洗净后再用蒸馏水洗，若用银丝则用丙酮洗去表面上的油污，若 Ag 丝上已镀 AgCl，则先用氨水洗净，以免影响镀层质量。

3g $AgNO_3$、60g KI、7mL 氨水，加蒸馏水配制成 100mL 溶液。以待镀电极为阴极，再用一铂丝为阳极，电压 4V，串联一个约 2000Ω 的可变电阻，用 10mA 电流电镀半小时即可。

镀好的银电极用蒸馏水仔细冲洗，然后将此银电极作为阳极，将铂丝作为阴极，在 $1 \text{mol} \cdot \text{L}^{-1}$ HCl 溶液中电镀一层 AgCl（电流密度为 $2\text{mA} \cdot \text{cm}^{-1}$，通电时间约 30min），然后用蒸馏水冲洗。最后制得的电极呈紫褐色。制好的电极需要 24h 或更长时间才能充分达到平衡。氯化银电极不用时需浸入与待测系统具有相同 Cl^- 浓度的 KCl 溶液中，并避光保存。

镀银液的配制：分别将 $AgNO_3$（35~45g）、$K_2S_2O_5$（35~45g）、$Na_2S_2O_3$（200~250g）溶于 300mL 蒸馏水中，制成 3 种溶液。然后混合 $AgNO_3$ 和 $K_2S_2O_5$ 溶液，并不断搅拌使生成白色的焦亚硫酸银沉淀，此后再加入 $Na_2S_2O_3$ 溶液，并不断搅拌至白色沉淀全部溶解为止，加水稀释至 1000mL。新配制的镀银溶液略显黄色，或有少量浑浊和沉淀，但只要静置数日，过滤即可得到非常稳定的澄清镀银液。

2. 自制饱和甘汞电极。

先取玻璃电极管，底部焊接一铂丝，取化学纯 Hg 约 1mL，加入洗净并烘干的电极管中，使铂丝全部被浸没。另在研钵中加入少许甘汞（Hg_2Cl_2）和纯净的 Hg，再加入少量饱和 KCl 溶液，研磨此混合物至均匀呈灰色的糊状物。将此糊状物平铺在玻璃电极管内汞面上，再加入饱和 KCl 溶液，静置一昼夜以上即可使用。在制备过程中，切勿使甘汞的糊状物与汞相混，以免甘汞污染铂丝，造成电极电位不稳定。此外，也可用电解法制备。

3. 通过测定原电池的电动势求 $\gamma_\pm$、$\left(\dfrac{\partial E}{\partial T}\right)_p$ 等。

电池电动势测定的应用十分广泛，除了本实验涉及的几个方面外，还可以用来求化学反应的平衡常数，电池电动势的温度系数 $\left(\dfrac{\partial E}{\partial T}\right)_p$，离子平均活度系数 $\gamma_\pm$ 等。

八、思考题

1. 为什么在测量原电池电动势时，要用对消法进行测量？而不能使用伏特计来测量？
2. 在测量电池电动势的过程中，若检流计指针或光点总向一个方向偏转，可能是什么原因？
3. 测量双液电池的电动势时为什么要使用盐桥？如何选用盐桥以适合不同的系统？本实验能不能用 NH_4Cl 作为盐桥的电解质？
4. 若两个半电池的电极接反，会有什么后果？
5. UJ-25 型电位差计在测量时为什么是短暂接触式电键？长时间接通电键会有什么结果？
6. 什么是液接电势？液接电势能否彻底消除？本实验减小液接电势的方法是什么？

实验十四　电动势法测定化学反应的热力学函数

一、实验目的

1. 测定可逆电池在不同温度下的电动势值，从而计算电池化学反应的热力学函数变化值 $\Delta_r G_m$、$\Delta_r H_m$ 和 $\Delta_r S_m$。
2. 掌握电动势法测定化学反应热力学函数值的原理和方法。

二、实验原理

如果原电池内进行的化学反应是可逆的，且电池在可逆的条件下工作，则此电池反应在恒温、恒压下的摩尔吉布斯函数 $\Delta_r G_m$ 与电池的电动势 E 的关系如下：

$$\Delta_r G_m = -zEF \tag{14-1}$$

式中，z 为电池反应得失电子数；E 为电池的电动势；F 为法拉第常数。

从热力学可知：

$$\Delta_r G_m = \Delta_r H_m - T\Delta_r S_m \tag{14-2}$$

$$\Delta_r S_m = -\left(\frac{\partial \Delta_r G_m}{\partial T}\right)_p = zF\left(\frac{\partial E}{\partial T}\right)_p \tag{14-3}$$

将式（14-1）、式（14-3）代入式（14-2），进行整理后可得

$$\Delta_r H_m = -zEF + zFT\left(\frac{\partial E}{\partial T}\right)_p \tag{14-4}$$

在定压下，通常是 1 标准大气压（101325Pa）下，测定一定温度时的电池电动势，即可根据式（14-1）求得该温度下电池反应的 $\Delta_r G_m$。从不同温度时的电池电动势值可求 $\left(\frac{\partial E}{\partial T}\right)_p$，根据式（14-3）可求该电池反应的 $\Delta_r S_m$，根据式（14-4）可求出 $\Delta_r H_m$。

如电池反应中反应物和生成物的活度都是 $1\mathrm{mol} \cdot \mathrm{L}^{-1}$，测定时的温度为 298.15K，则所得热力学函数以 $\Delta_r G_m^{\ominus}$（298.15K）、$\Delta_r H_m^{\ominus}$（298.15K）和 $\Delta_r S_m^{\ominus}$（298.15K）表示。

本实验系统测定下列电池的电动势：

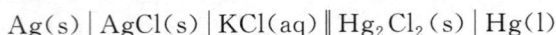

$$\mathrm{Ag(s)\,|\,AgCl(s)\,|\,KCl(aq)\,\|\,Hg_2Cl_2(s)\,|\,Hg(l)}$$

其电动势可从两个电极的电势来计算，即

$$E = \varphi_{甘汞} - \varphi_{Ag\text{-}AgCl} \tag{14-5}$$

其中

$$\varphi_{甘汞} = \varphi_{甘汞}^{\ominus} - \frac{RT}{F}\ln a_{Cl^-} \tag{14-6}$$

$$\varphi_{Ag\text{-}AgCl} = \varphi_{Ag\text{-}AgCl}^{\ominus} - \frac{RT}{F}\ln a_{Cl^-} \tag{14-7}$$

$$E = \varphi_{甘汞} - \varphi_{Ag\text{-}AgCl} = \varphi_{甘汞}^{\ominus} - \frac{RT}{F}\ln a_{Cl^-} - \left(\varphi_{Ag\text{-}AgCl}^{\ominus} - \frac{RT}{F'}\ln a_{Cl^-}\right)$$

$$= \varphi_{甘汞}^{\ominus} - \varphi_{Ag\text{-}AgCl}^{\ominus} \tag{14-8}$$

由此可知，该电池电动势与 KCl 溶液浓度无关，如在 298.15K 测得该电池电动势 $E(E^{\ominus})$，即可求得此电池反应的 $\Delta_r G_m^{\ominus}$（298.15K）。改变温度测其电池电动势，求得 $\left(\frac{\partial E}{\partial T}\right)_p$ 后，就可以求出 $\Delta_r H_m^{\ominus}$（298.15K）和 $\Delta_r S_m^{\ominus}$（298.15K）。考虑到浓 KCl 溶液对银-氯化银电极上 AgCl 的溶解作用等原因，本实验中所用的 KCl 溶液浓度约为 $0.1\mathrm{mol} \cdot \mathrm{L}^{-1}$。

三、仪器和药品

SDC-IIB 数字式电位差计 1 台；空气恒温箱或超级恒温槽 1 套；银-氯化银电极 1 支；甘汞电极（$0.1\mathrm{mol} \cdot \mathrm{L}^{-1}$）1 支；50mL 烧杯 3 个，$0.1\mathrm{mol} \cdot \mathrm{L}^{-1}$ KCl 溶液。

四、实验步骤

1. 制备银-氯化银电极（详见实验十三）。
2. 熟悉数字式电位差计（SDC-IIB）的操作使用方法。
（1）开机，先预热 15min。
（2）校验：以内标为基准。将"测量选择"旋钮置于"内标"；将"10^0"位旋钮置于"1"，"补偿"旋钮逆时针旋到底，其他旋钮均置于"0"，此时，"电位指标"显示

"1.00000"（V），若显示大于"1.00000"（V）应适当减小"$10^0 \sim 10^{-4}$"旋钮，使显示小于"1.00000"（V）再调节补偿电位器以达到"1.00000"（V）；待"检零指示"显示数值稳定后，按一下"采零"键，此时，"检零指示"显示为"0000"。

（3）测量。用测试线将被测电动势按"＋"、"-"极性与"测量插孔"连接；将"测量选择"旋钮置于"测量"；调节"$10^0 \sim 10^{-4}$"五个旋钮，使"检零指示"显示数值为负且绝对值最小；调节"补偿旋钮"，使"检零指示"显示为"0000"，此时，"电位显示"数值即为被测电池的电动势值。

3. 打开超级恒温槽，调节温度至设定温度（比室温高 2～3℃）。将电池组合好后放于恒温槽中恒温 20min。

4. 用电位差计测定该电池的电动势，平行测量 3 次，各次测定之差应小于 0.0002V，取其平均值（表 14-1）。

5. 改变恒温槽温度，每升高 3℃测一次，分别测定电池在 5 个不同温度下的电动势。

五、数据记录与处理

室温：_____℃　大气压：_____Pa　实验温度：_____℃

表 14-1　不同温度下的电池电动势

测定次数	$T/℃$				
E/V	第 1 次				
	第 2 次				
	第 3 次				
	平均值				

1. 写出上述电池中，正极和负极上的电极反应以及电池反应。

2. 以 298.15K 时测得的 E，计算电池反应的 $\Delta_r G_m^{\ominus}$（298.15K）。

3. 根据不同温度下测得的 E 作 E-T 曲线，由曲线斜率求出 $\left(\dfrac{\partial E}{\partial T}\right)_p$，也可以由 3 个温度下的 E、T 值代入方程 $E = a + bT + cT^2$，求解出 a、b、c 后，再由 E 对 T 求导而得。

4. 并计算该反应的 $\Delta_r H_m^{\ominus}$（298.15K）和 $\Delta_r S_m^{\ominus}$（298.15K）。

5. 将本实验所得电池反应的热力学函数变化值与文献值进行比较。

六、实验指导

SDC-IIB 数字电位差综合测试仪的使用。

1. 仪器特点

（1）一体化设计：将 UJ 系列电位差计、光电检流计、标准电池等集为一体，体积小，重量轻，便于携带。

（2）数字显示：电位差值六位显示，数值直观清晰、准确可靠。

（3）内外基准：即可使用内部基准进行测量、又可外接标准电池作基准进行测量，使用方便灵活。

（4）误差较小：保留电位差计测量功能，真实体现电位差计对比检测误差的优势。

（5）性能可靠：电路采用对称漂移抵消原理，克服了元器件的温漂和时漂，提高测量的准确度。

2. 以外标为基准进行测量的方法

（1）连接电源线，打开电源开关，预热 15min。

（2）校验：以外标为基准。

① 用已知电动势的电池按 "＋"、"－" 极性与 "外标插孔" 连接。

② 将 "测量选择" 旋钮置于 "外标"。

③ 调节 "$10^0 \sim 10^{-4}$" 五个旋钮，和 "补偿" 旋钮，使 "电位指标" 显示的数值与外标电池数值相同。

④ 待 "检零指示" 显示数值稳定后，按一下 "采零" 键，此时，"检零指示" 显示为 "0000"。

（3）测量：

① 拔出 "外标插孔" 的测试线。再用测试线将被测电动势按 "＋"、"－" 极性与 "测量插孔" 连接。

② 将 "测量选择" 旋钮置于 "测量"。

③ 调节 "$10^0 \sim 10^{-4}$" 五个旋钮，使 "检零指示" 显示数值为负且绝对值最小。

④ 调节 "补偿旋钮"，使 "检零指示" 显示为 "0000"，此时，"电位显示" 数值即为被测电池的电动势值。

3. 关机：首先关闭电源，再拔下电源线。

七、思考题

1. 为什么用本法测定电池反应的热力学函数变化值时，电池内进行的化学反应必须是可逆的，电动势又必须用对消法测定？

2. 上述电池的电动势与 KCl 溶液浓度是否有关？为什么？

实验十五　蔗糖水解反应速率常数的测定

一、实验目的

1. 了解旋光仪的基本原理，掌握旋光仪的正确使用方法；

2. 掌握一级反应的动力学特征；利用过量浓度法验证蔗糖水解对于蔗糖的反应级数为准一级；

3. 测定蔗糖水解反应的反应速率常数及半衰期。

二、实验原理

蔗糖在纯水中水解速度很慢，但是在催化剂作用下会迅速加快。常用的催化剂有 H^+ 和蔗糖酶等，其反应速率与温度、蔗糖浓度、水的浓度和催化剂 H^+ 的浓度均有关。

蔗糖酸催化转化的反应式为

$$C_{12}H_{22}O_{11}(蔗糖) + H_2O \xrightarrow{H^+} C_6H_{11}O_6(葡萄糖) + C_6H_{11}O_6(果糖)$$

蔗糖转化反应是一个复杂反应，反应速率方程可表示为：

$$-\frac{dc}{dt} = kc_{H_2O}^p c_{H^+}^q c_{C_{12}H_{22}O_{11}}^m \tag{15-1}$$

式中，c 为蔗糖浓度；p、q、m 分别为 H_2O、H^+ 和蔗糖的反应级数。研究表明，$p=6$，$q=1$，$m=1$，因此蔗糖转化反应实际上是一个八级反应。但在实验中，往往控制蔗糖水溶液的浓度在 10%（质量分数）以下，此时由于水的摩尔浓度比蔗糖的要大得多，反应达终点时，虽有部分水分子参加反应，但与蔗糖浓度相比可认为它的浓度自始至终没有改变，为一常数（某种反应物的浓度大到什么程度可以认为其浓度不变，并没有一定的标准，通常认为，为了保证反应是准一级的，至少需要过量 40 倍以上）；H^+ 是催化剂，反应过程中浓度不变。这两个常数可与反应速率常数合并为一个新的常数 k'，即

$$-\frac{dc}{dt} = kc_{H_2O}^p c_{H^+}^q c_{C_{12}H_{22}O_{11}}^m = k' c_{C_{12}H_{22}O_{11}}^m \tag{15-2}$$

此时 k' 称为表观速率常数，即通过实验测定的蔗糖转化反应的速率常数。因此，蔗糖转化反应可看作准一级反应。将式（15-2）积分，可得蔗糖浓度 c 与反应时间 t 的关系为

$$\ln c = \ln c_0 - k't \tag{15-3}$$

式中，c_0 为反应开始时反应物的浓度。当 $c = \frac{1}{2}c_0$ 时，t 可用 $t_{1/2}$ 表示，即为反应的半衰期。

$$t_{1/2} = \frac{\ln 2}{k'} = \frac{0.693}{k'} \tag{15-4}$$

式（15-4）说明一级反应的半衰期只取决于表观速率常数 k'，而与反应物的起始浓度无关，这是一级反应的动力学特征。同时，从式（15-3）可以看出，在不同反应时间测定反应物的相应浓度，并以 $\ln c$ 对 t 作图，可得一条直线，由直线斜率即可求出反应速率常数 k'。

本实验中反应物蔗糖、产物葡萄糖和果糖均为旋光物质。它们在 $20℃$ 时钠光灯作光源测得的比旋光度依次为 $66.65°$、$52.5°$、$-91.9°$，正值表示右旋，负值表示左旋。由于蔗糖的水解是能进行到底的，并且果糖的左旋度远大于葡萄糖的右旋度，因此在反应进程中，系统的旋光度将逐渐从右旋变为左旋。因而，可利用反应物和产物的旋光能力不同，通过观测系统在反应进程中旋光度的变化来观测反应的进程。

测量旋光度的仪器称为旋光仪。在相同条件下，某物质的旋光度与该物质的浓度成正比，系统的总旋光度为组成系统的各物质的旋光度之和。设反应时间为 0、t、∞ 时溶液的旋光度分别为 α_0、α_t、α_∞，则蔗糖转化过程中反应时间、浓度、旋光度的关系如下：

反应初始，$t=0$，蔗糖浓度为 c_0，葡萄糖与果糖浓度为 0，此时系统旋光度只有蔗糖的贡献，为 $\alpha_0 = A_1 c_0$（A_1 为比例系数）；

设 c 为反应进行到 t 时刻蔗糖的瞬时浓度，则 $t=t$ 时葡萄糖与果糖的浓度均为 $(c_0 - c)$，则此时系统的总旋光度 α_t 为：

$$\alpha_t = A_1 c + A_2 \cdot (c_0 - c) + A_3 \cdot (c_0 - c) = A_1 c + (A_2 + A_3) \cdot (c_0 - c) \tag{15-5}$$

式中 A_2、A_3 为比例系数。

由于蔗糖转化反应能够进行到底，且一分子蔗糖转化为一分子葡萄糖和一分子果糖，

故反应终止时葡萄糖和果糖的浓度等于蔗糖的初始浓度。

$$\alpha_\infty = A_2 c_0 + A_3 c_0 = (A_2 + A_3) c_0 \tag{15-6}$$

由式(15-5)、式(15-6) 可得到 α_0、α_t、α_∞ 与蔗糖浓度的关系式

$$\alpha_t - \alpha_\infty = A_1 c + (A_2 + A_3)(c_0 - c) - (A_2 + A_3) c_0 = (A_1 - A_2 - A_3) c \tag{15-7}$$

$$c = \frac{\alpha_t - \alpha_\infty}{A_1 - A_2 - A_3} \tag{15-8}$$

$$\alpha_0 - \alpha_\infty = A_1 c_0 - (A_2 c_0 + A_3 c_0) = (A_1 - A_2 - A_3) c_0 \tag{15-9}$$

$$c_0 = \frac{\alpha_0 - \alpha_\infty}{A_1 - A_2 - A_3} \tag{15-10}$$

将式(15-8) 和式(15-10) 代入式(15-3)，并整理得

$$\ln(\alpha_t - \alpha_\infty) = -k't + \ln(\alpha_0 - \alpha_\infty) \tag{15-11}$$

显然，可以通过测定反应进程中 t 时刻的旋光度 α_t 和反应终止时的 α_∞，以 $\ln(\alpha_t - \alpha_\infty)$ 对时间 t 作图，可得一条直线，由直线斜率可求得反应速率常数 k'，同时通过直线截距可以得到 α_0。

通常有两种方法得到 α_∞：一是将反应液放置48h以上，让其反应完全后测定旋光度；二是将反应液在58～60℃水浴中加热半小时以上再冷却到实验温度测定旋光度。前一种方法时间太长，实验中经常采用后一种方法，但不能温度过高，否则容易产生副反应，使溶液颜色变黄。

三、仪器和药品

旋光仪1台；10cm旋光管1个；150mL锥形瓶1个；25mL移液管1支；台秤1台；秒表1块；洗耳球1个；3mol·L^{-1} HCl溶液；蔗糖（A. R.）。

四、实验步骤

1. 熟悉旋光仪的使用方法及操作原理

打开旋光仪电源，稳定5min后使用。用蒸馏水校正旋光仪的零点（即 $\alpha = 0$ 时仪器对应的刻度）。

2. 蔗糖水解过程中 α_t 的测定

在150mL锥形瓶中配制质量分数约为20％的蔗糖水溶液25mL，用移液管吸取3mol·L^{-1} 的HCl溶液25mL放入锥形瓶中，加入一半时开始计时，加完迅速混合均匀，尽快用此溶液润洗旋光管2～3次后立即装满旋光管，盖上玻璃片，注意勿使管内存有气泡，旋紧套盖后立即放置在旋光仪中测定各时间 t 时溶液的旋光度 α_t。测定时要迅速准确，当将三分视野消失状态调节好的同时先记下时间，再读旋光度值。每隔5min测一次，经1小时后改为10min测定一次，100min停止实验。（注：反应前一定要考虑好如何开始计时，如何正确读数等。）

3. α_∞ 的测定

将步骤2中装有剩余的反应液的锥形瓶置于55～60℃水浴中继续反应50min，以加速水解，反应终止后冷却到室温测定其旋光度值，即为 α_∞，测定3次，求其平均值。

实验结束后，立即将旋光管洗净并放在洁净新换的蒸馏水中浸泡，同时擦拭干净旋光槽及仪器底座，以免残液腐蚀旋光管和旋光槽。

五、数据记录与处理

室温：_____℃　大气压：_____Pa　实验温度：_____℃

HCl 浓度：_____　蔗糖溶液：称量_____g 配成_____mL 溶液

零点：1._____；2._____；3._____

α_∞：1._____；2._____；3._____

表 15-1　不同反应时间 t 时刻溶液的旋光度 α_t

$t/\min$	5	10	15	20	25	30	35	40	50	60	80	100
α_t												
$\ln(\alpha_t-\alpha_\infty)$												

1. 根据表 15-1 数据，以 $\ln(\alpha_t-\alpha_\infty)$ 对 t 作图，通过直线斜率求反应速率常数 k'。

2. 计算蔗糖水解反应的半衰期 $t_{1/2}$。

六、实验指导

1. 旋光仪的使用注意事项

（1）接通电源，使光源稳定 5min，待完全发出钠黄光后，才可观察使用。

（2）用非旋光物质校正旋光仪的零点（一般是测定蒸馏水的旋光度值）。

校正时洗净旋光管各部分零件，将管的一端加上盖子，由另一端注满蒸馏水，在上面形成一个凸面，盖上玻璃片和套盖，旋紧套盖，注意勿使其漏水或有气泡产生，用滤纸或干布擦净旋光管两端玻璃片，并置于旋光仪的光路中，调节目镜使视野清晰，通过转动读数盘手轮旋转检偏镜，至三分视野消失时止（如图 15-1）。读数从放大镜中读出读数盘上的旋光度值（旋光度值应该读到小数点后两位，且第二位为 0 或 5）。

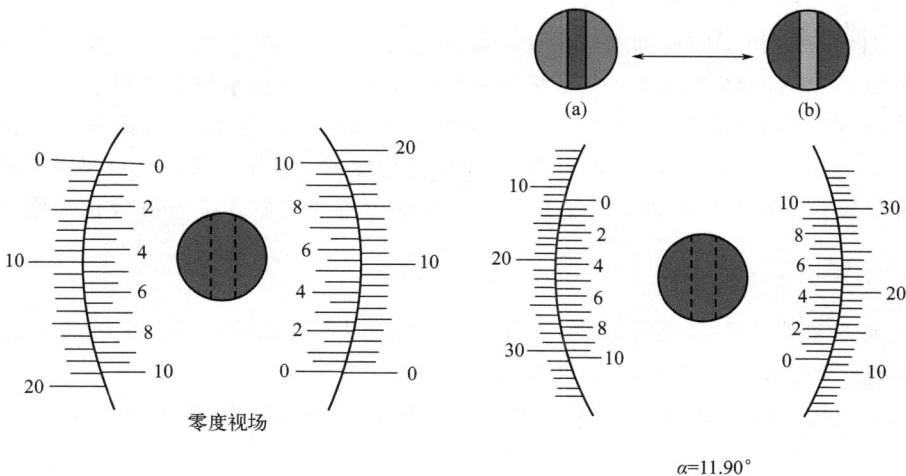

（a）　（b）

零度视场

$\alpha=11.90°$

图 15-1　旋光仪零度视场

由于在亮度较弱的情况下，人眼辨别亮度微小变化的能力较强，所以利用调节三分视野中亮与暗的变化进行读数比全场仅有亮与暗的两分视场灵敏得多。旋光仪视野中会出现图 15-2 四种情况，需要在图中（c）三分视野消失的全暗视野下进行读数。

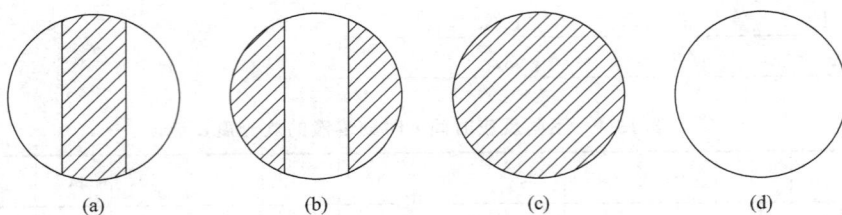

图 15-2　旋光仪会出现的四种视野

（3）把待测溶液装入旋光管时，应注意装上液体后的旋光管内不能有目视可见的气泡。旋光管要密封好，不要发生漏液现象。因此旋光管两端的封盖玻璃片及橡胶垫圈要放正，管盖要拧紧，但旋光管两端螺旋不能拧得太紧（一般以随手旋紧不漏液为止），以免护玻片产生假旋光现象，影响测定准确度，灌注液体时可用手指轻弹管壁，以驱赶附着在管壁上的小气泡。在液体装满旋光管后迅速压盖好玻璃片，并将两端窗口及外部残液擦拭干净。

（4）打开镜盖，把旋光管放入镜筒中测定，应把旋光管有圆泡一端朝上，以便把微小气泡存入，不致影响观察和测定。

（5）旋光管使用后，应及时用蒸馏水冲洗干净，并浸泡在蒸馏水中，定期换水，以防旋光管被酸腐蚀。

（6）旋光仪中的钠光灯不宜长时间开启，测量间隔较长时应先关闭电源，以免钠光灯损坏或温度过高对 α_t 的测定产生影响。

2. 配制蔗糖水溶液时要注意一定要使固体蔗糖完全溶解，并充分混匀后进行下一步操作。

3. 用加热法加快反应得到水解彻底产物测定 α_∞ 时，加热温度不宜超过 60℃，否则有副反应发生。加热过程中锥形瓶应加塞防止水的蒸发影响反应系统的浓度。

4. 影响旋光度的因素有：光的波长、温度和溶液浓度。通常采用钠光灯，其光的波长为 589.0～589.2nm。温度每升高 1℃，旋光度约降低 0.3%，因此，对要求高的测量应配套恒温装置。溶液浓度增加，旋光度增大。对旋光性小的物质应选择较长的旋光管。

七、实验拓展

1. 蔗糖在纯水中水解速度很慢，但在催化剂作用下会迅速加快，此时反应速率大小不仅与催化剂种类有关，而且与催化剂浓度有关。

若时间允许，可以改变催化剂浓度，研究催化剂浓度对蔗糖水解反应速率常数的影响。

2. 本实验除了用 H^+ 作为催化剂外，也可用蔗糖酶催化。后者的催化效率更高，并且用量可减少（详见实验十六）。

3. 药学应用：化学动力学在药学领域有着广泛应用。如药物在体内的吸收、分布、代谢以及排泄等过程都涉及动力学问题，许多药物的吸收和代谢过程都符合一级反应规律。另外药物制剂的稳定性以及有效期的预测也都涉及化学动力学的知识。

八、思考题

1. 绘出旋光仪可能的四种视野，并指出读数时采取哪种视野，为什么？
2. 为什么可用蒸馏水来校正旋光仪的零点？在本实验中若不进行零点校正对实验结果是否有影响？为什么？
3. 本实验采用动力学研究的什么方法来确定蔗糖水解为准一级？
4. 本实验中如何得到蔗糖水解彻底产物？操作过程中应注意什么？
5. 为什么配制蔗糖溶液可用台秤称量？称量不准确对实验结果有没有影响？

实验十六　蔗糖的酶催化转化反应

一、实验目的

1. 了解底物浓度与酶反应速率之间的关系；
2. 研究酶对蔗糖催化转化的反应动力学，并测定该反应的米氏常数 K_M 和反应速率常数。

二、实验原理

酶是由生物体内产生具有催化活性的一类蛋白质。这类蛋白质具有独特的催化特性，故而被称为生物催化剂。它和一般催化剂一样，在相对浓度较低的情况下，仅能影响化学反应速率，而不改变反应平衡点，反应前后本身不发生变化。酶的催化效率显著高于一般催化剂，通常在 $10^9 \sim 10^{12}$ 倍之间，且具有极高的选择性，一种酶通常只能催化一种或一类特定的反应物。由于酶是一类蛋白质，它们可以在常温、常压和近中性的溶液条件下表现出高效的催化作用。

酶反应速率与底物浓度、酶浓度、温度及 pH 等因素有关，因此在实验中必须严格控制这些条件。酶催化反应的机理最早是由米凯利斯（Michaelis）和门顿（Menten）于1914 年提出。该机理假设反应分两步进行：

第一步
$$E + S \underset{k_{-1}}{\overset{k_1}{\rightleftharpoons}} ES$$

第二步
$$ES \xrightarrow{k_2} P + E$$

其中，S 为反应物（亦称底物）；E 为酶；ES 为中间产物；P 为产物。第一步为快反应，生成中间产物后迅速达到平衡。平衡常数为 K。k_1，k_{-1} 分别为正逆反应速率常数。

第二步是慢反应。k_2 为中间产物 ES 分解为产物 P 和再生出酶 E 的分解反应速率常数。

因为第一步为快速平衡，可采用稳态近似法对 ES 进行处理

$$\frac{d[ES]}{dt} = k_1[S][E] - k_{-1}[ES] - k_2[ES] = 0 \tag{16-1}$$

$$[ES] = \frac{k_1[S][E]}{k_{-1}+k_2} = \frac{[E][S]}{K_M} \tag{16-2}$$

$$K_M = \frac{k_{-1}+k_2}{k_1} \tag{16-3}$$

K_M 称作米氏常数。

$$r = \frac{d[P]}{dt} = k_2[ES] = \frac{k_2[E][S]}{K_M} \tag{16-4}$$

$$K_M = \frac{[E][S]}{[ES]} \tag{16-5}$$

对于第一步快速平衡反应，有

$$K = \frac{[ES]}{[E][S]} \tag{16-6}$$

因此米氏常数相当于 $E+S=ES$ 的不稳定常数，$K_M = \dfrac{1}{K}$。

因为 $[E]+[ES]=[E_0]$，其中 $[E_0]$ 为酶的初始浓度，则

$$\frac{[ES]}{[E_0]} = \frac{K[E][S]}{[E]+[ES]} = \frac{\dfrac{K[S][E]}{[E]}}{\dfrac{[E]+[ES]}{[E]}} = \frac{K[S]}{1+K[S]} \tag{16-7}$$

用产物的生成速率表示转化速率，有

$$r = \frac{d[P]}{dt} = k_2[ES] = k_2[E_0]\frac{K[S]}{1+K[S]} \tag{16-8}$$

$$r = k'\frac{[S]}{1+K[S]} \qquad (k' = k_2 \cdot [E_0] \cdot K) \tag{16-9}$$

作 r-$[S]$ 图，其形状如图 16-1 所示。

当 $K[S] \ll 1$ 时，$r \approx k'[S]$，r-$[S]$ 为直线关系，直线斜率为 k'。$[S]$ 很小时反应对 S 来说是一级反应。

当 $K[S] \gg 1$ 时，$r = \dfrac{k'[S]}{K[S]} = \dfrac{k'}{K}$。即 r 不随 $[S]$ 而变，为一恒定值。R-$[S]$ 图形的渐近线为 $\dfrac{k'}{K}$。

取 r 为渐近线值的一半，有

$$\frac{k'}{2K} = \frac{k'[S]}{1+K[S]} \tag{16-10}$$

$$\frac{1}{2K} = \frac{[S]}{1+K[S]} \tag{16-11}$$

$$[S] = \frac{1}{K} = K_M \tag{16-12}$$

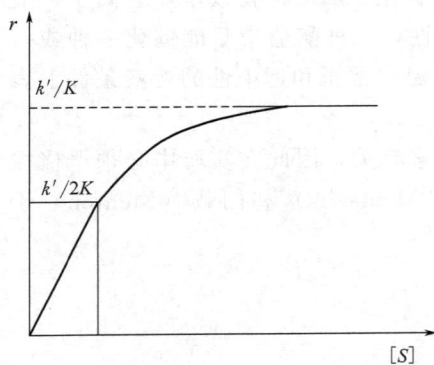

图 16-1 r-$[S]$ 曲线

即渐近线 r 值的一半所对应的 $[S]$ 值为米氏常数。

若由实验测得 r-$[S]$ 的对应关系，通过 r-$[S]$ 图可求出米氏常数 K_M 和 k'。再已知

酶的初始浓度 $[E_0]$，便可计算反应速率常数 k_2。

为了准确求得 K_M 值，可采用双倒数作图法，即将方程式(16-9) 改写成直线方程

$$\frac{1}{r}=\frac{1+K[S]}{k'[S]}=\frac{1}{k'[S]}+\frac{K}{k'}=\frac{1}{k'[S]}+\frac{1}{K_M k'} \tag{16-13}$$

由式(16-13)，$\frac{1}{r}$-$\frac{1}{[S]}$ 作图应为一直线，由直线的斜率和截距可求 K_M 和 k'。

为了求得 K_M 和 k'，需要测定一定条件下反应过程的 r 和 $[S]$ 数据。通过反应 $[S]$-t 对应关系的测定可求算 r，在酶催化蔗糖转化反应中，$[S]$ 的数据可由反应进程中系统旋光度的变化推算。

蔗糖转化酶是高效的蔗糖转化催化剂，蔗糖在酶催化下，可转化为葡萄糖和果糖。转化过程的方程式如下：

$$C_{12}H_{22}O_{11}(蔗糖)+H_2O \xrightarrow{酶} C_6H_{11}O_6(葡萄糖)+C_6H_{11}O_6(果糖)$$

在本实验中，反应物蔗糖、产物葡萄糖和果糖均为旋光物质，它们在 20℃时高压钠光灯作光源测得的比旋光度依次为 66.65°、52.5°、−91.9°，正值表示右旋，负值表示左旋。所以可以通过观察系统旋光度随时间的变化来确定反应进程。由于蔗糖的水解是能进行到底的，并且果糖的左旋度远大于葡萄糖的右旋度，因此在反应进程中，系统的旋光度将逐渐从右旋变为左旋。溶液的初始浓度越大，则最终溶液的左旋度也越大。

$C_{12}H_{22}O_{11}$(蔗糖)$+H_2O \xrightarrow{酶} C_6H_{11}O_6$(葡萄糖)$+C_6H_{11}O_6$(果糖)				系统旋光度
$t=0$	$[S_0]$	大量	0	0	α_0
$t=t$	$[S]$	大量	$[S_0]-[S]$	$[S_0]-[S]$	α_t
$t=\infty$	0	大量	$[S_0]$	$[S_0]$	α_∞

因为 $\alpha(蔗糖)=A_1 c(蔗糖)$，$\alpha(果糖)=A_2 c(果糖)$，$\alpha(葡萄糖)=A_3 c(葡萄糖)$，A_1、A_2、A_3 为比例常数，有

$$\alpha_0=A_1 \cdot [S_0] \tag{16-14}$$

$$\alpha_t=A_1 \cdot [S]+A_2 \cdot ([S_0]-[S])+A_3 \cdot ([S_0]-[S])=A_1 \cdot [S]+(A_2+A_3) \cdot ([S_0]-[S]) \tag{16-15}$$

$$\alpha_\infty=A_2 \cdot [S_0]+A_3 \cdot [S_0]=(A_2+A_3) \cdot [S_0] \tag{16-16}$$

$$\frac{\alpha_t-\alpha_\infty}{\alpha_0-\alpha_\infty}=\frac{[S]}{[S_0]} \tag{16-17}$$

所以

$$[S]=[S_0]\frac{\alpha_t-\alpha_\infty}{\alpha_0-\alpha_\infty} \tag{16-18}$$

由实验测得 α_0、α_∞ 以及不同时刻的 α_t，即能得到 $[S]$-t 的对应关系。作 $[S]$-t 图，曲线上某点的斜率为 $\frac{d[S]}{dt}$，而 $r=-\frac{d[S]}{dt}$。所以由 $[S]$-t 曲线求斜率的方法，可得 r-$[S]$ 的对应关系。再作 $\frac{1}{r}$-$\frac{1}{[S]}$，由图中直线的斜率和截距求 K_M 和 k'。再由 $k'=k_2 \cdot [E_0] \cdot K$ 求 k_2。

三、仪器和药品

旋光仪 1 台；秒表 1 块；50mL 烧杯 1 个；100mL 容量瓶 1 个；250mL 锥形瓶 1 个；10mL 锥形瓶 1 个；1mL 移液管 1 支；25mL 移液管 1 支；100mL 容量瓶 1 个；分析天平（公用）。

蔗糖（A. R.）；鲜酵母；乙酸钠（A. R.）；乙酸（A. R.）；蔗糖酶（由实验室制备）。

四、实验步骤

1. 用 100mL 容量瓶精确配制 $0.6mol \cdot L^{-1}$ 的蔗糖水溶液。

2. 用蒸馏水装满旋光管，测定旋光仪的零点，平行测定 3 次。

3. 用移液管准确移取 25mL $0.600mol \cdot L^{-1}$ 的蔗糖溶液及 25mL 蒸馏水放入洁净、干燥的锥形瓶中混合。再用移液管准确加入 0.5mL 蒸馏水，混匀。用该溶液润洗旋光管后，装入旋光管在反应温度下测定该溶液的旋光度（α_0）。

4. 在另一个洁净干燥的锥形瓶中，用移液管准确加入 25.0mL $0.600mol \cdot L^{-1}$ 的蔗糖溶液及 25.0mL 蒸馏水摇匀后，迅速加入 0.50mL 酶溶液并同时开始计时。用该溶液润洗旋光管后，装满旋光管，并放入旋光仪中，每隔 5min 用旋光仪测定该反应系统的旋光度（α_t）。70min 后结束。

5. 将步骤 5 剩余的反应液，置于 $40 \sim 50℃$ 水浴中，加热半小时，以加速反应完成。冷却后，用旋光仪测定反应温度下的旋光度。取出旋光管浸在水浴中加热 10min，冷却后，再在反应温度测定旋光度（旋光管外壁要擦干）。若两次测定值相同，则为 α_∞；若不相同则需再加热反应，继续测定直至旋光度恒定。

6. 实验完成后，清洗仪器，整理实验台；将旋光管清洗干净浸泡在蒸馏水中。

五、数据记录与处理

室温：_____   大气压：_____   实验温度：_____   蔗糖浓度：_____
零点：_____ α_0：_____ α_∞：_____

表 16-1   蔗糖溶液旋光度随时间变化

t/min	5	10	15	20	25	30	35	40	50	60	70
α_t											
$\dfrac{\alpha_t - \alpha_\infty}{\alpha_0 - \alpha_\infty}$											
[S]											

1. $[S] = [S_0] \dfrac{\alpha_t - \alpha_\infty}{\alpha_0 - \alpha_\infty}$，按照反应进程中蔗糖溶液旋光度的变化计算 [S]，所得结果列入表 16-1。

2. 根据表 16-1 数据作 [S]-t 图。由 [S]-t 图，过某点作曲线切线，求取各反应时刻的瞬时速率 $\left(r = -\dfrac{d[S]}{dt} \right)$。

3. 计算若干组同一时刻的 $\frac{1}{r}$ 及 $\frac{1}{[S]}$，并根据对应的 $\frac{1}{r}$-$\frac{1}{[S]}$ 作图，求 K_M 和 k'。再由 $k'=k_2 \cdot [E_0] \cdot K$ 求 k_2。

六、实验指导

蔗糖酶的制备：在 50mL 清洁的磨口锥形瓶中加入约 10g 鲜酵母。加少许无菌蒸馏水（把蒸馏水煮沸后冷却即成），把鲜酵母调成干糊状，再加 9g 醋酸钠。搅拌 20min 后再加入 1.5mL 甲苯，用磨口塞塞住瓶口摇动 10min。把此锥形瓶在 37℃ 放置 60h。取出后，再加入 1.6mL 4mol·L^{-1} 的 HAc 和 5mL 无菌水，使混合物的 pH 为 4.5 左右。过滤此混合物，滤液存放在 25mL 磨口锥形瓶中。用 5mL 无菌水冲洗原锥形瓶和滤纸上的沉淀，冲洗后的滤液与原滤液合并存放。（也可以以 3000r·min^{-1} 的转速离心 30min，取出后用滴管将中层澄清液移出，放置于冰柜中备用。）在滤液中加入 5mL 甲苯，甲苯层覆盖在酶液上面，以防细菌侵入。将得到的酶溶液放置在冰箱中保存。

酶易被细菌破坏而失去活性，故制备时所需一切器皿均需经过蒸煮消毒后才能使用。

七、实验拓展

也可用分光光度法进行该反应的动力学研究。

在酶催化反应中，底物浓度远远超过酶的浓度，在指定实验条件下，酶的浓度一定时，总的反应速率随底物浓度的增加而增加，直至底物过剩，此时底物浓度的进一步增加不再影响反应速率，反应速率为最大，以 r_{max} 表示。如图 16-2 所示。

米氏方程给出了酶反应速率和底物浓度的关系，即：$r=\dfrac{r_{max}[S]}{K_M+[S]}$，从式中可以看出，米氏常数是反应速率达到最大值一半时的底物浓度，即当 $r=\dfrac{1}{2}r_{max}$ 时，$K_M=[S]$。测定不同底物浓度时的酶反应速率，利用作图法，由

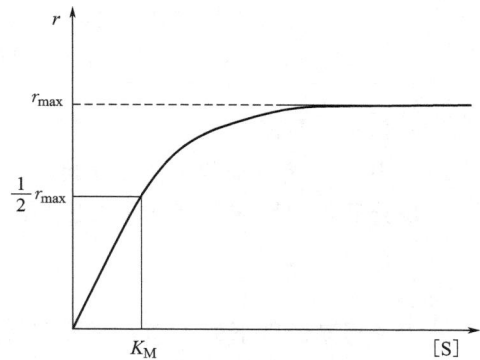

图 16-2　r-$[S]$ 相关图

$r=\dfrac{1}{2}r_{max}$ 处的相应位置就可以求出 K_M 的近似值。也可以用双倒数法，$\dfrac{1}{r}=\dfrac{K_M}{r_{max}} \cdot \dfrac{1}{[S]}+\dfrac{1}{r_{max}}$，通过直线作图求出 K_M 值。

葡萄糖是一种还原糖，它与 3,5-二硝基水杨酸共热（100℃）后被还原成棕红色的氨基化合物，在一定浓度范围内，还原糖（葡萄糖）的量和棕红色物质颜色的深浅程度成正比，因此可以用分光光度法来测定反应在单位时间内产生葡萄糖的量，从而计算出反应速率。测量不同底物（蔗糖）浓度的相应反应速率，就可以利用 $\dfrac{1}{r}$-$\dfrac{1}{[S]}$ 作图，从而计算米氏常数 K_M 值。

八、思考题

1. 蔗糖溶液和酶溶液浓度过高或过低对实验测定有什么影响？
2. K_M 和 k' 与哪些因素有关？
3. 配制测定 α_0 的溶液时，为什么还要加 $0.5mL$ 蒸馏水？

实验十七　乙酸乙酯皂化反应速率常数的测定

一、实验目的

1. 学习用电导法研究乙酸乙酯皂化反应的动力学规律。测定该反应在一定条件下的反应速率常数和半衰期。
2. 了解二级反应的特点，学会用作图法或计算法求二级反应的活化能。
3. 熟悉和掌握电导率仪的使用方法。

二、实验原理

乙酸乙酯皂化反应是一个典型的二级反应：
$$CH_3COOC_2H_5 + NaOH \longrightarrow C_2H_5OH + CH_3COONa$$
设反应物 $CH_3COOC_2H_5$ 与 $NaOH$ 的起始浓度相同，则反应速率方程为：
$$-\frac{dc}{dt} = kc^2 \tag{17-1}$$
式中，c_0 为反应物的起始浓度；c 为反应进行中任一时刻反应物的浓度。

积分后可得反应速率常数表达式：
$$\frac{c_0 - c}{c} = kc_0 t \tag{17-2}$$

为求得某温度下的 k 值，只要测得若干组反应过程中任一时刻 t 的浓度 c 即可。测定这一浓度的方法很多，可直接通过酸碱滴定法求得（化学法），或通过间接测定溶液电导而求得（物理法），本实验采用电导法。

本实验中乙酸乙酯和乙醇不具有明显的导电性，它们的浓度变化不会影响溶液的电导值。假定整个反应系统是在稀溶液中进行的，可以认为 CH_3COONa 和 $NaOH$ 是全部解离的，因此反应系统中参与导电的离子有 Na^+、OH^- 和 CH_3COO^-。而反应进程中 Na^+ 的浓度始终不变，对溶液的电导具有固定的贡献，而与电导的变化无关。系统中只有 OH^- 和 CH_3COO^- 的浓度变化对电导的影响较大，由于 OH^- 的迁移速率约是 CH_3COO^- 的 5 倍，所以随着反应的进行，溶液的电导随着 OH^- 的消耗而逐渐降低，最后趋于定值。

假设溶液在 $t=0$、$t=t$ 和 $t=\infty$ 时的电导分别为 G_0、G_t 和 G_∞，则 G_0 是 $t=0$ 时浓度为 c_0 的 $NaOH$ 溶液的电导，G_t 是 $t=t$ 时浓度为 c 的 $NaOH$ 溶液的电导与浓度为 (c_0-c) 的 CH_3COONa 溶液的电导之和，而 G_∞ 则是产物 CH_3COONa 溶液浓度为 c_0 时的电导。因稀溶液的电导与其浓度成正比，假设 OH^- 和 CH_3COO^- 的电导与浓度的比例系数分别为 K_1 和 K_2，则溶液中各反应物和产物的浓度和电导的关系如下：

$$G_0 = K_1 c_0 \qquad (17\text{-}3)$$

$$G_\infty = K_2 c_0 \qquad (17\text{-}4)$$

$$G_t = K_1 c + K_2 \cdot (c_0 - c) \qquad (17\text{-}5)$$

$$\frac{G_0 - G_t}{G_t - G_\infty} = \frac{c_0 - c}{c} \qquad (17\text{-}6)$$

将式(17-6)代入式(17-2)，得

$$\frac{G_0 - G_t}{G_t - G_\infty} = k c_0 t \qquad (17\text{-}7)$$

可见，只要测定 G_0、G_∞ 和不同时刻的 G_t 值，并以 $\dfrac{G_0 - G_t}{G_t - G_\infty}$ 对 t 作图可得一直线，该直线的斜率 $m = k c_0$，由斜率 m 可求得反应速率常数 k。由式(17-2)可知，此反应的半衰期 $t_{1/2}$ 为：$t_{1/2} = \dfrac{1}{k c_0}$，说明两种反应物起始浓度相同的二级反应，其半衰期 $t_{1/2}$ 与起始浓度成反比。

若测定不同温度下的速率常数 k，在温度变化范围不大时，反应速率常数与温度的关系符合阿伦尼乌斯公式

$$\ln k = -\frac{E_a}{R} \cdot \frac{1}{T} + A \qquad (17\text{-}8)$$

由式(17-8)看出，$\ln k$-$\dfrac{1}{T}$ 作图为一条直线，由直线的斜率和截距可求活化能 E_a 和指前因子 A。简易的办法可以测定两个反应温度对应的两个 k 值，把 k 和 T 代入式(17-9)，通过计算求出反应的活化能 E_a。

$$\ln \frac{k_2}{k_1} = -\frac{E_a}{R} \left(\frac{1}{T_2} - \frac{1}{T_1} \right) \qquad (17\text{-}9)$$

三、仪器和药品

电导率仪 1 台；DJS-1 电导电极（铂黑）1 支；恒温槽 1 套；停表 1 块；100mL 具塞锥形瓶 8 个；25mL 移液管 3 支；洗耳球 1 个。

0.01mol·L^{-1} NaOH 溶液（具体浓度待标定）；0.01mol·L^{-1} CH$_3$COOC$_2$H$_5$ 溶液（具体浓度同 NaOH）；0.005mol·L^{-1} CH$_3$COONa 溶液（具体浓度同 NaOH 标定浓度的一半）。

四、实验步骤

1. 打开电导率仪，预热 10min；在电极空载的情况下对电导率仪进行参数调节及量程选择。

2. 反应不同时刻电导 G_t 的测定。

(1) 取 25.0mL NaOH 溶液（0.01mol·L^{-1}）、30mL 左右 CH$_3$COOC$_2$H$_5$ 溶液（0.01mol·L^{-1}）放入两个锥形瓶中，于（25±0.1）℃左右的恒温槽中（如果夏天室温超过 25℃，可将第一个实验温度调至高出室温 2℃左右）恒温 10min 左右。

(2) 用移液管移取恒温的 CH$_3$COOC$_2$H$_5$ 溶液 25.0mL 加入恒温的 NaOH 溶液中，

加入一半时开始计时，全部加入后迅速摇匀，并将调节好洗净吸干的电极插入反应液中。5min 后开始读数，每 5min 记录一次电导值，共记录 9 个数据。

3. 取 25.0mL 0.01mol·L^{-1} NaOH 溶液和 25.0mL 蒸馏水放入洁净、干燥的锥形瓶中，摇匀，放入恒温槽中恒温 10min 左右，待电导值稳定后记录 G_0。

4. 将适量 0.005mol·L^{-1} 的 CH$_3$COONa 溶液装入洁净、干燥的锥形瓶（以液面没过电极的电导池为宜），放入恒温槽中恒温 10min 以上，待电导值稳定后记录其电导值 G_∞。

5. 调节恒温槽温度至（35±0.1）℃（或比第一个实验温度高 10℃）左右，重复步骤 2、3、4，测定第二个实验温度的实验数据。

五、数据记录与处理

室温：_____℃　　大气压：_____Pa　　c_0：_____mol·L^{-1}

实验温度 T_1：_____℃　　T_2：_____℃

表 17-1　不同温度下系统电导随时间的变化

	t/min	5	10	15	20	25	30	40	50	60
T_1	G_t									
	$\dfrac{G_0-G_t}{G_t-G_\infty}$									
T_2	G_t									
	$\dfrac{G_0-G_t}{G_t-G_\infty}$									

T_1：$G_0=$_____，$G_\infty=$_____；T_2：$G_0=$_____，$G_\infty=$_____。

1. 由所测 G_0、G_t 和 G_∞，计算 $\dfrac{G_0-G_t}{G_t-G_\infty}$，结果填入表 17-1。

2. 以 $\dfrac{G_0-G_t}{G_t-G_\infty}$ 对 t 作图，分别求出 T_1 和 T_2 时直线的斜率 m_1 和 m_2，并由直线斜率分别求出 T_1 和 T_2 时的反应速率常数 k_1 和 k_2，通过计算求出该反应的活化能 E_a。

3. 求此反应在 T_1 和 T_2 时的半衰期 $t_{1/2}$。

六、实验指导

1. DDS-307A 电导率仪的调节方法

温度补偿调节：按模式（"Mode"）键，温度闪动情况下调温度补偿系数至所需（本实验调至 25），如不在所需数值，使用 "▲""▼" 修改，改好后按确认（Enter）键；此时常数（显示为具体数值 0.01，0.1，1 或 10）闪动。

电导电极常数调节：使用 "▲""▼" 修改选择 1（本实验电极型号 DJS—1），按确认（"enter"）键；此时电导池常数的具体数值闪烁，使用 "▲""▼" 修改输入电导池常数具体数值（根据自己所用电极上标的具体数值输入），按确认（"Enter"）键。

量程选择：量程包含单位和数值，根据实验测定将会出现的最大值选择量程，本实验一般选择 2000μS/cm。如果测定数值超过 2000μS/cm，则选择 μS/cm 单位，并选择相应数值（通常为 1 或 2）。

若屏幕右上角的单位不显示 $\mu S/cm$（或 mS/cm），按模式（mode）键，改变单位，直至出现 $\mu S/cm$（或 mS/cm），此时按"▲""▼" 至出现 $2000\mu S/cm$（或 $1mS/cm$）。

接入电极：蒸馏水充分清洗电极，滤纸吸干，待用。

2. DDS-307A 电导率仪使用注意事项

（1）仪器应放置在平坦、干净、无灰尘的实验台上；仪器的安放位置应无大的振动。

（2）测量范围（量程选择）：仪器的量程与选择的电极常数有关，电极常数对应的量程范围如下：

电极常数 $K=0.01$ 时，可选择测量范围 $0.00\sim20.00\mu S/cm$；

电极常数 $K=0.10$ 时，可选择测量范围 $0.0\sim200.0\mu S/cm$；

电极常数 $K=1.00$ 时，可选择测量范围 $0\sim2000\mu S/cm$；

电极常数 $K=10.0$ 时，可选择测量范围 $0.0\sim20.00mS/cm$。

（3）电导率仪温度补偿的设定：温度补偿的功能是将实验温度下测得的电导率换算成 25℃下的数值。在不接温度电极的情况下开机，仪器会自动设定为手动温度补偿，手动温度补偿在温度选项下，可以修改温度补偿数值。

正常情况下，用温度计测出被测介质温度后，将温度补偿数值调整至测定温度，即可进行温度补偿；若把数值设置在 25，仪器就不进行温度补偿。若想实测某确定温度下电解质溶液的电导率时，不可进行温度补偿。

此实验若只想得到反应速率常数和活化能等一些数值，可有两种设置方式：

① 温度补偿数值设置为 25，则所得数据均为测定温度下的真实值，可对比看到在较高温度下的 G_0 和 G_∞ 数值明显比较低温度下的数值大，很好地证明了温度对电导测定的影响极大。

② 将温度补偿数值设置为实验温度，则改变恒温槽温度时需改变温度补偿的数值，此时得到的数据被还原为 25℃时的数值，此时无法对比高低温电导的变化，但仍可对比反应速率的快慢。

无论采取哪种设置方式，求得的反应速率常数不会受太大影响。

温度补偿一般采取固定的 2% 的温度补偿系数，与精确值之间存在误差，因此，建议采取第一种调整方式。原则上，在测定过程中，电导率仪的各种参数不能重新设定。

3. 反应物初始浓度的控制

（1）反应使用的 NaOH 溶液浓度要低于 $0.04mol \cdot L^{-1}$，否则电导与浓度不成正比。多次实验证明，NaOH 溶液的初始浓度为 $0.02mol \cdot L^{-1}$ 左右的时候，实验数据线性最佳。因此，如果仪器的量程允许，配制 NaOH 溶液浓度应控制在 $0.02mol \cdot L^{-1}$ 左右为宜。NaOH 溶液的初始浓度应精确标定。由于空气中的 CO_2 会溶入配制的 NaOH 溶液中，如标定过的 NaOH 溶液放置时间过久，需在使用前重新标定。$CH_3COOC_2H_5$ 需新配制。

（2）严格控制反应中 NaOH 溶液和 $CH_3COOC_2H_5$ 溶液的初始浓度相等。为此，一般先标定配制好的 NaOH 溶液的精确浓度，再用称重法精确配制 $CH_3COOC_2H_5$ 溶液和 CH_3COONa 溶液。

（3）$0.02mol \cdot L^{-1}$ NaOH 溶液的配制和标定。

称取 9g 左右的 NaOH 配制成 10000mL 水溶液，因为 NaOH 的浓度决定其他两个溶液的浓度，所以 NaOH 溶液在开始时最好多配一些，加少量水先洗去外部杂质，再加水溶解稀释至 10000mL。

标定 NaOH 用基准试剂邻苯二甲酸氢钾，用前需在 105～110℃烘干 1h，放在干燥器中冷却至室温，备用。

准确称取已烘干恒重的邻苯二甲酸氢钾 1g 左右，用容量瓶配成 250mL 水溶液。

用移液管准确移取配制好的邻苯二甲酸氢钾水溶液 25mL，加 1-2 滴酚酞指示剂，用 NaOH 溶液滴定，由无色滴定至微红色即为终点，记录所用 NaOH 溶液体积。

酚酞指示剂的配制：1g 酚酞溶于 100mL 95％乙醇中。

$$c_{NaOH} = \frac{\frac{w_{邻苯二甲酸氢钾}}{10} \times 1000}{V_{NaOH} \cdot M_{邻苯二甲酸氢钾}} \quad (M_{邻苯二甲酸氢钾} = 204.22)$$

（4）$CH_3COOC_2H_5$ 溶液和 CH_3COONa 溶液的配制。

$CH_3COOC_2H_5$ 溶液：称重法配制，用前新配，浓度应与刚刚标定的 NaOH 溶液完全一致。

CH_3COONa 溶液：称重法配制，浓度是刚刚标定的 NaOH 溶液浓度的 1/2。

4. 实验注意事项

（1）温度对反应速率常数影响极大，测定过程中必须精确调节恒温槽温度，并随时观察恒温槽温度，最后准确记录实验温度。

（2）实验过程中必须保持电导池常数不变。操作时不要触及电极的铂黑，以防止铂黑脱落而改变电导池常数。

（3）实验过程中所用仪器均需干燥，以免影响浓度。

（4）平时应将电导池浸泡在蒸馏水中保存。

（5）乙酸乙酯皂化反应是一个吸热反应，所以在混合后的起始几分钟内所测得的电导偏低，因此最好在反应 4～6min 后开始记录，否则所做图形有可能是一个抛物线，而非直线。

（6）测定 G_0 时，所用蒸馏水应该先煮沸，否则由于蒸馏水中溶有 CO_2，降低了 NaOH 的浓度致使 G_0 偏低。另外，测量第二个实验温度的 G_0 时，如仍用第一个温度的溶液而不调换，由于放置时间过长，溶液会吸收空气中的 CO_2，进而降低 NaOH 的浓度，造成 G_0 偏低，最终导致反应速率常数偏低。因此强烈建议在测第二个实验温度的 G_0 时重新配制 NaOH 溶液。

5. G_∞ 的测定

测定方法有两种：一是将反应系统放置 4～5h，让反应进行完全，然后在同样的条件下测定其溶液的电导；二是配制相应浓度的乙酸钠溶液在同样的条件下测定其溶液的电导。实验中采取的是第二种方法。

6. HK-2A 循环水泵式恒温槽的调整方法

接通电源，打开开关，此时蓝色控温灯应不亮，在控温灯不亮的情况下可设置所需控温温度，设置方法如下（以设置 37.00 为例）：

在控温灯灭的状态下，通过按 +1 或 -1 按钮，将蓝色数字变成 00.03，按 ［×10］ 按钮，使蓝色数字变成 00.30；接着按 +1 或 -1 按钮，调成 00.37，再按 ［×10］ 按钮两次，调成 37.00；按下设定按钮，使蓝色控温灯亮，此时不能调整控温温度，转为加热控温状态。

　　7. 反应速率常数

　　反应速率常数的单位为：浓度$^{1-n}$·时间$^{-1}$。不同温度下乙酸乙酯皂化反应速率常数文献值参考表 17-2。

表 17-2　不同温度下乙酸乙酯皂化反应速率常数文献值

$t/℃$	$k/\text{L} \cdot \text{mol}^{-1} \cdot \text{min}^{-1}$	$t/℃$	$k/\text{L} \cdot \text{mol}^{-1} \cdot \text{min}^{-1}$	$t/℃$	$k/\text{L} \cdot \text{mol}^{-1} \cdot \text{min}^{-1}$
15	3.3521	24	6.0293	33	10.5737
16	3.5828	25	6.4254	34	11.2382
17	3.8280	26	6.8454	35	11.9411
18	4.0887	27	7.2906	36	12.6843
19	4.3657	28	7.7624	37	13.4702
20	4.6599	29	8.2622	38	14.3007
21	4.9723	30	8.7916	39	15.1783
22	5.3039	31	9.3522	40	16.1055
23	5.6559	32	9.9457	41	17.0847

　　反应活化能文献值：$E_a = 47.3 \text{kJ} \cdot \text{mol}^{-1}$。

七、实验拓展

　　1. 式(17-7)可以变换成其他不同的直线化方程（表 17-3）作图，由直线的斜率可求得反应速率常数 k 值。

表 17-3　几种直线化方程及作图变量

序号	直线化方程	作图变量		斜率	截距	需测量
		Y	X			
1	$\dfrac{G_0 - G_t}{G_t - G_\infty} = kc_0 t$	$\dfrac{G_0 - G_t}{G_t - G_\infty}$	t	kc_0	0	G_0 G_t G_∞ t
2	$G_t = \dfrac{1}{kc_0} \cdot \dfrac{G_0 - G_t}{t} + G_\infty$	G_t	$\dfrac{G_0 - G_t}{t}$	$\dfrac{1}{kc_0}$	G_∞	G_0 G_t t
3	$\dfrac{1}{G_t - G_\infty} = kc_0 \dfrac{t}{G_0 - G_\infty} + \dfrac{1}{G_0 - G_\infty}$	$\dfrac{1}{G_t - G_\infty}$	$\dfrac{t}{G_0 - G_\infty}$	kc_0	$\dfrac{1}{G_0 - G_\infty}$	G_t G_∞ t
4	$G_t = -kc_0 (G_t - G_\infty)t + G_0$	G_t	$(G_t - G_\infty)t$	$-kc_0$	G_0	G_t G_∞ t
5	$\dfrac{1}{G_0 - G_t} = \dfrac{1}{kc_0(G_0 - G_\infty)t} + \dfrac{1}{G_0 - G_\infty}$	$\dfrac{1}{G_0 - G_t}$	$1/t$	$\dfrac{1}{kc_0}\dfrac{1}{(G_0 - G_\infty)}$	$\dfrac{1}{G_0 - G_\infty}$	G_0 G_t t

2. 如果 $CH_3COOC_2H_5$（简写为 A，初始浓度为 a）和 NaOH（简写为 B，初始浓度为 b）溶液的起始浓度不相等，应如何计算？

$$A+B \xrightarrow{k_2} P+\cdots$$

$$
\begin{array}{cccc}
t=0 & a & b & 0 \\
t=t & a-x & b-x & x
\end{array}
$$

$$-\frac{dc_A}{dt}=-\frac{dc_B}{dt}=-\frac{d(a-x)}{dt}=-\frac{d(b-x)}{dt}=\frac{dx}{dt}=k_2(a-x)(b-x) \qquad (17\text{-}10)$$

将（17-10）两边积分，得

$$\int \frac{dx}{(a-x)(b-x)}=\int k_2 dt \qquad (17\text{-}11)$$

对式（17-11）定积分可得

$$k_2=\frac{1}{t(a-b)}\ln\left[\frac{b(a-x)}{a(b-x)}\right] \qquad (17\text{-}12)$$

由式（17-12），可通过计算或作图求得反应速率常数 k_2。

如果 $CH_3COOC_2H_5$ 和 NaOH 溶液的起始浓度分别为 a 和 b，则速率方程可用电导表示为

$$\ln \frac{G_t+G_0\left(\dfrac{a}{b}-1\right)-G_\infty\,\dfrac{a}{c}}{G_t-G_\infty\,\dfrac{b}{c}}=k(a-b)t+\ln\frac{a}{b} \qquad (17\text{-}13)$$

式中，G_0 为反应开始时系统的电导；G_t 为时刻 t 时系统的电导；G_∞ 为反应进行完全后系统中产物 CH_3COONa 的电导；c 为完成反应后 CH_3COONa 的浓度（若 $a>b$ 时，$c=b$；若 $a<b$ 时，$c=a$）。

试推导上述以电导表示的速率方程式。

3. 根据乙酸乙酯皂化反应过程中 pH 逐渐下降的特点，可设计利用酸度计测定反应速率常数和活化能的方法。[1][2]

$$CH_3COOC_2H_5+OH^- \Longrightarrow CH_3COO^-+C_2H_5OH$$

反应速率方程为：

$$r=\frac{dx}{dt}=k(a-x)(b-x) \qquad (17\text{-}14)$$

若起始浓度相同（$a=b=c_0$），对该式积分简化得：

$$k=\frac{1}{t}\cdot\frac{x}{a(a-x)} \qquad (17\text{-}15)$$

设 t 时刻溶液的 pH 值为 $\varepsilon(t)$，则此时溶液 OH^- 的浓度

$$c_t(OH^-)=10^{pH-14} \qquad (17\text{-}16)$$

即

$$c_0-x=10^{pH-14} \qquad (17\text{-}17)$$

[1] 张杰. pH 值测定法对乙酸乙酯皂化反应的研究. 安徽化工，2016，42（6）：107.

[2] 邵水源，刘向荣，庞利霞等. pH 值法测定乙酸乙酯皂化反应速率常数，西安科技学院学报，2004，24（2）：196.

$$kc_0 = \frac{1}{t} \cdot \frac{c_0 - 10^{pH-14}}{10^{pH-14}} \tag{17-18}$$

$$kc_0 t \cdot 10^{pH-14} = c_0 - 10^{pH-14} \tag{17-19}$$

可见用 $c_0 - 10^{pH-14}$ 对 $t \cdot 10^{pH-14}$ 作图，可得一条直线，该直线的斜率 $m = kc_0$。

4. 设计实验利用电导法标定本实验所使用的 NaOH 溶液的浓度。〔提示：电导滴定法〕

5. 利用电导设计实验，区分高纯水、自来水、矿泉水、海水、糖水等。

八、思考题

1. 为什么本实验中 $CH_3COOC_2H_5$ 与 NaOH 溶液浓度必须足够稀？

2. 为什么以 $0.005mol \cdot L^{-1}$ NaOH 和 $0.005mol \cdot L^{-1}$ 的 CH_3COONa 溶液测得的电导，就可以认为是 G_0 和 G_∞？

3. 本实验为什么要在恒温下进行？

4. 被测溶液的电导与哪些离子的浓度有关？电导的变化与哪些离子有关？反应进程中溶液的电导如何变化？

5. 简述电导率仪的使用中需要调整哪几个参数，并说明本实验调整的依据。

6. 针对乙酸乙酯皂化反应过程中 pH 逐渐下降的特点，有人提出采用 pH 法测定乙酸乙酯皂化反应速率常数，分析此方法的可行性。

实验十八　丙酮碘化反应的速率方程

一、实验目的

1. 掌握研究复杂反应的反应级数的动力学方法。
2. 了解丙酮碘化反应的反应机理和特征。
3. 掌握分光光度计的使用方法。
4. 利用分光光度计测定酸催化丙酮碘化反应的反应级数和反应速率常数。

二、实验原理

在化学反应动力学研究中，表示反应速率与浓度等参数之间的关系，或表示浓度等参数与时间关系的方程称为化学反应的速率方程，也称为动力学方程。速率方程可表示为微分式或积分式，其具体形式随不同反应而异，必须由实验来确定。大多数化学反应是由若干个基元反应组成的。这类复杂反应的反应速率和反应物浓度之间的关系大多不能用质量作用定律来确定。以实验方法测定反应速率和反应物浓度的计量关系，是研究反应动力学的一个重要内容。对复杂反应，可采用一系列实验方法获得可靠的实验数据，并据此建立反应速率方程，以其为基础，推测反应的机理，提出反应模式。

孤立法（或称过量浓度法）是化学动力学中测定反应级数常用的一种方法。基本方法是在一组实验中保持除某一选定反应物 A 以外的其他反应物浓度大大过量，这时反应过程中只有选定反应物 A 的浓度有变化，而其他反应物的浓度基本保持不变，这时速率方程可以表示为：

$$r = k'A^\alpha \tag{18-1}$$

根据上式借助实验数据可以计算出 α，由此求出反应对该选定反应物的反应分级数。按上述思路，可以计算出其他反应物的分级数 β、$\gamma\cdots$，则反应级数为

$$n = \alpha + \beta + \gamma + \cdots \tag{18-2}$$

丙酮碘化反应是一个复杂反应，在酸性条件下，该反应在初始阶段的反应方程式为：

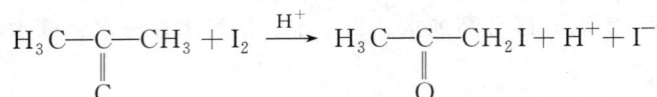

$$H_3C-\overset{\underset{\textstyle C}{\|}}{C}-CH_3 + I_2 \xrightarrow{H^+} H_3C-\overset{\underset{\textstyle O}{\|}}{C}-CH_2I + H^+ + I^-$$

此反应中，H^+ 作为催化剂，又是反应产物之一，所以这是一个自催化反应。又因为反应会进一步发生多元碘化反应，并不停留在生成一元碘化丙酮的阶段，一般通过在实验中控制反应条件的方法，测定初始阶段的反应速率。此反应在初始阶段的速率方程可表示为：

$$r = \frac{dc_E}{dt} = -\frac{dc_A}{dt} = -\frac{dc_{I_2}}{dt} = kc_A^p c_{I_2}^q c_{H^+}^f \tag{18-3}$$

式中，c_A 为丙酮的浓度；c_E 为产物碘化丙酮的浓度；c_{H^+} 为氢离子的初始浓度；c_{I_2} 为碘的初始浓度（浓度单位为 $mol \cdot L^{-1}$）；p 为丙酮的反应级数；q 为碘的反应级数；f 为氢离子的反应级数；k 为丙酮碘化反应总的速率常数，又称表观速率常数。

实验证实如果在反应系统中反应物碘的浓度比较低，丙酮和酸对碘大大过量，则反应在碘完全消耗之前，丙酮和酸的浓度可认为基本保持不变，此时反应将限制停留在生成一元碘化丙酮的阶段进行。这也符合前面提到的过量浓度法，也就是孤立法。因此，在本实验中，可采取过量浓度法控制丙酮和酸对碘大大过量，从而使碘化反应停留在一元碘化阶段，同时又可以将碘孤立出来，作为研究对象，通过反应级数的测定方法（通常用积分法或微分法）获得碘的反应级数。

实验证明在酸浓度较低的条件下，丙酮碘化反应对碘是准零级反应，即 q 为零。也就是反应速率与碘的浓度大小无关（酸度很高的情况除外），因此直到碘全部消耗之前，此反应的反应速率将是常数。即

$$r = \frac{dc_E}{dt} = -\frac{dc_{I_2}}{dt} = kc_A^p c_{H^+}^f = 常数 \tag{18-4}$$

对 t 积分，得

$$c_E = -c_{I_2} = kc_A^p c_{H^+}^f \, t + B \quad （B \text{ 为积分常数}） \tag{18-5}$$

因此可以由 c_{I_2} 的变化确定 c_E 的变化，并可由 c_{I_2} 对时间 t 作图，求得反应速率 r。

如何来观测碘的浓度呢？

由于碘在可见光区有一个比较宽的吸收带，而在此吸收带中系统中其他物质如盐酸、丙酮、碘化丙酮和碘化钾都没有明显的吸收，因而本实验可用分光光度计来测定反应进程中碘浓度随时间变化的关系，间接获得不同时刻碘化丙酮的浓度，从而测量反应速率。

根据朗伯-比尔定律，在某指定波长下，吸光度 A 与碘浓度 c_{I_2} 的关系为：

$$A = \varepsilon l c_{I_2} = -\lg T \tag{18-6}$$

其中，ε 为摩尔吸光系数；l 为溶液厚度（也就是比色皿的光路长度）；T 为透射率。当所用比色皿光路长度一定时，式中 εl 为一常数，可以通过对一系列已知浓度碘溶液的吸光度测量作图来求得。如果测量精确度要求不高，εl 也可以通过对已知浓度碘溶液的吸

光度测量直接计算求得。

$$\lg T = -\varepsilon l c_{I_2} = k(\varepsilon l) c_A^p c_{H^+}^f \, t + B \tag{18-7}$$

由式(18-7)可知，$\lg T$ 对时间 t 作图应为一条直线，直线斜率为

$$m = k(\varepsilon l) c_A^p c_{H^+}^f \tag{18-8}$$

如果已知分级数 p、f，则通过直线的斜率可求反应速率常数 k。

由于丙酮碘化反应是一个复杂反应，为了控制反应停留在一元碘化丙酮阶段，必须使丙酮和酸的浓度大大过量于碘的浓度，因此本实验无法通过过量浓度法求得丙酮和酸的分级数。此种情况下也可以设计一组反应溶液，在每次实验中只改变其中某一种反应物的起始浓度，而其他反应物的浓度保持不变，由此求得各个反应物的分级数。这种实验方法在化学动力学研究中叫作改变物质数量比例的方法，是化学动力学在研究多种反应物参与的实验中得到各种反应物反应分级数的一种方法。

为了确定丙酮的反应级数 p，至少需要做两次实验，用下角标数字分别表示各次实验。当两次实验中丙酮初始浓度不同，而氢离子、碘的初始浓度分别相同时，即 $c_{A2} = u c_{A1}$（u 为摩尔浓度倍数），$c_{H^+2} = c_{H^+1}$，$c_{I_22} = c_{I_21}$。则有

$$\frac{r_2}{r_1} = \frac{k c_{A2}^p c_{H^+2}^f c_{I_22}^q}{k c_{A1}^p c_{H^+1}^f c_{I_21}^q} = \frac{u^p c_{A1}^p}{c_{A1}^p} = u^p \tag{18-9}$$

由于反应相对于碘为零级，因此由碘的 $\lg T$ 对时间 t 作图，所得直线的斜率之比即为两次反应速率之比，即：

$$\frac{r_2}{r_1} = u^p = \frac{m_2}{m_1} \tag{18-10}$$

由此通过两次实验可求得反应级数 p。

同理，当两次实验中丙酮、碘的初始浓度分别相同，而酸的浓度不同时，可求得相对于酸的反应级数 f。而当两次实验中丙酮、酸的初始浓度分别相同，碘的浓度不同时，又可求得反应相对于碘的反应级数 q。

由此可见，只需要设计最少 4 次实验，就可分别求得反应相对于丙酮、碘和氢离子的反应分级数 p、q 和 f，从而求得实验温度下的反应速率常数 k。若设计测定不同温度下的反应速率常数，由阿伦尼乌斯公式

$$\ln k = -\frac{E_a}{RT} + A \tag{18-11}$$

$\ln k$-$\frac{1}{T}$ 作图为一条直线，由直线的斜率和截距可求活化能 E_a 和指前因子 A。简易的办法可以测定两个不同反应温度下的速率常数 k_1 和 k_2，根据式(18-12)可计算反应的活化能 E_a。

$$\ln \frac{k_2}{k_1} = \frac{E_a}{R}\left(\frac{T_2 - T_1}{T_2 T_1}\right) \tag{18-12}$$

三、仪器和药品

分光光度计 1 台；1cm 比色皿 2 个；秒表 1 块；50mL 容量瓶 5 个；5mL 和 10mL 移液管各 3 支。

丙酮溶液（$2.00 \text{mol} \cdot \text{L}^{-1}$，称重准确配制）；HCl 溶液（$1 \text{mol} \cdot \text{L}^{-1}$ 左右，需标

定）；I_2 标准溶液（$0.01mol \cdot L^{-1}$ 左右，含 2％ KI，需用前标定）。

四、操作步骤

1. 调整分光光度计

本实验使用 T6 型紫外-可见分光光度计跟踪系统中反应物碘的浓度。T6 型分光光度计的使用方法可参考实验十。

在使用仪器前，应该对仪器进行检查，样品池内无遗留。开启电源，屏幕灯亮。待自检结束后，选择光度测量 T‰方式，仪器需要稳定 10min 左右。

将波长调至 550nm 处，取光径长为 1cm 的比色皿，用蒸馏水作参比，轻按"ZERO"按钮，仪器校零。

2. 研究碘浓度对反应速率的影响

准确移取 5mL $1mol \cdot L^{-1}$ HCl 溶液及 5mL $0.01mol \cdot L^{-1}$ 的标准碘溶液放入编号为 1 的 50mL 容量瓶中，加入接近 30mL 蒸馏水，移取 $2mol \cdot L^{-1}$ 丙酮溶液 10mL 加入 1 号溶液中，加到一半时开始计时，全部加完后快速用蒸馏水稀释至刻度并摇匀。用该溶液润洗比色皿 2～3 次后将溶液注入比色皿中，放入样品池，测定反应在不同时刻的透射率（每隔 1min 读取记录一次数据），记录时间 30min。

按表 18-1 中的配比，重复以上步骤测定 2 号和 3 号反应液在反应不同时刻碘的透射率。

通过任意两次实验可求得反应相对于碘的反应级数。

表 18-1　各反应物浓度对反应速率的影响

实验编号	1 号	2 号	3 号	4 号	5 号	6 号	7 号
HCl 溶液/mL	5	5	5	8	10	5	5
碘溶液/mL	5	8	10	5	5	5	5
蒸馏水/mL	30	27	25	27	25	35	32
丙酮溶液/mL	10	10	10	10	10	5	8

3. 盐酸浓度及丙酮浓度对反应速率的影响

按表 18-1 配比，测定实验编号 1、4 和 5 的反应液在不同时刻碘的透射率，可以研究 HCl 浓度对反应速率的影响，从而求得反应相对于 HCl 溶液的反应级数。若透射率变化较快，则改为每隔 30s 记录一次数据。

同理，实验编号 1、6 和 7 可以研究丙酮的浓度变化对反应速率的影响，从而求得丙酮的反应级数。

4. 检验朗伯-比尔定律，测定 εl 值

准确配制一系列标准碘溶液的稀释液：准确移取 2、4、6、8、10mL 的 $0.01mol \cdot L^{-1}$ 标准碘溶液于 5 个 50mL 容量瓶中，用蒸馏水稀释至刻度。测定各浓度碘溶液的吸光度（或透射率）值。

五、数据记录与处理

室温：_____℃　大气压：_____Pa　实验温度：_____℃

HCl 浓度：_____$mol \cdot L^{-1}$　碘浓度：_____$mol \cdot L^{-1}$

丙酮浓度：_____$mol \cdot L^{-1}$

表 18-2　各反应物浓度对反应速率的影响

1 号	t	
	$T/\%$	
	$\lg T$	
2 号	t	
	$T/\%$	
	$\lg T$	
3 号	t	
	$T/\%$	
	$\lg T$	
4 号	t	
	$T/\%$	
	$\lg T$	
5 号	t	
	$T/\%$	
	$\lg T$	
6 号	t	
	$T/\%$	
	$\lg T$	
7 号	t	
	$T/\%$	
	$\lg T$	

表 18-3　不同浓度碘溶液的吸光度（透射率）

标准碘体积/mL		2	4	6	8	10
碘浓度/mol·L^{-1}						
A（或 T）测定值	第 1 次					
	第 2 次					
	第 3 次					
	平均值					

1. 根据表 18-2 中的数据以 $\lg T$-t 作图，可得直线，分别求出直线的斜率 $m_1 \sim m_7$。通过斜率及反应物数量比例求反应级数 p、q 和 f。

2. 根据表 18-3 数据作图，通过直线斜率得到 εl 值。

3. 任选 1～7 号实验中的 3～4 次实验（每组实验至少选一个）分别计算实验中各物质的初始浓度，并计算实验温度下的反应速度常数 k 值（令 $p=1$，$f=1$）。

编号	HCl 浓度/mol·L^{-1}	丙酮浓度/mol·L^{-1}	碘浓度/mol·L^{-1}	反应速率常数 k

六、实验指导

1. 温度对反应速率有一定的影响，本实验在开始测定透射率后未考虑温度的影响。实验表明，如选择较大的比色皿和在不太低的气温条件下进行实验，在数分钟之内溶液的温度变化不大。如条件允许，可选择带有恒温夹套的分光光度计，并与超级恒温槽相连，保持反应温度。

2. 当碘浓度较高时，丙酮可能会发生多元取代反应。因此，要控制丙酮浓度大于碘浓度40倍以上，以减小实验误差。因此本实验采用的是动力学研究中的过量浓度法，也叫孤立法。

3. 动力学的计时方法一般是最后一种关键物质加到一半时开始计时，但实际上本实验向溶液中加入丙酮后，反应就开始进行。理论上这个时间差不会影响实验结果，但如果从加入丙酮到开始读数之间的延迟时间过长，反应很快进行，可能无法读到足够的数据，甚至会发生开始读数时透射率已超过80%的情况，当酸浓度或丙酮浓度较大时更容易出现这种情况。为了避免实验失败，应在加入丙酮前先调好分光光度计零点，加入丙酮后尽快操作，至少在2min之内应读出第一组数据。

4. 实验容器应用蒸馏水充分洗涤，所用移液管必须专液专用，否则可能会引入不该有的杂质参与反应使实验失败。

5. 为测得准确的 $A(T)$ 数据，一定要使分光光度计光源稳定后再开始测定；每次测定前一定要洗净比色皿，并用待测液多次润洗，防止比色皿沾污，若比色皿内有颜色挂壁，可用无水乙醇浸泡清洗；要经常核对、校正仪器的波长和零点；εl 常数与比色皿光径长有关，因此必须使用同一只比色皿进行校零和测定；拿取比色皿时，手指只能捏住比色皿的毛玻璃面，而不能碰触其光面，比色皿中加入待测液的量应为比色皿体积的 $2/3 \sim 3/4$。

6. 因碘在可见光区为一个宽的吸收峰，本实验所用波长，各教材有多种选择，有研究发现，所测得的反应速率常数和波长有关，因此，丙酮碘化反应实验所测得的速率常数 k，不仅要指明是什么温度下的 k，也要指明是什么波长下测得的。有必要进行更多的实验来研究波长选择对反应速率常数的影响。

7. 特别注意：本实验生成物碘化丙酮对眼睛有刺激作用。故千万注意不要溅入眼睛，测定过程中一定将反应液收集在废液缸中，测定完毕应将废液倒入指定的回收瓶中，不要随便乱倒。

8. 如果实验时间有限，可通过四组实验（最少实验次数）求出三种反应物的反应分级数。

实验编号	标准碘溶液/mL	标准 HCl 溶液/mL	蒸馏水/mL	丙酮溶液/mL
1 号	10.00	5.00	25	10.00
2 号	10.00	5.00	30	5.00
3 号	5.00	2.50	32.5	10.00
4 号	5.00	5.00	30	10.00

9. 参考文献值（因反应速率常数与测定波长有关，文献数据仅供参考）

$k(25)=2.86\times10^{-5}\,L\cdot mol^{-1}\cdot s^{-1}$　　$(1.72\times10^{-3}\,L\cdot mol^{-1}\cdot m^{-1})$

$k(30)=3.60\times10^{-5}\,L\cdot mol^{-1}\cdot s^{-1}$　　$(2.16\times10^{-3}\,L\cdot mol^{-1}\cdot m^{-1})$

$k(35)=8.80\times10^{-5}\,L\cdot mol^{-1}\cdot s^{-1}$　　$(5.28\times10^{-3}\,L\cdot mol^{-1}\cdot m^{-1})$

活化能 $E_a=86.2\,kJ\cdot mol^{-1}$

七、实验拓展

1. 本实验也可以测定溴化反应的速率常数，原理相同，所用波长可用 450nm。

2. 设计实验测定丙酮碘化反应的活化能。

提示：根据阿伦尼乌斯公式，估算反应的活化能 E_a 值，可参考乙酸乙酯皂化反应的实验。

3. 设计实验探讨不同离子强度对丙酮碘化反应的反应速率常数、活化能、指前因子、摩尔活化焓和摩尔活化熵变的影响。

可参考文献：凌锦龙，张建梅. 盐效应对丙酮碘化反应动力学参数的影响 [J]. 化学研究与应用，2008，18（7）：844.

4. 设计实验探讨不同波长对丙酮碘化反应的反应速率常数的影响。

可参考文献：宋皖英. 波长对丙酮碘化反应实验的影响 [J]. 合肥师范学院学报，2008，26（6）：79.

5. 实际应用。

本实验在药物作用机理的研究中有广泛的应用。如酮洛芬、苹果酸奈诺沙星胶囊、多沙唑嗪对映体、人参皂苷 A、紫杉醇脂质纳米粒的药代动力学研究，可阐明药物的作用机制，预测其降解趋势，提高药物的疗效。

八、思考题

1. 动力学实验中，正确记录时间是实验的关键。本实验从反应物开始混合到开始计算反应时间，中间有一段不算很短的操作时间。这对实验有无影响，为什么？

2. 本实验为什么可以用分光光度法测定？

3. 影响本实验结果精度的主要因素有哪些？

4. 本实验为复杂反应，测定反应级数所采用的动力学方法是什么？

5. 在选取各反应物的初始浓度时，应考虑哪些情况？

实验十九　最大泡压法测定溶液的表面张力

一、实验目的

1. 掌握最大泡压法测定表面张力的原理和技术。

2. 测定不同浓度乙醇水溶液的表面张力，计算表面吸附量和乙醇分子的横截面积。

3. 了解表面张力的性质以及吉布斯吸附方程和朗谬尔吸附等温式，加深对表面张力、表面自由能、表面张力和吸附量关系的理解。

二、实验原理

表面张力（σ）是液体的表面自由能，它反映了液体表面自动缩小趋势的大小，它的物理意义是增加单位表面所需的功或垂直作用于液体表面单位长度上的力。它与液体的成分、溶质的浓度、温度、压力等因素有关。测定液体表面张力的常用方法有拉环法、毛细管升高法、液滴测重法和最大泡压法等。本实验采用最大泡压法测定乙醇水溶液的表面张力。其原理如下：

如图19-1所示，将一根内径为r的毛细管的端口刚好与待测溶液的液面相切，然后通过滴液漏斗放水降低毛细管外液面上的压力p（毛细管内压力为大气压p_0），随着压力p不断降低，毛细管中大气压p_0就逐渐把管中液面压至管口，并逐渐形成气泡。当气泡开始形成时，表面几乎是平的，此时曲率半径最大，随着毛细管外液面上的压力p的不断降低，曲率半径逐渐减小。当气泡曲率半径与毛细管半径r相等时，毛细管口处开始形成半球形气泡，此时气泡曲率半径达到最小值。而后随着放水抽气，大气压将把气泡压出管口，气泡进一步长大，曲率半径又逐渐变大，此时气泡表面膜所能承受的压力差必然减小，而测定管中的压力差却在进一步加大，故立即导致气泡的破裂。上述气泡曲率半径的变化过程如图19-2所示。在气泡形成时，将产生一个附加压力，附加压力Δp和表面张力及气泡曲率半径R之间遵循拉普拉斯公式，即：

$$\Delta p = p_0 - p = \frac{2\sigma}{R} \qquad (19\text{-}1)$$

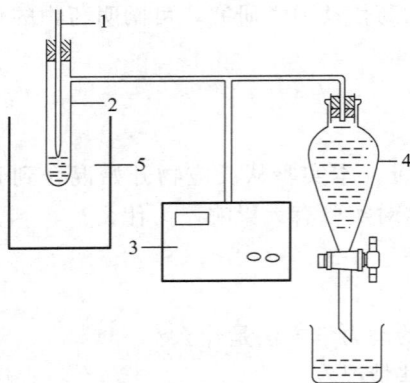

图19-1　表面张力测定装置示意图
1—毛细管；2—支管试管；3—精密数字压力计
（或 U 形管压力计）；4—抽气漏斗；5—恒温槽

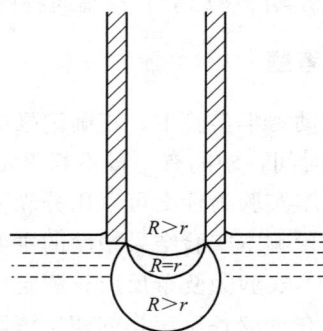

图19-2　毛细管尖端气泡的形成过程图
R—气泡的曲率半径；r—毛细管尖端半径

Δp与表面张力σ成正比，与气泡的曲率半径R成反比，当$R=r$时，曲率半径最小，附加压力最大，即：

$$\Delta p_{\max} = \rho g \Delta h_{\max} = \frac{2\sigma}{r} \qquad (19\text{-}2)$$

附加压力可由精密数字压力计（或工作液体为水或乙醇水溶液的 U 形管压力计）获得。

$$\sigma = \frac{r}{2}\rho g \Delta h_{\max} \tag{19-3}$$

当使用同一支毛细管时，$\frac{r}{2}\rho g$ 为一常数，则

$$\sigma = K \cdot \Delta h_{\max} \tag{19-4}$$

式中，K 称为仪器常数，可由已知表面张力的标准物质（如纯水，其表面张力可由附录六查得）测得：

$$K = \frac{\sigma_{\text{水}}}{\Delta h_{\max,\text{水}}} \tag{19-5}$$

对纯溶剂而言，其表面层与内部的组成是相同的。但对溶液来说却不然，当加入溶质后，溶剂的表面张力要发生变化。根据能量最低原理，若溶质能降低溶剂的表面张力，则表面层中溶质的浓度应比溶液内部的浓度大；反之，溶质使溶剂的表面张力升高，则溶质在表面层中的浓度应比溶液内部的浓度低。这种表面浓度与溶液内部浓度不同的现象叫作溶液的表面吸附。在一定的温度和压力下，溶液表面吸附溶质的量与溶液的表面张力和溶液的浓度有关，它们之间的关系符合吉布斯吸附方程：

$$\Gamma = -\frac{c}{RT}\left(\frac{\partial \sigma}{\partial c}\right)_T \tag{19-6}$$

式中，Γ 为吸附量，$mol \cdot m^{-2}$；σ 为表面张力，$J \cdot m^{-2}$；T 为热力学温度，K；c 为溶液浓度，$mol \cdot L^{-1}$；R 为摩尔气体常数，$R = 8.314 J \cdot K^{-1} \cdot mol^{-1}$。由式（19-6）可见，当 $\left(\frac{\partial \sigma}{\partial c}\right)_T < 0$ 时，则 $\Gamma > 0$，此时溶液表面层的浓度大于溶液本体的浓度，称为正吸附，该溶质称为表面活性剂。当 $\left(\frac{\partial \sigma}{\partial c}\right)_T > 0$ 时，则 $\Gamma < 0$，此时溶液表面层的浓度小于溶液本体的浓度，称为负吸附，这种溶质称为非表面活性剂。

表面活性物质的分子在溶液表面的排列情况，随其在溶液中浓度不同而异。当浓度增加时，表面活性物质在表面层浓度亦增加，分子排列越趋紧密。在单分子层吸附情况下，当溶液浓度增加到一定值时，表面活性物质分子紧密排列在表面形成单分子层，此时吸附达到饱和，再增加溶液浓度，表面浓度不再增加。如果在恒温下绘制 σ-c 曲线，当 c 增加时，σ 在开始阶段显著下降，而后下降逐渐缓慢，最后恒定为某一常数。如图 19-3 所示。

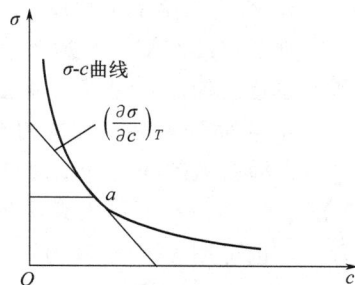

图 19-3　σ-c 曲线图

在 σ-c 曲线上任选一点 a 作切线，即可求得该点所对应的浓度的斜率，也即该点的 $\left(\frac{\partial \sigma}{\partial c}\right)_T$ 值。代入式（19-6），于是得到不同浓度下的 Γ 值，以 Γ 对 c 作图，所得曲线称为吸附等温线。在一定温度下，对于单分子层吸附，吸附量与溶液浓度之间符合朗谬尔（Langmuir）吸附等温式：

$$\Gamma = \Gamma_\infty \frac{Kc}{1 + Kc} \tag{19-7}$$

式中，Γ_∞ 为饱和吸附量，即溶液单位表面上被吸附质覆盖满一层时的吸附量；K 为

特性常数。将式(19-7) 取倒数再乘以 c，可得

$$\frac{c}{\Gamma} = \frac{1}{\Gamma_\infty} \cdot c + \frac{1}{K\Gamma_\infty} \qquad (19\text{-}8)$$

由式(19-8) 可以看出，如果以 $\frac{c}{\Gamma}$ 对 c 作图，可得一直线，其斜率为 $\frac{1}{\Gamma_\infty}$，从而可求得 Γ_∞ 值。

如果以 N 代表 1m^2 表面层的分子数，则 $N = \Gamma_\infty \cdot N_A$。$N_A$ 为阿伏伽德罗常数，则每个吸附质分子的横截面积 S 为：

$$S = \frac{1}{\Gamma_\infty N_A} \qquad (19\text{-}9)$$

三、仪器和药品

精密数字压力计 1 台（或 U 形管压力计 1 套）；恒温水浴 1 套；支管试管 1 个；0.5mL 吸量管 1 支（作为毛细管）；烧杯 1 个；抽气漏斗 1 个；50mL 容量瓶 3～4 个；1mL、2mL、5mL 移液管各 2 支；洗瓶一个；洗耳球一个；滴管 3 支；无水乙醇（A.R.）。

四、实验步骤

1. 不同浓度乙醇水溶液的配制

用分析天平和容量瓶分别准确配制 12 种浓度的乙醇水溶液 50mL 备用。建议配制浓度分别为 0.2、0.4、0.8、1.2、1.6、2、2.5、3、3.5、4、5、6mol·L^{-1}，如果实验时间不足，可由实验室提供一系列准确浓度的乙醇水溶液。

不同浓度乙醇水溶液也可以通过密度计算，准确移取一定体积的乙醇配制。具体浓度以配制后计算得到的数据为准。

2. 调节恒温水浴温度

调节恒温水浴，一般冬季（25.0±0.1）℃，夏季（30.0±0.1）℃，如没有恒温设备，则需注意勿使测定温度有显著变化。

3. 表面张力测试装置的准备与检漏

将精密数字压力计电源打开，预热 10min。将仪器的单位设置为 mmH$_2$O（1mmH$_2$O = 9.80665Pa），在不接入系统的情况下按下"采零"键，仪器显示为 0。（如无精密数字压力计，也可用 U 形管压力计代替，工作液体为水，同样在 U 形管两端通大气的情况下读取 U 形管压力计的初始液面高度。）

将支管试管和毛细管清洗干净，固定在恒温槽中合适位置，在支管试管中加入适量蒸馏水，并按图 19-1 调整好支管试管和毛细管的位置，使管内液面恰好与毛细管尖端相切，同时保证毛细管垂直并位于支管试管中间。将自来水注入抽气漏斗中，打开抽气漏斗活塞缓慢抽气，这时抽气漏斗中水流出，使系统内压力降低，气泡从毛细管尖端一个一个鼓出。当压力计指示出若干压差时，关闭活塞，停止抽气，若 5s 内压力计压差不变，则说明系统不漏气，可以进行实验。

4. 测定仪器常数 K

将装有蒸馏水的支管试管放在恒温槽中恒温 10min，毛细管必须保持垂直并注意液面的位置。慢慢打开活塞，调节滴水速度使气泡由毛细管底端尽可能缓慢而均匀地逸出，逸

出速度维持在 3～4s 左右一个（若气泡形成时间过短，则吸附平衡来不及在气泡表面建立起来，测得的表面张力不能反映该待测液的真正表面张力值），此时压力计示值会有波动，多次观察，读取压力计的最大示数 $\Delta h_{\max}$。更换样品平行测定 3 次，取其平均值。

如没有恒温装置，则需查看实验室温度并记录，以便从附录六找到该温度下水的表面张力。

5. 不同浓度乙醇水溶液的表面张力的测定

取 $0.2 \text{mol} \cdot \text{L}^{-1}$ 乙醇溶液润洗毛细管和支管试管，洗净后加入适量溶液，按上述操作步骤 4 测定不同浓度乙醇水溶液的 $\Delta h_{\max}$。每种浓度的溶液均需平行测定 3 次，取其平均值。

平行测定时建议倒掉支管试管中的待测液，再次装入同浓度的待测液测定，以减少误差。

按上述步骤测定其余各浓度乙醇水溶液的 $\Delta h_{\max}$。应按照待测液浓度由低到高的顺序依次测定。

五、数据记录与处理

室温：_____℃　大气压：_____Pa　实验温度：_____℃

H_2O 的 $\Delta h_{\max}$：1. _____　2. _____　3. _____（如果用 U 形管压力计，$\Delta h_{\max}$ 可通过读取记录 h_0 和 $h_{\max}$ 计算）

表 19-1　不同浓度乙醇水溶液的表面张力

编号	$W_{乙醇}/\text{g}$	$c/\text{mol} \cdot \text{L}^{-1}$	不同浓度乙醇水溶液的 $\Delta h_{\max}/\text{mmH}_2\text{O}$				$\sigma/\text{N} \cdot \text{m}^{-1}$
			1	2	3	平均	
1							
2							
3							
4							
5							
6							
7							
8							
9							
10							
11							
12							

1. 根据实验温度查阅水的表面张力，计算仪器常数 K。

2. 计算各浓度乙醇水溶液的表面张力，填入表 19-1；根据表中数据绘制 σ-c 图。

3. 在 σ-c 图上取若干个点（至少取 5～6 个点），作切线并求切线斜率代入式(19-6)，求出不同浓度下的 Γ，并计算出 c/Γ 填入表 19-2 中。c/Γ 对 c 作图，通过斜率求得 Γ_∞ 值，计算乙醇分子的横截面积 S。

表 19-2 不同浓度乙醇水溶液的吸附量

$c/\text{mol} \cdot \text{L}^{-1}$	斜率 m	Γ	c/Γ

六、实验指导

1. 数字压力计等精密仪器不宜放置在潮湿的地方，应置于阴凉、通风、无腐蚀性气体的场所。

2. 数字压力计只需在测定开始前采零，测定 K 值（即水）后仪器不再置零。

3. 乳胶管与玻璃仪器、数字压力计等相互连接时，接口与乳胶管一定要插牢，以不漏气为原则，保证实验系统的气密性。观察管路里和支管试管的支管部分，不能有异物和液体。

4. 所用毛细管必须干净，清洗毛细管时，须注意不能有清洗液残留在毛细管内，可用洗耳球直接从毛细管顶部吹一下，再用待测液润洗毛细管，重复几次即可。测定过程中应按照浓度由稀到浓的顺序，则在清洗毛细管和支管试管时，只需用待测液润洗几次，保证所测溶液浓度与实际溶液浓度相一致。

5. 测定最大压差时，毛细管必须保证垂直并且其管口刚好与支管试管中待测液液面相切。应严格控制气泡逸出速度在 $3 \sim 4\text{s}$ 出一个，读取压差时，应取气泡单个逸出时的最大压力差。

6. 测定一个样品后，要先将系统排空后再换下一个溶液样品进行测定。

7. 处理数据时，一定要注意单位的统一。

8. 选用毛细管时，毛细管半径不能太大或太小。若太大，则最大压力差太小，引起的读数误差大；若太小，气泡容易从毛细管中成串连续地冒出，泡压平衡时间短压力计所读最大压差不准。一般选用毛细管的粗细标准是，在测水的表面张力时，最大压差为 $400 \sim 700\text{mmH}_2\text{O}$。

9. 如果实验管路中可以连接一个稳压瓶，效果应该更好。

七、实验拓展

1. 药物在胃肠道的吸收速度和程度可以通过特殊的表面处理得以提高，如改变接触角和表面张力。胃肠道的表面张力约为 $35 \sim 45\text{mN} \cdot \text{m}^{-1}$，当进行药物体外溶出实验时，可以在 HCl 溶液中加入胃蛋白酶或表面活性剂来模拟胃肠道环境。药物与环糊精的复合物的形成机制和结构也可以通过表面张力的测量进行研究。另外，通过研究局部制剂的物理化学性质，如表面张力等，可以为局部制剂的分类提供科学依据，以及指导医生开具处方。

2. 表面活性剂在工业和日常生活中被广泛用作去污剂、乳化剂、润湿剂以及起泡剂等。它们的主要作用发生在界面上，所以研究这些物质的表面效应是有现实意义的。测定表面张力的方法很多，可根据被测对象合理选择[1]。最大泡压法一般用于温度较高的熔融盐表面张力的测定，对表面活性剂尤其易气泡溶液则很难测准。拉环法精度在1%以内，优点是测量快，用量少，对胶体溶液特别适用；缺点是控温困难，对挥发性液体常因部分挥发而使温度较室温略低。滴体积法准确度高，易于控温，但对毛细管要求严格，尖端应平整光滑、无破损。毛细管升高法最精确，精度可达0.05%，常用来测定动态表面张力；缺点是对样品润湿性要求极严，只有对管壁接触角为零的样品才能获得准确结果。

3. 实验测得各种直链醇的横截面积为 $0.274 \sim 0.289 \mathrm{nm}^2$；直链有机酸为 $0.302 \sim 0.310 \mathrm{nm}^2$；直链胺约为 $0.27 \mathrm{nm}^2$。这说明直链有机物的非极性尾巴竖于溶液表面上。由饱和吸附量 Γ_∞、溶质的摩尔质量 M 和密度 ρ 还可以求出吸附层的厚度：

$$\delta = \frac{\Gamma_\infty M}{\rho}$$

八、实验数据的计算机处理

1. 数据录入及计算

（1）数据录入。打开"Origin9.1"软件，出现"Book1"窗口（图19-4）。在数据表中 A（X）、B（Y）两列分别录入浓度（c）和压力差 $\Delta h_{\max}$，并在"Unit"一行输入单位。

（2）计算表面张力。在上方工具栏中选择"Column"→"Add New Columns"添加新的一列 C 列。选定 C 列，单击右键，在下拉菜单中选择"Set Column Values"，新弹出"Set Values"对话框，在"Col（C）="下面的文本框中输入"Col（B）* K"，将计算得出的 K 代入，这时 C 列数值为 B 列数值乘以仪器常数 K。然后单击"OK"，计算的表面张力 σ 值即输入 C 列，如图19-5所示。

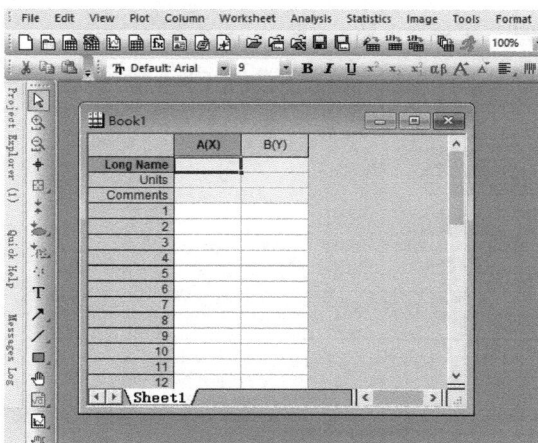

图 19-4　Origin9.1 窗口

图 19-5　表面张力计算

---

❶　可参考文献：尹东霞，马沛生，夏淑倩. 液体表面张力测定方法的研究进展 [J]. 科技通报，2007，23（3）：424.

2. 绘制 σ-c 拟合曲线：数据的多项式拟合处理（根据有些文献推荐的方法）

选定 A(X)、C(Y) 两列，方法是先选定 A(X) 列，按住 Ctrl 键同时选中 C(Y) 列（图 19-6），选择窗口上方菜单"Plot"中"Symbol"→"Scatter"，即可得到散点图，图 19-7 所示。

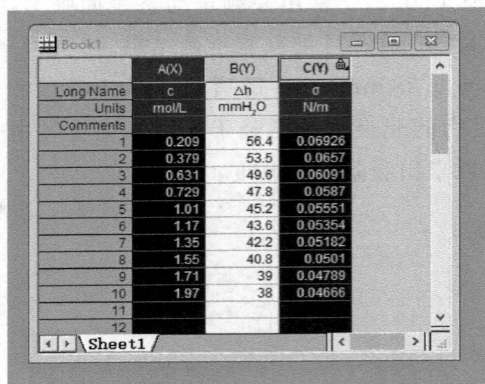

图 19-6　选择列

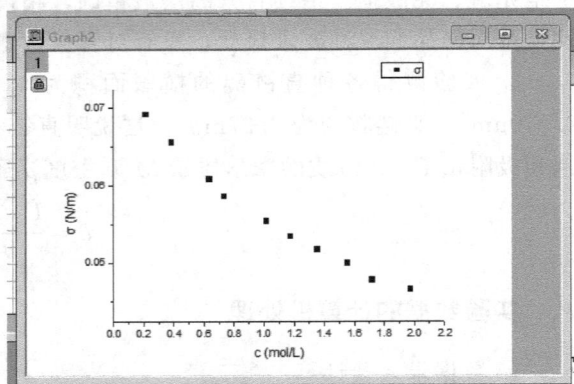

图 19-7　散点图

选择菜单命令"Analysis"→"Fitting"→"Polynomial Fit"，打开"Polynomial Fit"多项式拟合对话框，如图 19-8 所示。选择"Polynomial Order"下拉菜单选项"2"，也就是将多项式拟合级数设置为 2，点击"OK"按钮，多项式拟合生成相应的拟合数据结果报告及拟合曲线图，如图 19-9 所示。双击拟合曲线可放大，并点击"Edit"→"Copy Page"，可将表面张力 σ 与乙醇水溶液浓度 c 的关系曲线图复制粘贴至所需位置，如图 19-10 所示。

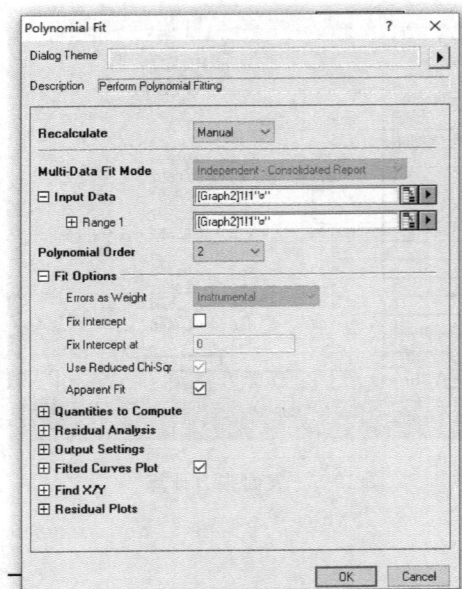

图 19-8　打开多项式拟合对话框

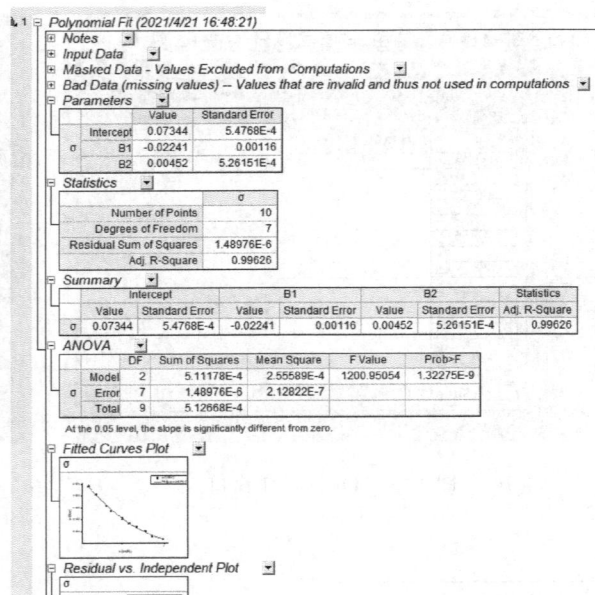

图 19-9　拟合报告

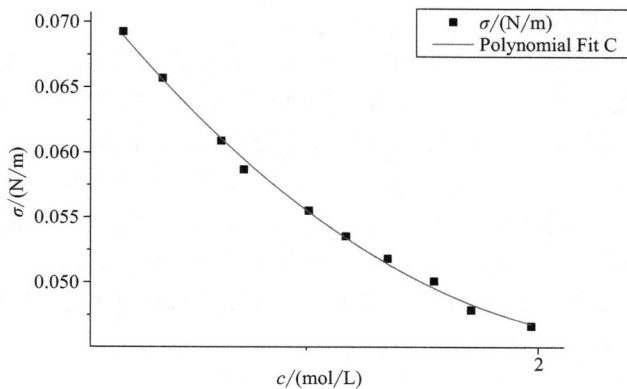

图 19-10　生成所需曲线图

根据实验数据，由拟合报告可以得到表面张力与浓度的关系式：

$$\sigma = 0.00452c^2 - 0.02241c + 0.07344 \tag{19-10}$$

对该式微分，可得

$$\left(\frac{\mathrm{d}\sigma}{\mathrm{d}c}\right)_T = 2 \times 0.00452c - 0.02241 \tag{19-11}$$

3. 计算微分值

分别取不同浓度代入式(19-11)，就可以得到各不同浓度的 $\left(\dfrac{\mathrm{d}\sigma}{\mathrm{d}c}\right)_T$，或者可以由计算机直接计算微分值。

点击上方菜单"Analysis"→"Mathematics"→"Differentiate"，弹出"Mathematics：differentiate"求导对话框（图 19-11），单击"OK"，Origin 将自动计算出拟合曲线各点的微分值，并存放于 Book1 工作表中的最后一列"D（Y）"（Derivative），即为 $\left(\dfrac{\mathrm{d}\sigma}{\mathrm{d}c}\right)_T$（图 19-12）。

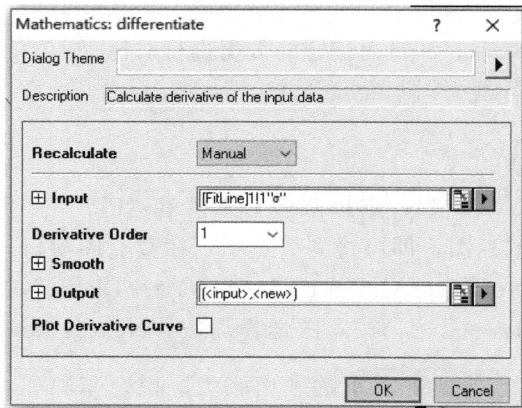

图 19-11　求导对话框

	A(X)	B(Y)	C(Y)	D(Y)
Long Name	c	Δh	σ	Derivative
Units	mol/L	mmH₂O	N/m	
Comments				1st derivative of "σ"
1	0.209	56.4	0.06926	-0.02095
2	0.379	53.5	0.0657	-0.01998
3	0.631	49.6	0.06091	-0.02078
4	0.729	47.8	0.0587	-0.01696
5	1.01	45.2	0.05551	-0.01182
6	1.17	43.6	0.05354	-0.01092
7	1.35	42.2	0.05182	-0.00907
8	1.55	40.8	0.0501	-0.01121
9	1.71	39	0.04789	-0.00927
10	1.97	38	0.04666	-0.00472
11				
12				

图 19-12　求导自动计算结果

4. Γ 和 c/Γ 的计算和输入

选择菜单命令"Column"→"Add New Columns"，在 Book1 中增加 2 列，分别为 E（Y）、F（Y）列，选定 E 列，单击右键，在下拉菜单中选择"Set column values"，新弹出"Set Values"对话框，在"Col(E)="下面的文本框中输入"(−Col(A)/(8.314* 295.45))* Col(D)"，点击"OK"，295.15 为实验温度，得到 Γ 值。采用相同的方法在 F（Y）列计算 c/Γ 值，得到数据。"Col(F)=Col(A)/Col(E)"选择菜单命令"Column"→"Add New Columns"，在 Book1 中增加 1 列 G(Y)，"Set Column Values"，"Col(G)="Col(A)* 2* 0.00452−0.02241"，代入公式计算得到的导数值用以对比直接求导得出的值。如图 19-13 所示。

5. c/Γ-c 拟合直线

选中 A(X) 列和 F(Y) 列的浓度 c 和 c/Γ 数据，选择命令菜单"Plot"→"Symbol"→"Scatter"，绘制散点图，选择菜单命令"Analysis"→"Fitting"→"Linear Fit"，在弹出的"Linear Fit"对话框中点击"OK"，即在 Graph1 中生成拟合的直线及拟合结果分析表格，显示有拟合方程的斜率、截距、相关系数等参数（图 19-14）。

	A(X)	B(Y)	C(Y)	D(Y)	E(Y)	F(Y)	G(Y)
Long Name	c	Δh	σ	Derivative	Γ	c/Γ	
Units	mol/L	mmH_2O	N/m				
Comments				1st derivative of "σ"			
1	0.209	56.4	0.06926	-0.02095	1.78419E-6	117140.03903	-0.02052
2	0.379	53.5	0.0657	-0.01998	3.08536E-6	122838.19849	-0.01898
3	0.631	49.6	0.06091	-0.02078	5.34344E-6	118088.79371	-0.01671
4	0.729	47.8	0.0587	-0.01696	5.0381E-6	144697.32788	-0.01582
5	1.01	45.2	0.05551	-0.01182	4.8655E-6	207583.81604	-0.01328
6	1.17	43.6	0.05354	-0.01092	5.2045E-6	224805.51608	-0.01183
7	1.35	42.2	0.05182	-0.00907	4.99181E-6	270442.72611	-0.01021
8	1.55	40.8	0.0501	-0.01121	7.07799E-6	218988.63058	-0.0084
9	1.71	39	0.04789	-0.00927	6.45919E-6	264739.12156	-0.00695
10	1.97	38	0.04666	-0.00472	3.79174E-6	519550.52606	-0.0046
11							
12							
13							

图 19-13　代入公式计算得到的导数值

Linear Fit (2021/4/21 17:37:46)

Notes

Input Data

Masked Data - Values Excluded from Computations

Bad Data (missing values) -- Values that are invalid and thus not used in computations

Parameters

		Value	Standard Error
c/Γ	Intercept	32803.55862	46041.23283
	Slope	175648.03039	38187.88643

Statistics

	c/Γ
Number of Points	10
Degrees of Freedom	8
Residual Sum of Squares	3.58138E10
Pearson's r	0.85183
Adj. R-Square	0.69132

Summary

	Intercept		Slope		Statistics
	Value	Standard Error	Value	Standard Error	Adj. R-Square
c/Γ	32803.55862	46041.23283	175648.03039	38187.88643	0.69132

ANOVA

		DF	Sum of Squares	Mean Square	F Value	Prob>F
c/Γ	Model	1	9.47101E10	9.47101E10	21.15609	0.00176
	Error	8	3.58138E10	4.47673E9		
	Total	9	1.30524E11			

图 19-14　线性拟合的相关参数

拓展资料： 按照希什柯夫斯基经验公式模型进行拟合（求已知经验公式常数的方法）

有文献资料显示，表面张力与浓度曲线在拟合过程中，应符合希什柯夫斯基经验公式模型，有兴趣的同学可依照此模型进行数据处理，和自由拟合的数据进行对比。

在稀溶液中，表面张力和浓度之间符合希什柯夫斯基经验公式：

$$\sigma=\sigma_0-\sigma_0 b\ln\left(1+\frac{c}{a}\right)$$

录入数据并计算表面张力，选中 A(X)、C(Y) 列，选择窗口上方菜单"Plot"中"Symbol"→"Scatter"或直接点击下方工具散点图，即可得到散点图，在散点图窗口选择菜单命令"Analysis"→"Fitting"→"Nonlinear Curve Fit"→"Open Dialog"，打开对话框，"Function"下拉组合框中"<New…>"，按附图选择均按"Next"，将表达式 $\sigma=\sigma_0-\sigma_0 b\ln\left(1+\frac{c}{a}\right)$ 输入，σ_0 代入当前温度下水的表面张力，拟合步骤如图 19-15～图 19-19 所示，注意图 19-18 中参数 a 和 b 之间必须是","，公式输入必须在英文状态下。

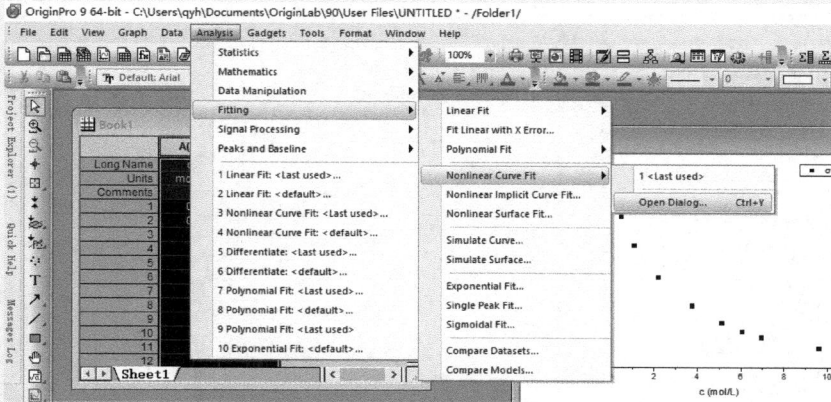

图 19-15

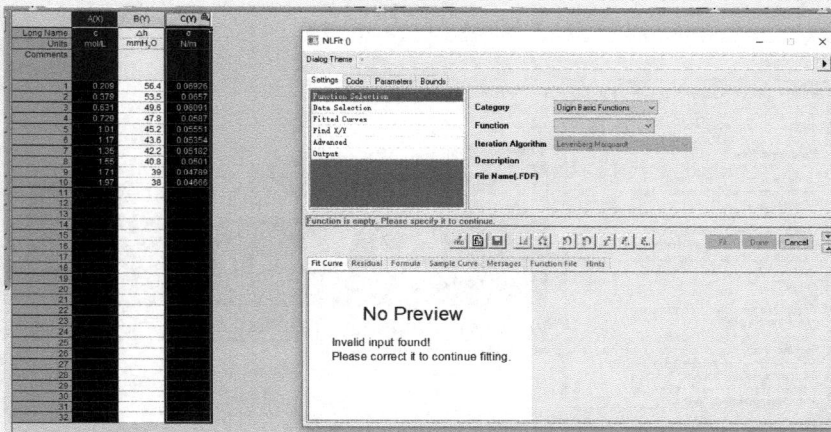

图 19-16

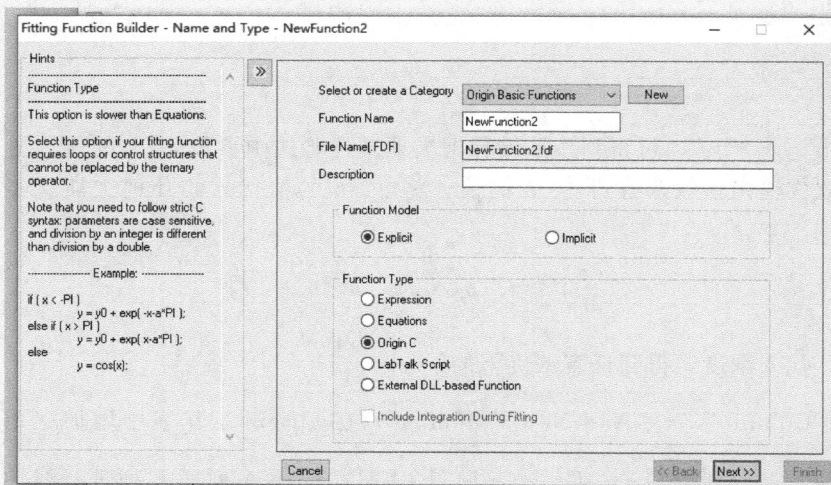

图 19-17

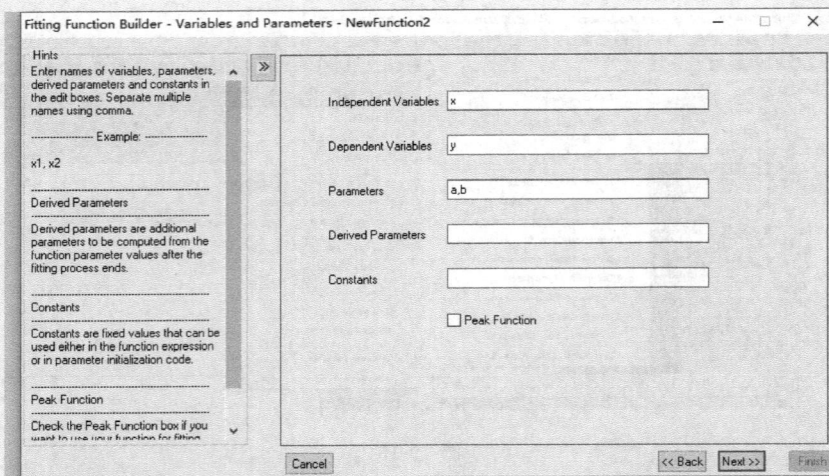

图 19-18

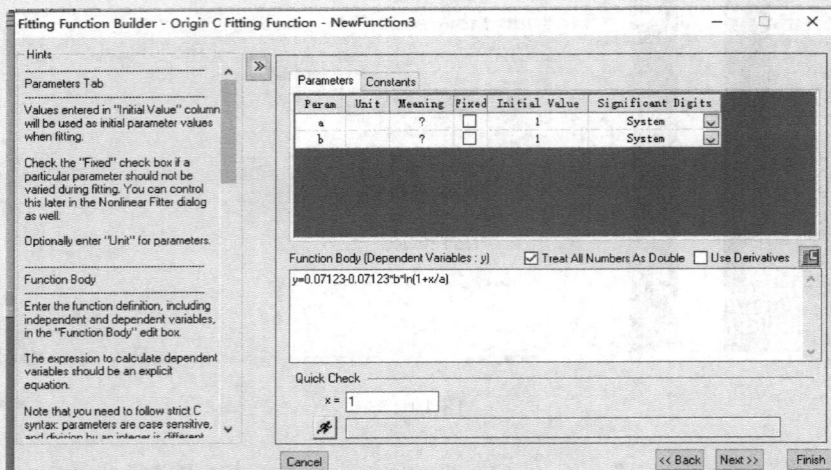

图 19-19

"finish" → "fit"，可得到按照希什柯夫斯基经验式中参数 a、b 的值，图 19-20。

通过软件输出参数，得到 a、b 的值，将 a、b 的值代入希什柯夫斯基经验式，并求导，得到

$$\left(\frac{\partial \sigma}{\partial c}\right)_T = -\sigma_0 \cdot a \cdot [b/(b+c)]$$

此时，代入浓度，得到任意浓度下的 $\frac{\partial \sigma}{\partial c}$。

选择 "Column" → "Add New Columns"，在 Origin 工作表中增加三列，分别将计算公式输入，分别得到 $\frac{\partial \sigma}{\partial c}$、$\Gamma$、$\frac{c}{\Gamma}$，见图 19-21，选择 A 列和 F 列进行线性拟合，得到线性拟合参数及斜率值（图 19-22、图 19-23）。

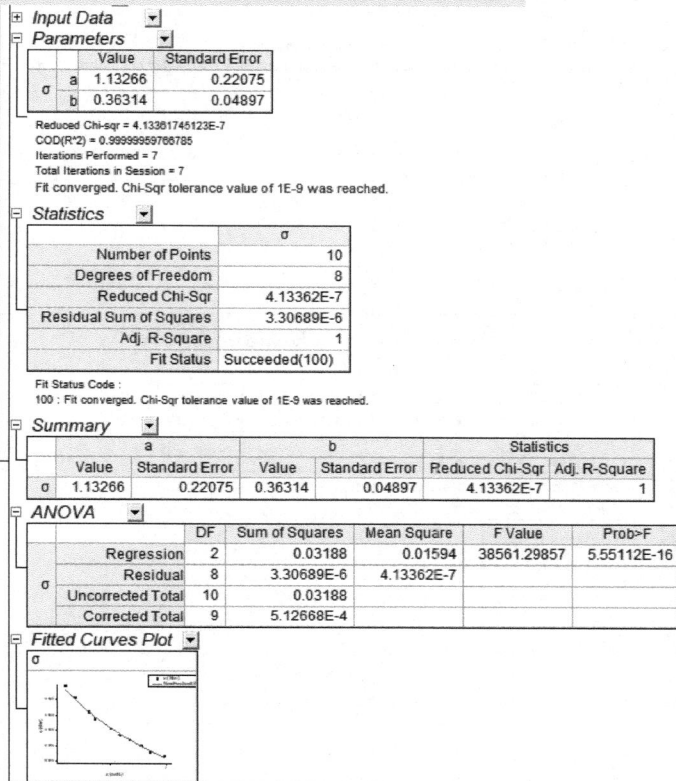

図 19-20 按照希什柯夫斯基经验式拟合结果

Input Data
Parameters

		Value	Standard Error
σ	a	1.13266	0.22075
	b	0.36314	0.04897

Reduced Chi-sqr 4.13361745123E-7
COD(R^2) = 0.99999959766785
Iterations Performed = 7
Total Iterations in Session = 7
Fit converged. Chi-Sqr tolerance value of 1E-9 was reached.

Statistics

	σ
Number of Points	10
Degrees of Freedom	8
Reduced Chi-Sqr	4.13362E-7
Residual Sum of Squares	3.30689E-6
Adj. R-Square	1
Fit Status	Succeeded(100)

Fit Status Code :
100 : Fit converged. Chi-Sqr tolerance value of 1E-9 was reached.

Summary

	a		b		Statistics	
	Value	Standard Error	Value	Standard Error	Reduced Chi-Sqr	Adj. R-Square
σ	1.13266	0.22075	0.36314	0.04897	4.13362E-7	1

ANOVA

		DF	Sum of Squares	Mean Square	F Value	Prob>F
σ	Regression	2	0.03188	0.01594	38561.29857	5.55112E-16
	Residual	8	3.30689E-6	4.13362E-7		
	Uncorrected Total	10	0.03188			
	Corrected Total	9	5.12668E-4			

Fitted Curves Plot

図 19-21 数据计算

	A(X)	B(Y)	C(Y)	D(Y)	E(Y)	F(Y)
Long Name	c	Δh	σ		Γ	c/Γ
Units	mol/L	mmH$_2$O	N/m			
Comments						
1	0.209	56.4	0.06926	-0.12609	1.07397E-5	19460.58454
2	0.379	53.5	0.0657	-0.06954	1.07397E-5	35289.76814
3	0.631	49.6	0.06091	-0.04177	1.07397E-5	58754.205
4	0.729	47.8	0.0587	-0.03615	1.07397E-5	67879.26377
5	1.01	45.2	0.05551	-0.02609	1.07397E-5	94043.97313
6	1.17	43.6	0.05354	-0.02252	1.07397E-5	108942.02828
7	1.35	42.2	0.05182	-0.01952	1.07397E-5	125702.34032
8	1.55	40.8	0.0501	-0.017	1.07397E-5	144324.90926
9	1.71	39	0.04789	-0.01541	1.07397E-5	159222.96441
10	1.97	38	0.04666	-0.01338	1.07397E-5	183432.30403
11						
12						
13						
14						
15						
16						
17						

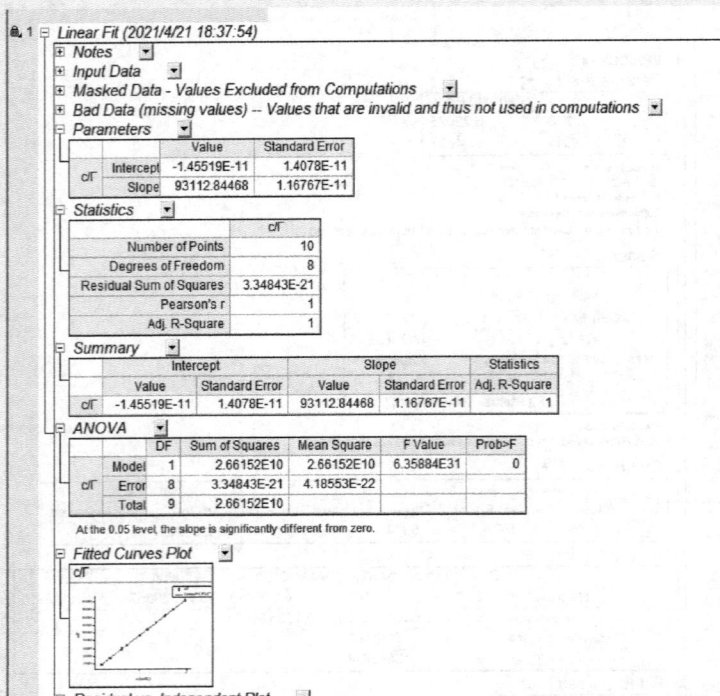

图 19-22　拟合报告

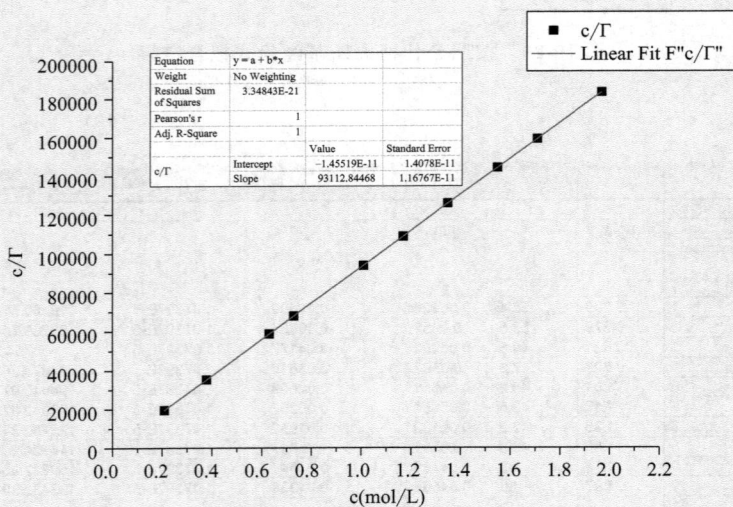

图 19-23　生成拟合曲线

计算机数据处理部分参考文献：

[1] 吴世彪. Origin 软件在溶液表面张力实验数据处理中的应用 [J]. 安徽化工，2008，34（6）：37-39.

[2] 赵英国，Origin 软件在物理化学实验中的运用 [J]. 安庆师范学院学报，2010，

16 (4): 116-118.

［3］成忠, 张立庆. 表面张力测定数据的模型模拟及 MATLAB 处理［J］. 大学化学, 30 (4): 42-46.

［4］周亭, 陈俊峰, 张志庆等. 短链醇溶液表面张力及表面吸附测定的实验研究［J］. 实验室研究与探索, 2019, 38 (1): 27-30.

［5］武正簧, 张楠祥, 安新跃. 乙醇水溶液表面张力测定及数据处理方法［J］. 分析仪器, 2014 (1): 73-78.

［6］马录芳, 李云平. 应用 Origin 软件处理溶液表面张力实验数据［J］. 洛阳师范学院学报, 2010, 29 (5): 155-156.

［7］段德良, 信文瑜, 屈庆等. 应用 Origin 软件处理乙醇水溶液表面张力实验数据［J］. 昆明学院学报, 2011, 33 (6): 103-105.

［8］彭娟, 宋伟明, 孙彦璞. 物理化学实验数据的 Origin 处理［M］. 北京: 化学工业出版社, 2019.

［9］孙艳辉, 何广平, 马国正等. 物理化学实用手册［M］. 北京: 化学工业出版社, 2015: P751（电子书安卓版本）.

九、思考题

1. 毛细管尖端为什么要与待测溶液液面保持垂直并相切? 不这样做对实验有何影响?

2. 如果实验中气泡逸出速度过快, 对实验结果有无影响? 为什么?

3. 为什么要测定仪器常数? 如何测定?

4. 实验中测定表面张力时为什么要读最大压力差?

5. 本实验为什么选用水作压力计的工作液体（单位）而不用水银? 还可以用什么作 U 形管压力计的工作液体?

6. 如果在实验过程中不小心将毛细管打破, 换另一根毛细管继续进行实验, 是否可行? 为什么?

7. 本实验选用的毛细管半径大小对实验测定有何影响? 若不清洗毛细管, 会不会影响测定结果?

实验二十　固液吸附求物质的比表面积

项目一: 亚甲基蓝在活性炭上的吸附

一、实验目的

1. 学会用亚甲基蓝水溶液吸附法测定颗粒活性炭的比表面积。

2. 了解溶液吸附法测定比表面的基本原理。

3. 验证朗缪尔单分子层吸附等温式。

二、实验原理

置于液体（或气体）中的固体, 其表面的液体分子（或气体分子）的浓度会高于液相

（或气相）中的浓度，这种液体分子（气体分子）在相界面上自动聚集的现象称为吸附。通常把起吸附作用的物质叫作吸附剂，被吸附的物质叫作吸附质。

固体物质比表面积的大小和孔径的分布情况，是评述催化剂、了解固体表面性质和研究电极物质的重要参数，而固体物质的宏观结构性质测定，是以物理吸附为基础的。固体物质的比表面积，是指 1g 固体所具有的总表面积，包括外表面积和内表面积。如果 1g 吸附剂内外表面形成完整的单分子层，吸附质分子就达到了饱和吸附，只要将该饱和吸附量（吸附质分子数）乘以每个吸附质分子在吸附剂上占的面积，就可以求得吸附剂的比表面。

测定固体比表面的方法很多，有 BET 容量法、气相色谱法等，这些方法均需要比较复杂的仪器和较长的实验时间，相比之下，溶液吸附法具有仪器装置简单、操作方便、可同时平行测量等优点，因此常被采用。

使用溶液法测定固体比表面时要选择合适的吸附质，水溶性染料的吸附可以应用于测定固体比表面，在所有染料中亚甲基蓝具有最大的吸附倾向。而且在一定浓度范围内，大多数固体对亚甲基蓝的吸附都是单分子层吸附，符合朗谬尔吸附方程式(19-7)（详见实验十九）：

$$\Gamma = \Gamma_\infty \frac{Kc}{1 + Kc}$$

当溶液浓度较低时，吸附为单分子层吸附，吸附量随浓度的增加上升较快，随着浓度的增加，吸附量上升减缓，吸附逐渐趋于饱和，此时的吸附量即为最大（饱和）吸附量 Γ_∞。

将上式取倒数，即可得到线性关系方程

$$\frac{1}{\Gamma} = \frac{1}{\Gamma_\infty K} \cdot \frac{1}{c} + \frac{1}{\Gamma_\infty} \tag{20-1}$$

可见，以 $\frac{1}{\Gamma}$ 对 $\frac{1}{c}$ 作图为一条直线，由直线截距可以得到 Γ_∞。

也可将式(20-1)乘以 c，则方程式变形为式(19-8)（此种处理方式在实验十九出现过）：

$$\frac{c}{\Gamma} = \frac{1}{\Gamma_\infty} \cdot c + \frac{1}{K\Gamma_\infty}$$

以 $\frac{c}{\Gamma}$ 对 c 作图，也可得一直线，通过直线斜率 $\frac{1}{\Gamma_\infty}$ 求得 Γ_∞ 值。

若每个吸附质分子在吸附剂上所占据的面积为 δ_A，则吸附剂的比表面积 S_0 可以按照下式计算：

$$S_0 = \Gamma_\infty N_A \delta_A \tag{20-2}$$

其中，N_A 为阿伏伽德罗常数，$N_A = 6.023 \times 10^{23}$，每个亚甲基蓝在吸附剂上所占的面积 $\delta_A = 3.95 \times 10^{-19} \, m^2$。

设 c_0 为亚甲基蓝水溶液的初始浓度（单位：$mol \cdot L^{-1}$），c 为吸附后亚甲基蓝水溶液的平衡浓度（单位：$mol \cdot L^{-1}$），m 为活性炭的质量（单位：kg），V 为吸附用溶液的总体积（单位：L），Γ 为吸附量（单位：$mol \cdot kg^{-1}$），则 $\Gamma = \frac{(c_0 - c)V}{m}$。

根据朗伯-比尔定律，在某指定波长下，溶液的吸光度 A 与溶液中有色物质的浓度及溶液层的厚度成正比，即 $A = \varepsilon lc$。因此可由朗伯-比尔定律对吸附质亚甲基蓝的浓度进行定量分析。

实验表明，亚甲基蓝溶液在可见光区有两个吸收峰：445nm 和 665nm，但在 445nm 处活性炭吸附对吸收峰有很大的干扰，故本实验选用工作波长为 665nm。

三、仪器和药品

分光光度计 1 台；恒温槽 1 套（室温下做可不用）；具塞锥形瓶（200mL）5 只；酸式滴定管（50mL）2 支；容量瓶（100mL）6 只；移液管（2mL）2 支；漏斗 4 个；漏斗架 1 个；50mL 烧杯 6 个。

吸附用亚甲基蓝水溶液（0.2%左右）；亚甲基蓝水溶液 $3.126 \times 10^{-4}\ mol \cdot L^{-1}$ 标准溶液；非石墨型活性炭（将活性炭放于烘箱中 110℃活化 3h，然后置于干燥器中备用）。

四、实验步骤

1. 熟悉分光光度计的使用方法，开机自检，预热 10min。

2. 系列亚甲基蓝标准溶液配制及吸光度测定

用移液管分别准确移取 1.00、2.00、3.00、4.00、5.00、6.00mL 浓度为 $3.126 \times 10^{-4}\ mol \cdot L^{-1}$ 的标准溶液于 6 个 100mL 容量瓶中，用蒸馏水稀释至刻度待用。

选取工作波长为 665nm（或在 600～700nm 范围自选最大吸收波长），以蒸馏水作为参比溶液，分别测定 6 个不同浓度标准溶液的吸光度值。平行测定 3 次，取其平均值。数据记录在表 20-2 中。

3. 吸附用亚甲基蓝溶液原始浓度的测定

用移液管准确移取 0.20mL 0.2%左右亚甲基蓝水溶液放入 100mL 容量瓶中，用蒸馏水稀释至刻度，测其吸光度值，平行测定 3 次。数据记录在表 20-2 中。

4. 取 5 只洁净、干燥的 200mL 具塞锥形瓶，按照表 20-1 准确配制不同浓度的亚甲基蓝水溶液（忽略偏摩尔体积的影响），各加入 0.1g（精称至±0.0004g）左右活化过的活性炭，盖上塞子，将锥形瓶放置在振荡器上震荡 3h，如无振荡器则不时振摇锥形瓶。

表 20-1   不同浓度亚甲基蓝吸附溶液的配制

编号	1	2	3	4	5
$V_{0.2\%亚甲基蓝溶液}$/mL	10.00	15.00	20.00	25.00	30.00
$V_{蒸馏水}$/mL	40.00	35.00	30.00	25.00	20.00

溶液吸附平衡完成后，马上过滤各溶液（为保证浓度及消除滤纸的影响，弃去前 5mL 滤液），用洁净、干燥的烧杯接取中间滤液，用于测定平衡时的吸光度值。

建议 1 号吸附液取平衡后原液在工作波长下测其吸光度值，其他 2～5 号吸附平衡后用移液管准确移取滤液 1.00mL 放入 100mL 容量瓶中，并用蒸馏水稀释至刻度，在工作波长下分别测定其吸光度值。每种待测液均换溶液平行测定 3 次。数据记录在表 20-3 中。

五、数据记录及处理

室温_____　　大气压_____　　实验温度_____

表 20-2　标准溶液和吸附用原始溶液吸光度测定数据

项目	标准溶液 3.126×10^{-4} mol·L^{-1} 稀释至 100mL						吸附用 0.2% 原液 0.20mL 稀释至 100mL
V/mL	1.00	2.00	3.00	4.00	5.00	6.00	
A　1							
2							
3							
平均							
c/mol·mL^{-1}							

表 20-3　吸附平衡溶液测定数据

编号		1	2	3	4	5
$V_{0.2\% 亚甲基蓝溶液}$/mL		10.00	15.00	20.00	25.00	30.00
$V_{蒸馏水}$/mL		40.00	35.00	30.00	25.00	20.00
c_0/mol·mL^{-1}						
活性炭质量 m/g						
平衡后滤液稀释液吸光度 A	1					
	2					
	3					
	平均					
平衡浓度 c						
$\Gamma = \dfrac{(c_0-c)V}{m}$						
$\dfrac{c}{\Gamma}$						
$\dfrac{1}{\Gamma}$						
$\dfrac{1}{c}$						

1. 根据表 20-2 作亚甲基蓝吸光度对浓度的工作曲线。根据实验测得的稀释后原始溶液的吸光度，从工作曲线上查得对应的浓度（乘稀释倍数 500），即为吸附用原始溶液的初始浓度。

2. 按照表 20-1 的配制方法，求各亚甲基蓝吸附溶液的初始浓度 c_0 及 c。（根据实验测定的稀释后的平衡溶液吸光度，从工作曲线上查得对应浓度，乘上稀释倍数 100，即为平衡浓度 c。）

3. 以 $\dfrac{c}{\Gamma}$-c 或 $\dfrac{1}{\Gamma}$-$\dfrac{1}{c}$ 作图，可求最大吸附量 Γ_∞ 及比表面积 S_0。

项目二：乙酸在活性炭上的吸附

一、实验目的

1. 了解溶液吸附法测定物质比表面的基本原理。
2. 验证朗缪尔单分子层吸附等温式。
3. 验证对比两个有关吸附平衡的关系式。

二、实验原理

在一定的温度下与固体吸附剂平衡的溶液中，溶质的平衡浓度 c 与质量为 m 的吸附剂所吸附的吸附物质量 x 之间，有如下关系（弗劳因德利希经验公式）：

$$\frac{x}{m} = kc^n \quad 或者 \quad \lg\frac{x}{m} = \lg k + n\lg c \tag{20-3}$$

式中，k 和 n 是由实验确定的参数。参数 k 可以定性地表示吸附剂和吸附物相互作用的强度。吸附质量 x 可由吸附溶液的初始浓度 c_0 与吸附平衡时的浓度 c 求得，$x = (c_0 - c)MV$。由此可见，以 $\lg\frac{x}{m}$ 对 $\lg c$ 作图应为一条直线。

而描述溶质的平衡浓度 c 与质量为 m 的吸附剂所吸附的吸附物质量 x 之间的关系，理论意义上可能更符合朗谬尔吸附等温式

$$\frac{x}{m} = \frac{abc}{1 + bc} \tag{20-4}$$

式中，a 是关于饱和吸附量的参数；b 是关于吸附热的参数。将式（20-4）变形可得

$$\frac{m}{x} = \frac{1}{abc} + \frac{1}{a} \tag{20-5}$$

实验表明在一定浓度范围内，活性炭对有机酸的吸附符合朗谬尔吸附等温式（19-7）：

等式两边取倒数，整理变形可得到线性形式的方程式（20-1），以 $\frac{1}{\Gamma}$ 对 $\frac{1}{c}$ 作图应为一条直线，由直线截距和斜率可以得到最大吸附量 Γ_∞ 和常数 K。

如果用乙酸作吸附质测定活性炭的比表面积时，可按式（20-2）计算：

$$S_0 = \Gamma_\infty N_A \delta_A \Gamma_\infty \times 6.023 \times 10^{23} \times 24.3 \times 10^{-20}$$

式中，S_0 为比表面积，$m^2 \cdot kg^{-1}$；Γ_∞ 为最大吸附量，$mol \cdot kg^{-1}$；6.023×10^{23} 为阿伏伽德罗常数；24.3×10^{-20} 为每个乙酸分子所占据的面积，m^2。

设 c_0 为乙酸溶液的初始浓度，c 为吸附后乙酸溶液的平衡浓度，m 为加入溶液中吸附剂的质量，kg；V 为吸附溶液的总体积，L。则吸附量可按式（20-6）计算

$$\Gamma = \frac{(c_0 - c)V}{m} \tag{20-6}$$

三、仪器和药品

恒温槽 1 套；200mL 具塞锥形瓶 10 个；滴定锥形瓶 3 个；50mL 碱式滴定管 1 支；漏斗 5 个；漏斗架 1 个；过滤用滤纸；50mL 具塞锥形瓶 5 个；100mL 量筒 1 个；50mL 移液管 1 支；5mL 和 10mL 的移液管各 1 支。

$0.1mol \cdot L^{-1}$ NaOH 溶液（用前标定）；$0.5mol \cdot L^{-1}$ CH_3COOH 储备液；活性炭；酚酞指示剂。

四、实验步骤

1. 取配制好的 $0.5mol \cdot L^{-1}$ 的 CH_3COOH 储备液 15、30、50、80、100mL 分别放入 5 个具塞锥形瓶中，加蒸馏水稀释至 200mL 左右，得到一系列不同浓度的吸附用 CH_3COOH 水溶液。

2. 用移液管移取不同浓度吸附用 CH_3COOH 水溶液 50.00mL 分别放入 5 个贴好标签的具塞锥形瓶中，各加入 1g（精称至 $\pm0.0004g$）左右活化过的活性炭，盖上瓶塞，记录时间。将锥形瓶放入恒温槽中恒温（或置于室温），并不时振摇锥形瓶，吸附时间大约 2 小时。

3. 用移液管准确移取一定体积（记录为 V_1）配制好的 CH_3COOH 水溶液，放入锥形瓶中，酚酞为指示剂，用已标定的 $0.100mol \cdot L^{-1}$ NaOH 溶液滴定至终点，记录所用体积 V_2。由此可确定其初始浓度 c_0。根据 CH_3COOH 水溶液的浓度由高到低，建议所取体积 V_1 为 5、10、10、20、20mL。

4. 待 2 小时吸附达平衡后，过滤各吸附溶液，过滤时弃掉开始的滤液，用洁净、干燥的具塞锥形瓶接取中间滤液备用。

5. 准确移取一定体积的滤液，记录为 V_3，用 $0.1mol \cdot L^{-1}$ 的 NaOH 溶液滴定至终点，记录所用 NaOH 溶液的体积 V_4，由此可确定平衡浓度 c。同样，根据乙酸溶液的浓度由高到低，建议所取体积 $5\sim15mL$。

五、数据记录与处理

室温：_____℃；大气压：_____Pa；实验温度：_____℃；NaOH 准确浓度：_____$mol \cdot L^{-1}$

表 20-4　不同浓度乙酸水溶液吸附前后浓度滴定（V_1、V_3 为建议体积）

吸附用乙酸水溶液配制	样品号	1	2	3	4	5
	乙酸储备液	15	30	50	80	100
	蒸馏水	185	170	150	120	100
滴定体积/mL	V_1	5	10	20	20	30
	V_2					
	V_3	5	10	15	15	15
	V_4					

表 20-5　作图所需项目计算

样品号	c_0	c	m	$\dfrac{x}{m}$	$\lg\dfrac{x}{m}$	$\lg c$	$\dfrac{m}{x}$	$\dfrac{1}{c}$	Γ	$\dfrac{1}{\Gamma}$
1										
2										
3										
4										
5										

1. 由表 20-4 的实验数据计算 c_0 和 c，求出 $x[x=(c_0-c)MV]$，并计算作图所需各物理量。

2. 以 $\lg\dfrac{x}{m}$ 对 $\lg c$（傅劳因德利希公式）以及 $\dfrac{m}{x}$ 对 $\dfrac{1}{c}$（朗谬尔公式）作图，研究并讨论其一致性。根据 $\dfrac{m}{x}$ 对 $\dfrac{1}{c}$ 作图的直线斜率和截距求出朗谬尔公式中的常数 a 和 b。

3. 根据表 20-5 中计算数据，以 $\dfrac{1}{\Gamma}$ 对 $\dfrac{1}{c}$ 作图，求最大吸附量 Γ_∞ 及比表面积 S_0。

六、实验指导

1. 亚甲基蓝具有以下矩形平面结构：

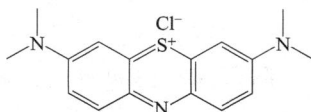

亚甲基蓝

阳离子的大小为 $1.70\text{nm}\times0.76\text{nm}\times0.325\text{nm}$，亚甲基蓝的吸附有三种取向：平面吸附投影面积为 1.35nm^2，侧面吸附投影面积为 0.75nm^2，端基吸附投影面积为 0.395nm^2。对于非石墨型的活性炭，亚甲基蓝是以端基吸附取向吸附在活性炭表面，因此 $\delta_A=3.95\times10^{-19}\text{m}^2$。严格测量时可以先用已知比表面积的同类吸附剂进行实验，测出 1mg 亚甲基蓝所能覆盖的吸附剂表面积，然后将此数据用于未知吸附剂的测量。

2. 采用溶液等温吸附法测定固体的比表面积时，溶液浓度要适当，即初始溶液的浓度和平衡后溶液的浓度都在合适的范围内。当原始浓度过高时，会出现多分子吸附，而如果平衡后浓度过低，吸附又不能达饱和。本实验原始溶液浓度为 0.2% 左右，平均溶液浓度不小于 0.1%。

3. 本方法所测得固体的比表面积，往往比实际数值偏低，原因是吸附剂表面被溶质分子占据的同时，也可被溶剂分子占据；另外，吸附质分子由于尺寸的原因，有可能占据不了小孔内的表面。

4. 溶液吸附法测量比表面积误差一般在 10% 左右，可用其他方法校正。影响测定结果的主要因素有温度、吸附质的浓度、振荡时间。

为了使溶液吸附一直在恒温下进行，有条件时，可采用恒温水浴振荡器。

吸附用溶液和标准溶液均需精确配制。

吸附振荡时间要充足，以达到吸附平衡时间。每一个溶液的吸附平衡时间应该严格相同。

升高温度可以加快扩散和吸附过程，缩短达到吸附平衡所需时间。

5. 活性炭颗粒应均匀，且称量应尽量接近。活性炭易吸潮引起称量误差，暴露在空气中还可能吸附其他杂质，因此称量活性炭一定要迅速，并且直接放入已经配制好的吸附溶液中。

在实验过程中，为了消除活性炭粒度相差大及机械强度低的不利因素，可考虑对活性炭进行适当的研磨或选用粉末活性炭，文献建议使用颗粒破碎法，取 100 目和 300 目双筛筛粉，取中间部分。但颗粒的粒度改变后，适宜的初始浓度应通过反复实验重新确定。

6. 测定溶液吸光度时，若吸光度大于 0.9，则需适当稀释后再进行测定。

7. 吸附时间一定要按照预定时间进行，时间不足吸附达不到平衡，时间过久的话，有可能会有脱附现象。

8. 乙酸在活性炭上的吸附实验要注意随时防止溶液中乙酸的挥发。

七、实验拓展

1. 若溶液吸附法的吸附质浓度选择适当，即初始溶液的浓度以及吸附平衡后的浓度都选择在合适的范围，既防止初始浓度过高导致出现多分子层吸附，又避免平衡后的浓度过低使吸附达不到饱和，那么就可以不必如本实验要求的那样，配制一系列初始浓度的溶液进行吸附测量，然后采用朗缪尔吸附理论处理实验数据，才能算出吸附剂比表面积；而是仅需要配制一种初始浓度的溶液进行测量，使吸附剂达到饱和吸附又符合朗缪尔单分子层的要求，从而简单地计算出吸附剂的比表面积。根据上述思路，提出简便测量所合适的吸附质溶液的浓度范围，并设计实验测量的要点。

2. 可用此实验进行复杂体系吸附研究。比如模拟实际废水（含多种离子、有机物），研究竞争吸附对象对比表面积测定的干扰，提出校正方法（如选择性掩蔽剂使用）。

3. 可以对吸附剂进行再生性能评估。测试吸附剂再生（如酸洗、热再生）后的比表面积变化，结合循环吸附实验评估其稳定性。

八、思考题

1. 引起实验误差的原因有哪些？
2. 利用 Langmuir 吸附等温式所求的比表面积往往要比实际值小一些，解释为什么？
3. 如何判断溶液吸附达到了平衡？
4. 在过滤分离活性炭时，为什么要弃去最初的一小部分滤液？

实验二十一　黏度法测定高分子化合物的平均分子量

一、实验目的

1. 掌握黏度法测定大分子化合物平均分子量的原理和实验方法。
2. 掌握乌贝路德（Ubbelohde，简称乌氏）黏度计的结构特点及测量原理。
3. 测定聚乙烯醇的平均分子量。

二、实验原理

分子质量是表征高分子化合物特征的基本参数之一，分子量不同，高分子化合物的性能不同。因此，测定高分子化合物的分子质量对实际生产和应用具有重要意义。高分子化合物分子质量大小不一，参差不齐，一般在 $10^3 \sim 10^7$ 之间，通常所测高分子化合物分子质量是平均分子质量。

高分子化合物分子质量的测定方法很多，其中黏度法测定高分子化合物分子质量是目前最常用的方法。具有所用设备简单、操作便利、耗时较少、实验精度较高等优点。但黏度法不是测定分子质量的绝对方法，因为此法中所用的特性黏度与分子质量的经验方程需要用其他方法来确定，高分子化合物不同，溶剂不同，分子质量范围不同，就要用不同的经验方程式。

溶液的黏度（viscosity）随着高分子化合物分子的大小及性质、温度、溶剂的性质、浓度等不同而不同。在温度、溶剂选定后，溶液的黏度仅与高分子化合物的浓度及其分子的大小有关。

高分子化合物在稀溶液中的黏度，反映了液体在流动过程中存在的内摩擦。这种流动过程中的内摩擦主要有：溶剂分子与溶剂分子之间的内摩擦；高分子化合物分子与溶剂分子之间的内摩擦；高分子化合物分子与高分子化合物分子之间的内摩擦。在测定高分子化合物溶液黏度求分子质量时，常用到表 21-1 中的一些名词。

表 21-1　不同黏度的定义

名词与符号	物理意义
纯溶剂黏度 η_0	溶剂分子与溶剂分子之间的内摩擦表现出来的黏度
溶液黏度 η	溶剂分子与溶剂分子之间、高分子化合物与高分子化合物之间、高分子化合物与溶剂分子之间，三者内摩擦的综合表现
相对黏度 η_r	$\eta_r = \dfrac{\eta}{\eta_0}$，溶液黏度对溶剂黏度的相对值
增比黏度 η_{sp}	$\eta_{sp} = \dfrac{\eta - \eta_0}{\eta_0} = \dfrac{\eta}{\eta_0} - 1 = \eta_r - 1$，高分子化合物与高分子化合物之间、高分子化合物与纯溶剂之间的内摩擦效应
比浓黏度 $\dfrac{\eta_{sp}}{c}$	单位浓度下的增比黏度
比浓对数黏度 $\dfrac{\ln\eta_r}{c}$	单位浓度下相对黏度的对数
特性黏度 $[\eta]$	$[\eta]\lim\limits_{c \to 0}\dfrac{\eta_{sp}}{c} = \lim\limits_{c \to 0}\dfrac{\ln\eta_r}{c}$，反映高分子化合物与溶剂分子之间的内摩擦

高分子化合物的分子质量越大，它与溶剂之间的接触面越大，摩擦也就越大，表现出的特性黏度 $[\eta]$ 也大。特性黏度 $[\eta]$ 与分子质量之间的关系可用半经验的麦克（Mark-Houwink）非线性方程来表示：$[\eta]=KM^\alpha$。M 为高分子化合物分子量的平均值，K 为比例常数，α 是与分子形状有关的经验参数。K 和 α 值与高分子化合物性质、温度和溶剂等因素有关，也和分子质量大小有关。K 值受温度影响比较明显，而 α 值主要取决于高分子化合物线团在某温度下、某溶剂中的舒展程度，其数值介于 $0.5 \sim 1$ 之间。K 与 α 的数值可通过其他绝对方法确定，比如渗透压法、光散射法等。从黏度法只能测得特性黏度 $[\eta]$。

在无限稀释条件下：

$$[\eta] = \lim_{c \to 0}\frac{\eta_{sp}}{c} = \lim_{c \to 0}\frac{\ln\eta_r}{c} \tag{21-1}$$

因此，我们获得 $[\eta]$ 的方法有两种：一种是以 $\dfrac{\eta_{sp}}{c}$ 对 c 作图，外推到 $c \to 0$ 的截距值；

另一种是以 $\dfrac{\ln\eta_r}{c}$ 对 c 作图，也外推到 $c \to 0$ 的截距值；两条线应该会在 y 轴合于一点（如图 21-1 所示），这也可校核实验的可靠性。

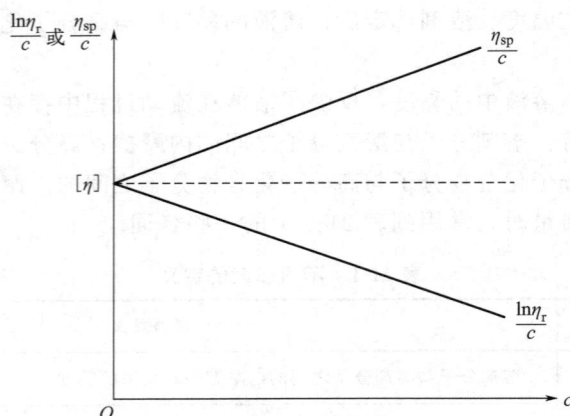

图 21-1　外推法求 $[\eta]$

在高分子化合物浓度足够稀的溶液中有下列经验公式存在

$$\frac{\eta_{sp}}{c} = [\eta] + k[\eta]^2 c \tag{21-2}$$

$$\frac{\ln\eta_r}{c} = [\eta] - \beta[\eta]^2 c \tag{21-3}$$

式中，k 和 β 分别称为 Huggins 常数和 Kramer 常数。从经验公式也可以看出，以 $\dfrac{\eta_{sp}}{c}$ 和 $\dfrac{\ln\eta_r}{c}$ 对 c 作图都可以得到直线，这两条直线在纵轴上相交于同一点，根据其截距可以求出 $[\eta]$ 数值。

测定某温度下液体的黏度用毛细管流出法的黏度计最为方便，本实验用的是具有一支支管的乌氏黏度计（图 21-2）。若液体在毛细管黏度计中，因重力作用流出时，则液体黏度可通过泊松（Poiseuille）方程计算：

$$\eta = \frac{\pi r^4 p t}{8 V l} \tag{21-4}$$

式中，η 为液体黏度；r 为毛细管半径；l 为毛细管的长度；p 为毛细管两端的压力差，它与毛细管内待测液的密度 ρ 以及作用在毛细管上的液柱高度 h 有关（$p = \rho g h$）；V 为流过毛细管的液体体积；t 为 V 体积液体流过毛细管所需时间。由此可见，若使用同一支黏度计，$\dfrac{\pi r^4}{8 V l}$ 为一常数。

由于毛细管半径 r 不易测准，而 η 又与 r 的 4 次方成正比，因而 r 的测量精确度极大地影响 η 值。一般不直接测定方程中各物理量来计算绝对黏度，而是测定相对黏度，即测定两种液体的黏度比。设

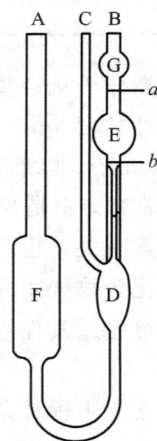

图 21-2　乌氏黏度计

两种液体在本身重力的作用下，分别流经同一毛细管，且流出的体积相同，则它们的绝对黏度之比为：

$$\frac{\eta_1}{\eta_2} = \frac{p_1 t_1}{p_2 t_2} = \frac{\rho_1 g h t_1}{\rho_2 g h t_2} = \frac{\rho_1 t_1}{\rho_2 t_2} \tag{21-5}$$

式（21-5）可消去 h 的前提是两次测定使用同一支黏度计，且保证作用在毛细管上的液柱高度 h 相同，而乌氏黏度计的结构很好地解决了这个问题。同时在高分子化合物的稀溶液中可以近似地看成 $\rho \approx \rho_0$，因此有

$$\eta_r = \frac{\eta}{\eta_0} = \frac{\rho t}{\rho_0 t_0} \approx \frac{t}{t_0} \tag{21-6}$$

由此可见，黏度法测定高分子化合物分子量，实验的关键归结为液体流经毛细管时间的测量，通过溶剂和溶液在毛细管中的流出时间，从式（21-6）求得 η_r，再由图 21-1 求得 $[\eta]$，最终利用麦克（Mark-Houwink）方程 $[\eta] = KM^\alpha$ 求得高分子化合物的相对平均分子质量 M。

可见实验成败的关键在于溶液流经毛细管时间的精确测量和不同浓度高分子化合物溶液的准确配制。恒温槽的恒温性能、黏度计安装位置的一致程度以及外界的震动等因素都会影响流经时间的测量。

三、仪器和药品

恒温槽 1 套；乌氏黏度计 1 支；量筒 1 个；100mL 容量瓶 3 个，100mL 烧杯 1 个；25mL、50mL 移液管各 1 支；秒表 1 块；洗耳球 1 个；螺旋夹 1 个；乳胶管 1 根。

含 0.3%（体积比）正丁醇的蒸馏水；$0.004g \cdot mL^{-1}$ 聚乙烯醇水溶液（以含 0.3% 正丁醇的蒸馏水为溶剂）。

四、实验步骤

1. 调节恒温槽的温度至 30℃（±0.1℃）。

2. 用含 0.3% 正丁醇的蒸馏水为溶剂，将浓度为 $0.004g \cdot mL^{-1}$ 的聚乙烯醇水溶液稀释到 0.25、0.5 和 0.75 倍，得到四种浓度的聚乙烯醇水溶液待测液。

3. 溶液流出时间 t 的测定。

取一支用蒸馏水洗净并用待测液润洗好的黏度计，支管 C 口套一软胶管，从管口 A 注入适量待测溶液（以不超过支管 C、D 接口处为宜，一般 15mL 左右），将装好待测液的黏度计放置于恒温槽中（完全浸没 G 球，确保刻度线 a 在水面以下），并垂直固定于铁架台上，恒温 10min 以上。

恒温后，用夹子夹住连接在 C 管口的软胶管，使之不通气，用洗耳球吸管 B，使黏度计中的液体沿毛细管上升至刻度线 a 以上。松开夹子和洗耳球，使 C、D 管口与大气相通，此时管中液体因重力作用自动下流，记录液面从刻度线 a 流到刻度线 b 所用的时间。重复测定液体流出时间至少 3 次，要求测定误差在 0.3s 之内，取 3 次的平均值为 t_1。

4. 按步骤 3 分别测定 4 组不同浓度聚乙烯醇水溶液的流出时间 t_1、t_2、t_3、t_4（数据记录在表 21-2 中），测定顺序浓度为由稀到浓，每次换待测溶液时需用待测溶液充分润洗黏度计。

5. 溶剂流经时间 t_0 的测定。

倾出黏度计中的聚乙烯醇水溶液，用自来水充分清洗黏度计，最后用蒸馏水润洗。注入适量含 0.3% 正丁醇的蒸馏水，恒温 10min 以上，测定溶剂流经刻度线 a 到 b 的时间 t_0。如流出时间明显偏高，建议清洗黏度计重新测定。

五、数据记录与处理

室温：_____℃　　大气压：_____Pa　　实验温度：_____℃

表 21-2　不同浓度聚乙烯醇水溶液及溶剂的流出时间

		流出时间/s			$c/\text{g} \cdot \text{mL}^{-1}$	η_r	η_{sp}	$\dfrac{\eta_{sp}}{c}$	$\dfrac{\ln\eta_r}{c}$
		测量值							
		1	2	3	平均值				
溶剂 t_0									
溶液	t_1									
	t_2									
	t_3									
	t_4									

1. 分别以 $\dfrac{\eta_{sp}}{c}$ 和 $\dfrac{\ln\eta_r}{c}$ 对 c 作图，并外推至 $c \to 0$ 时，求出 $[\eta]$ 值。

2. 计算聚乙烯醇的分子量 M。

已知聚乙烯醇的水溶液在 25℃ 时，$\alpha = 0.76$，$K = 2 \times 10^{-2} \text{mL} \cdot \text{g}^{-1}$；在 30℃ 时，$\alpha = 0.64$，$K = 6.66 \times 10^{-2} \text{mL} \cdot \text{g}^{-1}$。

六、实验指导

1. 实验关键点

(1) 溶液浓度的选择。随着溶液浓度的增加，分子链间的作用力增大，高分子化合物分子链之间的距离逐渐缩短。当溶液浓度超过一定限度时，高分子化合物溶液的 $\dfrac{\eta_{sp}}{c}$ 和 $\dfrac{\ln\eta_r}{c}$ 对 c 的关系不呈线性，外推不可靠；如果浓度太稀，测得的 t 和 t_0 很接近，则 η_{sp} 的相对误差比较大。通常选用 $\eta_r = 1.2 \sim 2.0$ 的浓度范围为宜。

(2) 溶剂的选择。高分子化合物的溶剂有良溶剂和不良溶剂两种，在良溶剂中，高分子化合物线团伸展，链的末端距增大，溶液的 $[\eta]$ 值较大。在不良溶剂中则相反，且溶解困难。在选择溶剂时，要注意考虑溶解度、价格、来源、沸点、毒性、分解性和回收等方面的因素。

(3) 毛细管黏度计的选择。常用毛细管黏度计有乌氏和奥氏两种，测分子质量一般选用乌氏黏度计。一般要求溶剂流经时间 t_0 在 $100 \sim 120s$ 之间。黏度计必须洁净，微量的灰尘、油污等会产生局部的堵塞现象，影响溶液在毛细管中的流速，导致误差的产生。高分子化合物溶液中若有絮状物，不能将它移入黏度计中。

(4) 恒温槽。温度波动直接影响溶液黏度的测定，因而恒温槽应具有良好的控温精度。国家规定用黏度法测定分子量的恒温槽的温度波动为±0.05℃。

（5）聚乙烯醇是起泡剂，加装溶液过程中可能会起泡，上层的气泡可以用洗耳球吸出丢掉，流动的毛细管管路中不能存在气泡，如果有，需要重新装填溶液。实验过程中保持毛细管黏度计的垂直和防止外界的震动，以防影响溶液的流经时间。

（6）有时加入黏度计的待测液体积过少时，液体抽吸至E和G后，不能将黏度计底部D与C管交接处封住，导致气泡进入，此时应添加一些待测液。

（7）其他操作的影响：黏度计毛细管部分的清洗；测定黏度时黏度计的垂直程度；目视标线时的水平情况；计时器按动速度；外界的震动。

2. 溶液的黏度与浓度的关系及黏度测定中异常现象的近似处理

高分子化合物溶液的黏度与浓度的关系一般有两种形式，第一种，文中式（21-2）为线性方程，大多数高分子化合物在较稀的浓度范围内都符合此式，因此一般情况下以 $\frac{\eta_{sp}}{c}$-c 作图可得到直线。

第二种关系如下：

$$\frac{\ln\eta_r}{c} = [\eta] + \left(k - \frac{1}{2}\right)[\eta]^2 c + \left(\frac{1}{3} - k\right)[\eta]^3 c^2 + \cdots \tag{21-7}$$

对于式（21-7）分为下列三种情况讨论：

（1）若 $k = \frac{1}{3}$，且令 $\beta = \frac{1}{2} - k$，则可以得到上文提到的式（21-3），以 $\frac{\ln\eta_r}{c}$-c 作图为一直线，但其直线斜率为负值，而以 $\frac{\eta_{sp}}{c}$-c 作图所得的直线斜率为正值，分别进行外推可得到共同的截距 $[\eta]$，如图21-1所示。

（2）若 $k > \frac{1}{3}$，$\frac{\ln\eta_r}{c}$-c 作图不呈直线，当浓度较高时，曲线向下弯曲，切线斜率 $\beta > \left(\frac{1}{2} - k\right)$。切线与 $\frac{\eta_{sp}}{c}$-c 作图所得直线在 c>0 处相交于 A 点，两者截距不等，如图21-3（a）所示。

（3）当 $k < \frac{1}{3}$ 时，$\frac{\ln\eta_r}{c}$-c 作图也不呈直线，但情况与（2）不同。如图21-3（b）所示。

在特性黏度测定过程中，有时并非因操作不当而出现 $\frac{\eta_{sp}}{c}$-c 和 $\frac{\ln\eta_r}{c}$-c 作图截距不交于一点的异常现象（图21-3中的3种情况），当溶液浓度不太稀时，可取以 $\frac{\eta_{sp}}{c}$-c 作图的截距求 $[\eta]$ 值。

3. "一点法"直接计算 $[\eta]$ 值

实验中讨论的作图法求 $[\eta]$ 的方法称为稀释法或者外推法，结果较为可靠。但在实际工作中，往往由于试样少，或要测定大量同品种的试样，为了简化操作，可采用"一点法"，即在一个浓度下测定 η_{sp}，直接计算出 $[\eta]$ 值。"一点法"的使用必须事先用外推法测出所用系统的 k、β 值，并且假定 $k = \frac{1}{3}$，且 $k + \beta = \frac{1}{2}$，则由式（21-2）和式（21-3）可得

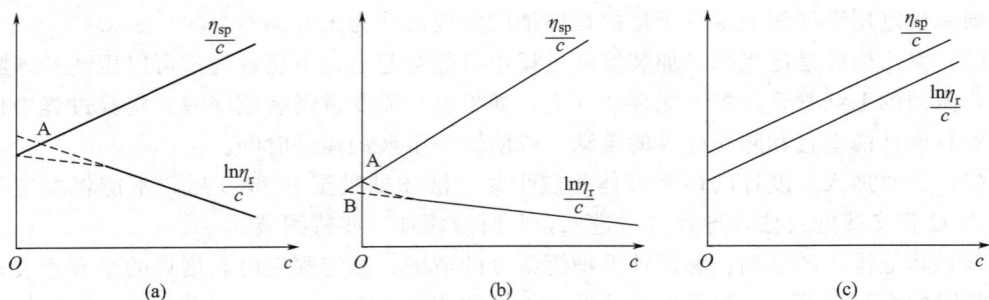

图 21-3 $\dfrac{\eta_{sp}}{c}$-c 和 $\dfrac{\ln\eta_r}{c}$-c 截距不能相交于 y 轴的异常情况

$$[\eta] = \frac{\left[2(\eta_{sp} - \ln\eta_r)\right]^{\frac{1}{2}}}{c} \tag{21-8}$$

或者

$$[\eta] = \frac{\left(\eta_{sp} + \dfrac{k}{\beta}\ln\eta_r\right)}{\left(1 + \dfrac{k}{\beta}\right)c} \tag{21-9}$$

七、实验拓展

1. 药学应用

溶液的黏度在药学制剂中具有非常重要的意义。例如，黏度是半固体制剂处方设计及制备工艺过程优化的关键物理参数之一，合适的黏度可以保证良好的药物释放；许多药用辅料如羟丙基甲基纤维素就采用黏度进行分级。

2. 关于高分子化合物的测定方法选择

高分子化合物的平均分子质量可采用多种测定方法，由于不同方法的原理和计算方法不同，故测定结果往往不同。测定方法可分为绝对法（例如膜渗透压法、沸点升高法、凝固点降低法、蒸气压渗透法、光散射法、沉降平衡法、端基分析法等）和相对法（如黏度法等）。采用哪种方法测定高分子化合物的平均分子量取决于研究目的。若研究目的是考察高分子化合物分子的化学结构，则应采用端基分析法。若研究的目的在于探讨高分子化合物的构型对高分子化合物物理化学性能的影响，则可以采用相对法，即黏度法。另外，采用何种方法测定高分子化合物的分子量还要了解该方法的适用范围。对线型高分子化合物，各种方法的分子量适用范围如下：

端基分析法：$<3\times10^4$；

沸点升高，凝固点降低，等温蒸馏：$<3\times10^4$；

渗透压法：$10^4\sim10^6$；

光散射：$10^4\sim10^7$；

超速离心沉降及扩散：$10^4\sim10^7$；

黏度法：$10^4\sim10^7$。

3. Mark-Houwink 半经验公式中的参数 K 和 α 的求法

将高分子化合物样品多次分级，得到的样品的分子质量可看作是均一的，求出其

$[\eta]$，再用渗透压或光散射等绝对方法测定它们的分子量 M，将 $[\eta]$ 对 M 作图，求出 K 和 α。参数 K 的单位与 $[\eta]$ 相同，而参数 α 则是无因次的量。对同一高分子化合物，在不同的温度和不同溶剂下，K 和 α 的值不同。

4. 关于实验数据的非线性处理方法探讨 ❶

相对黏度的定义为

$$\eta_{\mathrm{r}} = \frac{\eta}{\eta_0} = \frac{K\rho t}{K\rho_0 t_0} \approx \frac{t}{t_0} \tag{21-10}$$

增比黏度的定义为

$$\eta_{\mathrm{sp}} = \frac{\eta - \eta_0}{\eta_0} = \eta_{\mathrm{r}} - 1 = \frac{t - t_0}{t_0} \tag{21-11}$$

特征黏度为

$$\lim_{c \to 0} \frac{\eta_{\mathrm{sp}}}{c} = [\eta] \tag{21-12}$$

根据特征黏度与高分子化合物平均分子质量的关系（Mark-Houwink 半经验公式）$[\eta] = KM^\alpha$，在传统数据处理中，采用 $\frac{\eta_{\mathrm{sp}}}{c}$-$c$ 作图，线性拟合求算截距，计算 $[\eta]$，但在这个计算过程中，t_0 被计算了 4 次，而其他流出时间只计算了 1 次，因此各数据的拟合权重是不等的，t_0 的测定误差直接影响数据的结果，因此 t_0 的测定误差在所有数据中是最大的。所以可以考虑将 $\frac{\eta_{\mathrm{sp}}}{c}$ 在 $c=0$ 附近做线性展开，得到如下方程：

$$\frac{\eta_{\mathrm{sp}}}{c} = [\eta] + mc \tag{21-13}$$

将式(21-11) 代入式(21-13) 得

$$t = t_0 + t_0[\eta]c + mt_0 c^2 \tag{21-14}$$

将实验得到的数据根据式(21-14) 进行非线性拟合，可以得到 t_0 及 $[\eta]$。由此得到的数据结果更精确，更符合实验事实。

八、思考题

1. 本实验为什么一定要在恒温槽中进行？

2. 绘出乌氏黏度计的装置图，乌氏黏度计上的支管 C 有何作用？

3. 在测定流出时间时，若 C 管的夹子忘记打开，所测的流出时间正确吗？为什么？

4. 用黏度法测量高分子化合物平均分子质量时，对溶液的浓度有什么要求？

5. 某同学在实验中为节省时间，在同一恒温槽中用两支黏度计分别测定蒸馏水与聚乙烯醇水溶液的流经时间，并用此测定结果计算聚乙烯醇的特性黏度，请问他的方案合理吗？为什么？

6. 影响本实验准确度的因素有哪些？

---

❶ 可参考文献：周从山，杨涛.《黏度法测定高聚物分子量》实验数据处理方法探讨［J］. 实验室科学与技术，2008，6（3）：37.

实验二十二　跳浓弛豫法研究铬酸盐-重铬酸盐溶液反应的动力学性质

一、实验目的

1. 掌握利用跳浓弛豫法研究快速反应的原理及方法。
2. 通过跳浓弛豫法测定 $2HCrO_4^- \rightleftharpoons Cr_2O_7^{2-} + H_2O$ 的正、逆反应的速率常数。

二、实验原理

在研究一个化学反应的动力学问题时，常在一定温度条件下将反应物混合，再以检测器跟踪反应物或产物浓度随时间变化的情况，借以探讨有关的反应机理并求得其动力学数据。但由于受到混合时间和检测器响应速率等的限制，常规的方法只能适用于半衰期较长的反应。近年来，随着实验技术的不断进步，一些速率较快的反应也能够得以研究。然而，对于半衰期只有秒、毫秒、微秒甚至更短的快速反应则必须另辟蹊径。弛豫法就是研究快速反应动力学应用较多的一种新的实验技术。

一定条件下快速达到平衡的化学反应系统，受外来因素的快速微扰而稍微偏离平衡位置，在新的条件下系统将从不平衡状态移向新的平衡状态，这一过程称为弛豫过程。利用化学弛豫研究系统的动力学及平衡性质的方法称为弛豫法。弛豫法包括给出快速微扰、快速控制和监测整个过程等实验方法和技术。实验上可以对系统的温度、压力、浓度等性质进行快速微扰。它们分别称作跳温（T-jump）、跳压（P-jump）和跳浓（C-jump）弛豫。

设一化学平衡系统中 i 物质平衡浓度为 $c(i)^s$，在浓度微扰发生后 t 时间其浓度为 $c(i)$，达到新平衡态后其浓度为 $c(i)^f$，令 $\Delta c(i) = c(i)^s - c(i)^f$，由于是微扰，$\Delta c(i)$ 是很小的。对于一级反应动力学过程，离开平衡的小偏离 $\Delta c(i)$ 的消失速率 $\dfrac{d\Delta c(i)}{dt}$ 正比于此偏离的大小，即

$$\frac{d\Delta c(i)}{dt} = -\left(\frac{1}{\tau}\right)\Delta c(i) \tag{22-1}$$

式中 τ 称为系统的弛豫时间。设弛豫刚开始时，即 $t=0$ 时偏离为 $\Delta c(i)^0$，则 $\Delta c(i)^0 = c(i)^s - c(i)^f$；在 $t=t$ 时，偏离为 $\Delta c(i)$。对式（22-1）积分得

$$\int_{\Delta c(i)^0}^{\Delta c(i)} \frac{d\Delta c(i)}{\Delta c(i)} = \int_0^t -\frac{dt}{\tau} \tag{22-2}$$

$$\ln \frac{\Delta c(i)}{\Delta c(i)^0} = -\frac{t}{\tau} \tag{22-3}$$

$$\frac{\Delta c(i)}{\Delta c(i)^0} = e^{-\frac{t}{\tau}} \tag{22-4}$$

当 $t=\tau$ 时，$\dfrac{\Delta c(i)}{\Delta c(i)^0} = e^{-1}$，因此 $\Delta c(i) = \Delta c(i)^0 \cdot e^{-1}$。

所以弛豫时间 τ 等于 $\Delta c(i)$ 减少到最大偏离 $\Delta c(i)^0$ 的 e^{-1} 时所需的时间。显然，弛豫时间的大小反映出化学弛豫速率的大小。

对式（22-1）作不定积分，可得

$$\ln\Delta c(i) = -\frac{t}{\tau} + A \qquad (22\text{-}5)$$

其中 A 为积分常数。$\ln\Delta c(i)$-t 作图应为一直线。由直线斜率可求弛豫时间 τ。而 $\Delta c(i)$ 和 t 的数据，可根据具体测定系统的性质，"跟踪"某一物理量的变化得到。

弛豫时间 τ 是反映系统有关反应的速率常数、平衡常数和物质浓度的复杂函数。函数具体形式与反应性质及机理有关。

本实验研究铬酸盐和重铬酸盐水溶液的平衡反应：

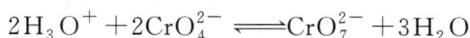

$$2H_3O^+ + 2CrO_4^{2-} \rightleftharpoons CrO_7^{2-} + 3H_2O$$

其反应历程可分为两步：

① $H_3O^+ + CrO_4^{2-} \rightleftharpoons HCrO_4^- + H_2O$ 快反应

② $2HCrO_4^- \rightleftharpoons Cr_2O_7^{2-} + H_2O$ 慢反应

实验中为了"跟踪" H_3O^+ 的浓度，在溶液中加入指示剂 In，从而引进了第三个平衡反应：

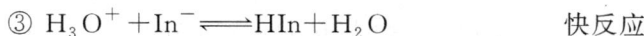

③ $H_3O^+ + In^- \rightleftharpoons HIn + H_2O$ 快反应

设①、②、③步反应的平衡常数依次为 K_1、K_2、K_3，第②步慢步骤的正、逆反应速率常数为 k_f 和 k_r。在反应初始平衡态时，有（在极稀溶液中，反应前后 $[H_2O]$ 认为不变）：

$$K_1 = \frac{[HCrO_4^-]}{[H_3O^+][CrO_4^{2-}]} \qquad (22\text{-}6)$$

$$K_2 = \frac{[Cr_2O_7^{2-}]}{[HCrO_4^-]^2} \qquad (22\text{-}7)$$

$$K_3 = \frac{[HIn]}{[H_3O^+][In^-]} \qquad (22\text{-}8)$$

当系统受到微扰后，i 物质的浓度偏离为 $\Delta[i]$。由于反应①和③是快反应，能很快建立新的平衡，新平衡下反应（1）的平衡常数为

$$K_1 = \frac{[HCrO_4^-] + \Delta[HCrO_4^-]}{([H_3O^+] + \Delta[H_3O^+])([CrO_4^{2-}] + \Delta[CrO_4^{2-}])} \qquad (22\text{-}9)$$

展开后忽略 Δ 的二次项，得

$$[HCrO_4^-] + \Delta[HCrO_4^-] = K_1([H_3O^+][CrO_4^{2-}] + [H_3O^+]\Delta[CrO_4^{2-}] + \Delta[H_3O^+][CrO_4^{2-}])$$

$$\Delta[HCrO_4^-] = K_1([H_3O^+][CrO_4^{2-}] + [H_3O^+]\Delta[CrO_4^{2-}] + \Delta[H_3O^+][CrO_4^{2-}]) - [HCrO_4^-]$$

由式(22-6) 可知 $K_1[H_3O^+][CrO_4^{2-}] = [HCrO_4^-]$，故

$$\Delta[HCrO_4^-] = K_1([H_3O^+]\Delta[CrO_4^{2-}] + \Delta[H_3O^+][CrO_4^{2-}]) \qquad (22\text{-}10)$$

对反应③的平衡常数表达式作同样处理，得

$$\Delta[HIn] = K_3([H_3O^+]\Delta[In^-] + \Delta[H_3O^+][In^-]) \qquad (22\text{-}11)$$

慢反应②为决速步骤，它的速率方程为

$$\frac{d[Cr_2O_7^{2-}]}{dt} = k_f[HCrO_4^-]^2 - k_r[H_2O][Cr_2O_7^{2-}] \qquad (22\text{-}12)$$

受微扰后有

$$\frac{d[Cr_2O_7^{2-}] + \Delta[Cr_2O_7^{2-}]}{dt} = k_f([HCrO_4^-] + \Delta[HCrO_4^-])^2$$
$$- k_r\{([H_2O] + \Delta[H_2O]) \cdot ([Cr_2O_7^{2-}] + \Delta[Cr_2O_7^{2-}])\}$$

$$\frac{d[Cr_2O_7^{2-}]}{dt} + \frac{d\Delta[Cr_2O_7^{2-}]}{dt} = k_f\{([HCrO_4^-]^2 + 2[HCrO_4^-]\Delta[HCrO_4^-] + (\Delta[HCrO_4^-])^2\} -$$
$$k_r([H_2O][Cr_2O_7^{2-}] + \Delta[H_2O][Cr_2O_7^{2-}] + [H_2O]\Delta[Cr_2O_7^{2-}] + \Delta[H_2O]\Delta[Cr_2O_7^{2-}])$$

忽略 Δ 二次项，得

$$\frac{d[Cr_2O_7^{2-}]}{dt} + \frac{d\Delta[Cr_2O_7^{2-}]}{dt} = k_f[HCrO_4^-]^2 + 2k_f[HCrO_4^-]\Delta[HCrO_4^-] - k_r[H_2O][Cr_2O_7^{2-}]$$
$$- k_r\Delta[H_2O][Cr_2O_7^{2-}] - k_r[H_2O]\Delta[Cr_2O_7^{2-}] \tag{22-13}$$

将式（22-12）代入式（22-13）并整理，得

$$\frac{d\Delta[Cr_2O_7^{2-}]}{dt} = 2k_f[HCrO_4^-]\Delta[HCrO_4^-] - k_r\Delta[H_2O][Cr_2O_7^{2-}] - k_r[H_2O]\Delta[Cr_2O_7^{2-}]$$
$$\tag{22-14}$$

根据物料平衡原理，在恒容条件下，由反应③可知 $\Delta[In^-] + \Delta[HIn] = 0$，把此式代入式（22-11），得

$$\Delta[HIn] = K_3(\Delta[H_3O^+][In^-] - [H_3O^+]\Delta[HIn])$$

$$\Delta[HIn] + K_3([H_3O^+]\Delta[HIn]) = K_3\Delta[H_3O^+][In^-]$$

$$\Delta[HIn]\frac{K_3\Delta[H_3O^+][In^-]}{1 + K_3[H_3O^+]} \tag{22-15}$$

由反应①和②中 [Cr] 的物料平衡可知

$$\Delta[CrO_4^{2-}] + \Delta[HCrO_4^-] + 2\Delta[Cr_2O_7^{2-}] = 0$$
$$\Delta[CrO_4^{2-}] = -\Delta[HCrO_4^-] - 2\Delta[Cr_2O_7^{2-}] \tag{22-16}$$

由反应①和②中 [O] 的物料平衡关系，可得

$$4\Delta[CrO_4^{2-}] + 4\Delta[HCrO_4^-] + 7\Delta[Cr_2O_7^{2-}] + \Delta[H_2O] = 0 \tag{22-17}$$

式（22-16）乘以 4 减去式（22-17），得

$$\Delta[Cr_2O_7^{2-}] = \Delta[H_2O] \tag{22-18}$$

代入式（22-14），得

$$\frac{d\Delta[Cr_2O_7^{2-}]}{dt} = 2k_f[HCrO_4^-]\Delta[HCrO_4^-] - k_r\Delta[Cr_2O_7^{2-}] \cdot ([Cr_2O_7^{2-}] + [H_2O])$$
$$\tag{22-19}$$

由反应①和③中 [H] 的物料平衡关系，还可得

$$\Delta[H_3O^+] + \Delta[HIn] + \Delta[HCrO_4^-] + 2\Delta[H_2O] = 0$$

$$\Delta[H_3O^+] + \Delta[HIn] = -\Delta[HCrO_4^-] - 2\Delta[H_2O] = -\Delta[HCrO_4^-] - 2\Delta[Cr_2O_7^{2-}]$$
$$\tag{22-20}$$

将式（22-16）代入式（22-20），得

$$\Delta[H_3O^+] = \Delta[CrO_4^{2-}] - \Delta[HIn] \tag{22-21}$$

将式（22-15）代入式（22-21），得

$$\Delta[H_3O^+] = \Delta[CrO_4^{2-}] \cdot \frac{1 + K_3[H_3O^+]}{1 + K_3[H_3O^+] + K_3[In^-]} \tag{22-22}$$

把式(22-22)代入式(22-10)，得

$$\Delta[\mathrm{HCrO_4^-}] = K_1\left([\mathrm{H_3O^+}]\Delta[\mathrm{CrO_4^{2-}}] + \Delta[\mathrm{CrO_4^{2-}}][\mathrm{CrO_4^{2-}}] - \frac{K_3[\mathrm{In^-}]\Delta[\mathrm{H_3O^+}]}{1+K_3[\mathrm{H_3O^+}]}\cdot[\mathrm{CrO_4^{2-}}]\right)$$

$$\Delta[\mathrm{HCrO_4^-}](1+K_3[\mathrm{H_3O^+}]) = K_1(1+K_3[\mathrm{H_3O^+}])\Delta[\mathrm{CrO_4^{2-}}]([\mathrm{H_3O^+}]+[\mathrm{CrO_4^{2-}}])$$
$$-K_1K_3[\mathrm{In^-}]\Delta[\mathrm{H_3O^+}][\mathrm{CrO_4^{2-}}]$$

$$\Delta[\mathrm{HCrO_4^-}] = \frac{K_1(1+K_3[\mathrm{H_3O^+}])([\mathrm{H_3O^+}]+[\mathrm{CrO_4^{2-}}])}{(1+K_3[\mathrm{H_3O^+}])+\dfrac{K_1K_3[\mathrm{In^-}]\Delta[\mathrm{H_3O^+}][\mathrm{CrO_4^{2-}}]}{\Delta[\mathrm{HCrO_4^-}]}}\cdot\Delta[\mathrm{CrO_4^{2-}}]$$

令

$$R = \frac{(1+K_3[\mathrm{H_3O^+}])([\mathrm{H_3O^+}]+[\mathrm{CrO_4^{2-}}])}{(1+K_3[\mathrm{H_3O^+}])+\dfrac{K_1K_3[\mathrm{In^-}]\Delta[\mathrm{H_3O^+}][\mathrm{CrO_4^{2-}}]}{\Delta[\mathrm{HCrO_4^-}]}},$$

$$\Delta[\mathrm{CrO_4^{2-}}] = \frac{1}{K_1R}\Delta[\mathrm{HCrO_4^-}] \tag{22-23}$$

将式(22-23)代入式(22-16)，得

$$\frac{1}{K_1R}\Delta[\mathrm{HCrO_4^-}] + \Delta[\mathrm{HCrO_4^-}] + 2\Delta[\mathrm{Cr_2O_7^{2-}}] = 0$$

$$\Delta[\mathrm{HCrO_4^-}] = -\frac{2\Delta[\mathrm{Cr_2O_7^{2-}}]}{\dfrac{1}{K_1R}+1} = -\frac{2K_1R}{1+K_1R}\Delta[\mathrm{Cr_2O_7^{2-}}] \tag{22-24}$$

将式(22-24)代入式(22-19)，得

$$\frac{\mathrm{d}\Delta[\mathrm{Cr_2O_7^{2-}}]}{\mathrm{d}t} = 2k_f\frac{-2K_1R}{1+K_1R}\Delta[\mathrm{Cr_2O_7^{2-}}][\mathrm{HCrO_4^-}] - k_r\Delta[\mathrm{Cr_2O_7^{2-}}]\cdot([\mathrm{H_2O}]+[\mathrm{Cr_2O_7^{2-}}])$$

$$\tag{22-25}$$

当溶液足够稀时，$[\mathrm{H_2O}]\gg[\mathrm{Cr_2O_7^{2-}}]$，又因为 K_1 很大（$K_1\approx1.3\times10^6$），R 只要不是十分小，总有 $K_1R\gg1$。此时，弛豫速率方程可简化为

$$\frac{\mathrm{d}\Delta[\mathrm{Cr_2O_7^{2-}}]}{\mathrm{d}t} = -(4k_f[\mathrm{HCrO_4^-}]+k_r[\mathrm{H_2O}])\cdot\Delta[\mathrm{Cr_2O_7^{2-}}]$$

$$\frac{\mathrm{d}\Delta[\mathrm{Cr_2O_7^{2-}}]}{\Delta[\mathrm{Cr_2O_7^{2-}}]} = -(4k_f[\mathrm{HCrO_4^-}]+k_r[\mathrm{H_2O}])\cdot\mathrm{d}t \tag{22-26}$$

对式(22-26)作不定积分，得

$$\ln\Delta[\mathrm{Cr_2O_7^{2-}}] = -(4k_f[\mathrm{HCrO_4^-}]+k_r[\mathrm{H_2O}])\cdot t + B$$

式中 B 为积分常数。由弛豫时间的定义，可知

$$\frac{1}{\tau} = 4k_f\cdot[\mathrm{HCrO_4^-}] + k_r[\mathrm{H_2O}] \tag{22-27}$$

$\dfrac{1}{\tau}$-$[\mathrm{HCrO_4^-}]$ 作图为一条直线。由直线的斜率和截距可求速率常数 k_f 和 k_r。

弛豫时间 τ，可通过反应进程中"跟踪" $\Delta c(i)$ 随时间 t 的变化关系式(22-5)求得。本实验中用分光光度计在 620nm 波长下跟踪系统的透射率 $T(i)$ 来代替 $c(i)$。

由朗伯-比尔定律 $A = -\lg T = \varepsilon lc$，则

$$-\ln\Delta c(i) = \ln(\lg T_{\text{平}} - \lg T_i) + \ln B' = \frac{t}{\tau} + A \qquad (22\text{-}28)$$

$T_{\text{平}}$ 为系统在新平衡态下的透射率；T_i 为在微扰下发生 t 时间的透射率；B' 为与摩尔吸光系数有关的比例系数。

可见 $\ln(\lg T_{\text{平}} - \lg T_i)$-$t$ 作图应为一直线。由直线斜率可求弛豫时间 τ。

$[HCrO_4^-]$ 可从物料平衡及反应①和②的平衡常数计算；设系统中铬的总浓度为 $[Cr]$，则

$$[Cr] = [CrO_4^{2-}] + [HCrO_4^-] + 2[Cr_2O_7^{2-}]$$

$$K_1 = \frac{[HCrO_4^-]}{[H_3O^+][CrO_4^{2-}]}, \quad K_2 = \frac{[Cr_2O_7^{2-}]}{[HCrO_4^-]^2}$$

$$\therefore \qquad [Cr] = \frac{[HCrO_4^-]}{K_1[H_3O^+]} + [HCrO_4^-] + 2K_2[HCrO_4^-]^2$$

$$2K_2[HCrO_4^-]^2 + \left(1 + \frac{1}{K_1[H_3O^+]}\right)[HCrO_4^-] - [Cr] = 0$$

$$[HCrO_4^-] = \frac{1}{4K_2}\left\{\sqrt{\left(\frac{1+K_1[H_3O^+]}{K_1[H_3O^+]}\right)^2 + 8K_2[Cr]} - \frac{1+K_1[H_3O^+]}{K_1[H_3O^+]}\right\} \qquad (22\text{-}29)$$

由反应系统在新平衡态时的 $[H_3O^+]$ 和反应物的浓度计算得 $[Cr]$，由式（22-29）可求 $[HCrO_4^-]$。（已知 $K_1 = 1.3 \times 10^6$，$K_2 = 50$）。

三、仪器和药品

分光光度计 1 台；pH 酸度计 1 台；500mL 容量瓶 1 个；100mL 容量瓶 2 个；10mL 移液管 1 支；1mL 微量注射器 1 支；100mL 烧杯 1 个；分析天平（公用）；精密 pH 试纸。

2mol·L^{-1}KOH 溶液；0.001mol·L^{-1} 溴百里酚蓝甲醇溶液；$K_2Cr_2O_7$（A.R.），KNO_3（A.R.），甲醇（A.R.），溴百里酚蓝（A.R.）。

四、实验步骤

1. 溶液配制

（1）A 溶液的配制：用 25mL 容量瓶准确配制 0.02mol·L^{-1} $K_2Cr_2O_7$ 和 0.1mol·L^{-1} KNO_3 混合溶液。此溶液为 A 溶液。

（2）B_1 溶液配制：准确称取配制 0.001mol·L^{-1} $K_2Cr_2O_7$ 和 0.1mol·L^{-1} KNO_3 溶液 100mL 所需要的固体 $K_2Cr_2O_7$ 和 KNO_3。把称量好的固体溶入少量水中并加入 1mL 溴百里酚蓝甲醇溶液。把该溶液全部转移至 100mL 容量瓶中，用蒸馏水稀释至接近刻度（比刻度体积少 2～3mL）。再滴加 2mol·L^{-1}KOH 溶液，调节溶液 pH 值到 6.6～7.2 之间（用精密 pH 试纸测试）。再加蒸馏水稀释至刻度摇匀。此为溶液 B_1。

（3）B_2 溶液的配制：与 B_1 溶液配制法类同。只是使 $K_2Cr_2O_7$ 的浓度为 0.005mol·L^{-1}。

2. 熟悉分光光度计的使用方法，蒸馏水做参比校正分光光度计的零点。

3. 按 6mL B_1 溶液加入 0.04mL A 溶液的比例，快速混匀后立即计时，迅速注入洁

净、干燥的 1cm 比色皿中，放入分光光度计样品池，每隔 1min 读取一次透射率的数据。测得 10 组透射率（T_i）-时间（t）数据。继续观测，当 T 不再变化时表示反应完成，记录此时的透射率为 $T_{平}$，并用酸度计测定溶液的 pH 值。

4. 按步骤 3 测定表 22-1 中 2～8 号 7 组反应的 T_i-t 数据。并于反应结束后测定溶液的 pH 值和透射率 $T_{平}$。

5. 用酸度计测 B_1 和 B_2 溶液的 pH 值。

五、数据记录与处理

表 22-1　不同反应系统的配比列表　　　　　单位：mL

编号	1	2	3	4	5	6	7	8
B_1 溶液	6.00	6.00	6.00	6.00	—	—	—	—
B_2 溶液	—	—	—	—	6.00	6.00	6.00	6.00
A 溶液	0.040	0.100	0.150	0.200	0.040	0.100	0.150	0.200

1. 用表格列出每一组反应的 [Cr]、pH 数据、$T_{平}$ 数据及对应的 T_i-t 数据。记录实验温度（室温）。

2. 计算对应于 t_i 的 $\lg T_{平}-\lg T_i$ 值作 $\ln(\lg T_{平}-\lg T_i)$-t 图，由斜率求各组反应的 τ 值。（8 组反应共有 8 个 τ 值）。

3. 由 [Cr]、pH 及 K_1 和 K_2 的数据，用式（22-29）计算每一组反应的 $[HCrO_4^-]$。

4. 作 $\dfrac{1}{\tau}$-$[HCrO_4^-]$ 图，由直线的斜率和截距求 k_f 和 k_r [用式（22-27）的关系]。

六、实验拓展

1. 控制不同的反应温度，研究温度对该反应速率常数的影响？
2. 研究离子强度对该反应速率常数的影响。

七、思考题

1. 弛豫时间的定义是什么？
2. 弛豫法为什么能应用于快速反应动力学研究？对一般速度的反应此法是否适用？为什么？
3. 实验中反应液中加入 KNO_3 起什么作用？
4. 要实现用弛豫法研究某反应的动力学规律，主要要找出哪些函数关系式？

附录

附录一　不同温度下水的饱和蒸气压

$t/℃$	p/Pa	$t/℃$	p/Pa	$t/℃$	p/Pa	$t/℃$	p/Pa
0	611.29						
1	657.16	26	3362.9	51	12970	76	40205
2	706.05	27	3567	52	13623	77	41905
3	758.13	28	3781.8	53	14303	78	43665
4	813.59	29	4007.8	54	15012	79	45487
5	872.6	30	4245.5	55	15752	80	47373
6	935.37	31	4495.3	56	16522	81	49324
7	1002.1	32	4757.8	57	17324	82	51342
8	1073	33	5033.5	58	18159	83	53428
9	1148.2	34	5322.9	59	19028	84	55585
10	1228.1	35	5626.7	60	19932	85	57815
11	1312.9	36	5945.3	61	20873	86	60119
12	1402.7	37	6279.5	62	21851	87	62499
13	1497.9	38	6629.8	63	22868	88	64958
14	1598.8	39	6996.9	64	23925	89	67496
15	1705.6	40	7381.4	65	25022	90	70117
16	1818.5	41	7784	66	26163	91	72823
17	1938	42	8205.4	67	27347	92	75614
18	2064.4	43	8646.3	68	28576	93	78494
19	2197.8	44	9107.5	69	29852	94	81465
20	2338.8	45	9589.8	70	31176	95	84529
21	2487.7	46	10094	71	32549	96	87688
22	2644.7	47	10620	72	33972	97	90945
23	2810.4	48	11171	73	35448	98	94301
24	2985	49	11745	74	36978	99	97759
25	3169	50	12344	75	38630	100	101325

附录二　不同温度下水的密度

$t/^{\circ}\text{C}$	$\rho/\text{g}\cdot\text{mL}^{-1}$	$t/^{\circ}\text{C}$	$\rho/\text{g}\cdot\text{mL}^{-1}$
0	999.87	31	995.37
1	999.93	32	995.05
2	999.97	33	994.73
3	999.99	34	994.40
3.98	1000.0	35	994.06
5	999.99	36	993.71
6	999.97	37	993.36
7	999.93	38	992.99
8	999.88	39	992.62
9	999.81	40	992.24
10	999.73	41	991.86
11	999.63	42	991.47
12	999.52	43	991.07
13	999.40	44	990.66
14	999.27	45	990.25
15	999.13	46	989.82
16	998.97	47	989.40
17	998.80	48	988.96
18	998.62	49	988.52
19	998.43	50	988.07
20	998.23	55	985.73
21	998.02	60	983.24
22	997.80	65	980.59
23	997.56	70	977.81
24	997.32	75	974.89
25	997.07	80	971.83
26	996.81	85	968.65
27	996.54	90	965.34
28	996.26	95	961.92
29	995.97	100	958.38
30	995.67		

附录三　几种物质的蒸气压

物质的蒸气压按下式计算：

$$\lg p = A - \frac{B}{C+t}$$

式中，p 为蒸气压，mmHg（1mmHg＝133.32Pa）；A、B、C 为常数；t 为摄氏温度，℃。

名称	分子式	温度范围/℃	A	B	C
三氯甲烷	$CHCl_3$	$-30\sim150$	6.90328	1163.03	227.4
乙酸	$C_2H_4O_2$	$0\sim36$	7.80307	1651.2	225
		$36\sim170$	7.18807	1416.7	211
乙醇	C_2H_6O	$-20\sim150$	8.04494	1554.3	222.65
丙酮	C_3H_6O	$-30\sim150$	7.02447	1161.0	224
乙酸乙酯	$C_4H_8O_2$	$-20\sim150$	7.09808	1238.71	217.0
苯	C_6H_6	$8\sim103$	6.90561	1211.033	220.790
甲苯	C_7H_8	$-20\sim150$	6.95464	1344.80	219.482
乙苯	C_8H_{10}	$26\sim164$	6.95719	1424.255	213.206
汞	Hg	$100\sim200$	7.46905	2771.898	244.831
		$200\sim300$	7.7324	3003.68	262.482
		$300\sim400$	7.69059	2958.841	258.460
		$400\sim800$	7.7531	3068.195	273.438

附录四　乙醇在不同温度（0～39℃）时的密度

单位：$g \cdot mL^{-1}$

t/℃	0	1	2	3	4	5	6	7	8	9
0	806.25	805.41	804.57	803.74	802.90	802.07	801.23	800.39	799.56	798.72
10	797.88	797.04	796.20	795.35	794.51	793.67	792.83	791.98	791.14	790.29
20	798.45	788.60	787.75	786.91	786.06	785.22	784.37	783.52	782.67	781.82
30	780.97	780.12	779.27	778.41	777.56	776.71	775.85	775.00	774.14	773.29

附录五　常用有机液体的密度

物质在不同温度下密度的计算公式：

$$\rho_t = [\rho_0 + \alpha(t - t_0) + \beta(t - t_0)^2 \times 10^{-3} + \gamma(t - t_0)^3 \times 10^{-6}]$$

（注：$t_0 = 0℃$）

有机溶剂	$\rho_0/\mathrm{kg \cdot cm^{-3}}$	α	β	γ	适用范围/℃
三氯甲烷	1526.43	−1.8563	−0.5309	−8.81	−53～55
四氯化碳	1632.55	−1.9110	−0.690		0～40
丙酮	812.48	−1.100	−0.858		0～50
二乙醚	736.29	−1.1138	−1.237		0～70
异丙烷	816.9	−0.751	−0.28	−8	0～50
苯	900.05	−1.0636	−0.0376	−2.213	11～72
溴苯	1522.31	−1.345	−0.24	+0.76	0～80
氯苯	1127.82	−1.0664	−0.2463	−0.53	0～73
硝基苯	1223.00	−0.98721	−0.09944		0～58
环己烷	797.07	−0.8879	−0.972	+1.55	0～65

附录六　不同温度下水对空气的表面张力

$t/℃$	$\sigma/\mathrm{N \cdot m^{-1}}$	$t/℃$	$\sigma/\mathrm{N \cdot m^{-1}}$	$t/℃$	$\sigma/\mathrm{N \cdot m^{-1}}$
−8	0.0770	18	0.07305	30	0.07118
−5	0.0764	19	0.07290	35	0.07038
0	0.07564	20	0.07275	40	0.06956
5	0.07492	21	0.07259	45	0.06874
10	0.07422	22	0.07244	50	0.06791
11	0.07407	23	0.07228	55	0.06705
12	0.07393	24	0.07213	60	0.06618
13	0.07378	25	0.07197	70	0.06442
14	0.07364	26	0.07182	80	0.06261
15	0.07349	27	0.07166	90	0.06075
16	0.07334	28	0.07150	100	0.05885
17	0.07319	29	0.07135		

附录七　乙醇水溶液的表面张力

w(乙醇)/%	σ(25℃)/N·m^{-1}	w(乙醇)/%	σ(30℃)/N·m^{-1}
0.00	0.07220	0.000	0.07123
2.72	0.06079	0.972	0.06608
5.21	0.05487	2.143	0.06156
11.10	0.04603	4.994	0.05415
20.50	0.03753	10.39	0.04588
30.47	0.03225	17.98	0.03854
40.00	0.02963	25.00	0.03408
50.22	0.02789	29.98	0.03189
59.58	0.02671	34.89	0.03032
68.94	0.02571	50.00	0.02745
77.98	0.02473	60.04	0.02624
87.92	0.02364	71.85	0.02505
92.10	0.02318	75.06	0.02468
97.00	0.02249	84.57	0.02361
100.00	0.02203	95.57	0.02209
		100.00	0.02141

附录八　常见液体的折射率（25℃）

钠光，$\lambda = 589.3$nm

名称	n_D	名称	n_D
甲醇	1.326	氯仿	1.444
水	1.33252	四氯化碳	1.459
乙醚	1.352	乙苯	1.493
丙酮	1.357	甲苯	1.494
乙醇	1.359	苯	1.498
乙酸	1.370	苯乙烯	1.545
乙酸乙酯	1.370	溴苯	1.557
正己烷	1.372	苯胺	1.583
丁醇-1	1.397	三氯甲烷	1.587

附录九　一些溶剂的凝固点降低常数

溶剂	凝固点/℃	$K_f/K \cdot kg \cdot mol^{-1}$	溶剂	凝固点/℃	$K_f/K \cdot kg \cdot mol^{-1}$
环己烷	6.54	20.8	苯酚	40.90	7.40
甲酸	8.27	2.77	萘	80.29	6.94
苯	5.533	5.12	水	0.00	1.853
溴仿	8.05	15.0	乙酸	16.66	3.63

附录十　不同温度下氯化钾的积分溶解热

$t/℃$	$\Delta H/kJ \cdot mol^{-1}$	$t/℃$	$\Delta H/kJ \cdot mol^{-1}$
0	22.008	18	18.602
1	21.786	19	18.443
2	21.556	20	18.297
3	21.351	21	18.146
4	21.142	22	17.995
5	20.941	23	17.849
6	20.740	24	17.702
7	20.543	25	17.556
8	20.338	26	17.414
9	20.163	27	17.272
10	19.979	28	17.138
11	19.794	29	17.004
12	19.623	30	16.874
13	19.447	31	16.740
14	19.276	32	16.615
15	19.100	33	16.493
16	18.933	34	16.372
17	18.765	35	16.259

附录十一 不同温度下不同浓度氯化钾的电导率 κ

$t/℃$	$\kappa/\text{S} \cdot \text{m}^{-1}$		
	$0.0100\text{mol} \cdot \text{L}^{-1}$	$0.0200\text{mol} \cdot \text{L}^{-1}$	$0.1000\text{mol} \cdot \text{L}^{-1}$
10	0.1020	0.1994	0.933
11	0.1045	0.2043	0.956
12	0.1070	0.2093	0.979
13	0.1095	0.2142	1.002
14	0.1121	0.2193	1.025
15	0.1147	0.2243	1.048
16	0.1173	0.2294	1.072
17	0.1199	0.2345	1.095
18	0.1225	0.2397	1.119
19	0.1251	0.2449	1.143
20	0.1278	0.2501	1.167
21	0.1305	0.2553	1.191
22	0.1332	0.2606	1.215
23	0.1359	0.2659	1.239
24	0.1386	0.2712	1.264
25	0.1413	0.2765	1.288
26	0.1441	0.2819	1.313
27	0.1468	0.2873	1.337
28	0.1496	0.2927	1.362
29	0.1524	0.2981	1.387
30	0.1552	0.3036	1.412
31	0.1581	0.3091	1.437
32	0.1609	0.3146	1.462
33	0.1638	0.3201	1.488
34	0.1667	0.3256	1.513
35		0.3312	1.539

附录十二 一些离子在水溶液中的极限摩尔电导率 Λ_m^∞（25℃）

各离子的温度系数除 H^+（0.0139）和 OH^-（0.018）外均为 0.02（单位：$\times 10^{-4} S \cdot m^2 \cdot mol^{-1} \cdot K^{-1}$）

单位：$\times 10^{-4} S \cdot m^2 \cdot mol^{-1}$

离子	$\Lambda_{m,+}^\infty$	离子	$\Lambda_{m,,-}^\infty$
H^+	349.65	OH^-	198.6
Ag^+	61.9	$1/2CO_3^{2-}$	72
$1/2Pb^{2+}$	71	$1/2SO_4^{2-}$	80.0
$1/2Ba^{2+}$	63.9	$1/2SO_3^{2-}$	79.9
$1/2Be^{2+}$	45	NO_2^-	71.4
$1/2Ca^{2+}$	59.5	NO_3^-	71.8
$1/2Cd^{2+}$	54	Cl^-	76.35
$1/3Ce^{3+}$	69.8	F^-	54.4
$1/2Co^{2+}$	55	I^-	76.8
$1/3Cr^{3+}$	67	Ac^-	40.9
$1/2Cu^{2+}$	53.6	CN^-	78
$1/2Fe^{2+}$	54	SCN^-	66
$1/3Fe^{3+}$	68	IO_3^-	40.5
$1/2Hg^{2+}$	68.6	IO_4^-	54.5
K^+	73.5	$1/2CrO_4^{2-}$	85
$1/3La^{3+}$	69.7	$1/3Fe(CN)_6^{3-}$	100.9
Li^+	38.69	$1/4Fe(CN)_6^{4-}$	110.4
$1/2Mg^{2+}$	53.06	HCO_3^-	44.5
$1/2Ni^{2+}$	49.6	HS^-	65
$1/2Ba^{2+}$	71	HSO_3^-	58
$1/2Sr^{2+}$	59.46	HSO_4^-	52
$1/3Al^{3+}$	61	ClO_3^-	64.6
$1/2Zn^{2+}$	52.8	ClO_4^-	67.9
Tl^+	74.7	$1/2C_2O_4^{2-}$	74.2
NH_4^+	73.5	$1/3PO_4^{3-}$	69.0
Na^+	50.08		
Br^+	78.1		

附录十三 饱和标准电池电动势在 0~40℃内的温度校正值

$t/℃$	$\Delta E_t/\mu V$	$t/℃$	$\Delta E_t/\mu V$
0	+345.60	20.5	−20.20
1	+353.94	21.0	−40.86
2	+359.13	21.5	−61.97
3	+361.27	22.0	−83.53
4	+360.43	23	−127.94
5	+356.66	24	−174.06
6	+350.08	25	−221.84
7	+340.74	26	−271.22
8	+328.71	27	−322.15
9	+314.07	28	−374.62
10	+296.90	29	−428.54
11	+277.26	30	−483.90
12	+255.21	31	−540.65
13	+231.83	32	−598.75
14	+204.18	33	−658.16
15	+175.32	34	−718.84
16	+144.30	35	−780.78
17	+111.22	36	−843.93
18.0	+76.09	37	−908.25
18.5	+57.79	38	−973.73
19.0	+39.00	39	−1014.32
19.5	+19.74	40	−1108.00
20.0	0		

注：相对于 20.0℃时 $E_{20}=1.01845V$，标准电池电动势（单位：V）也可按下式计算：

$$E_T/V = 1.01845 - 4.05 \times 10^{-5}(t/℃-20) - 9.5 \times 10^{-7}(t/℃-20)^2 - 1 \times 10^{-8}(t/℃-20)^3$$

附录十四 某些参比电极的电极电势与温度关系公式

（说明：下述公式中 t 为摄氏温标，单位：℃；E_t 单位 V）

不同浓度甘汞电极的电极电势：

当 $c=0.1mol \cdot L^{-1}$ 时，$E_t/V = 0.3365 - 6 \times 10^{-5}(t/℃-25)$

当 $c=1.0\,\text{mol}\cdot\text{L}^{-1}$ 时，$E_t/\text{V}=0.2828-2.4\times10^{-4}(t/\text{℃}-25)$

当 c 为饱和溶液时，$E_t/\text{V}=0.2438-6.5\times10^{-4}(t/\text{℃}-25)$

氢醌电极的电极电势：

$E_t/\text{V}=0.6990-7.4\times10^{-4}(t/\text{℃}-25)+[0.0591+2\times10^{-4}(t/\text{℃}-25)]\lg a(\text{H}^+)$

银-氯化银电极的电极电势：

$E_t/\text{V}=0.2224-6.4\times10^{-4}(t/\text{℃}-25)-3.2\times10^{-6}(t/\text{℃}-25)^2-[0.0591+2\times10^{-4}(t/\text{℃}-25)]\lg a(\text{Cl}^-)$

汞-硫酸亚汞电极的电极电势：

$E_t/\text{V}=0.6141-8.02\times10^{-4}(t/\text{℃}-25)-4\times10^{-7}(t/\text{℃}-25)^2$

附录十五　几种强电解质溶液的离子平均活度因子 $\gamma_\pm$（25℃）

电解质	$\gamma_\pm$（不同浓度，浓度单位 $\text{mol}\cdot\text{kg}^{-1}$）								
	0.001	0.002	0.005	0.010	0.020	0.050	0.100	0.200	0.500
AgNO_3			0.92	0.90	0.86	0.79	0.731	0.654	0.534
HCl	0.966	0.952	0.928	0.904	0.875	0.830	0.796	0.767	0.758
HBr	0.966	0.932	0.929	0.906	0.879	0.838	0.805	0.782	0.790
HNO_3	0.965	0.951	0.927	0.902	0.871	0.823	0.785	0.748	0.751
H_2SO_4	0.830	0.757	0.639	0.544	0.453	0.340	0.265	0.209	0.154
KOH			0.92	0.90	0.86	0.824	0.798	0.760	0.732
NaOH				0.90	0.86	0.818	0.766	0.727	0.690
KCl	0.965	0.952	0.927	0.901		0.815	0.769	0.719	0.651
KBr	0.965	0.952	0.927	0.903	0.872	0.822	0.771	0.721	0.657
KI	0.965	0.951	0.927	0.905	0.88	0.84	0.776	0.731	0.675
NaCl	0.965	0.952	0.927	0.902	0.871	0.819	0.778	0.734	0.682
NaNO_3	0.966	0.953	0.93	0.90	0.87	0.82	0.758	0.702	0.615
Na_2SO_4	0.887	0.847	0.778	0.714	0.641	0.536	0.453	0.371	0.270

附录十六　物理化学基本常数

物理量名称	符号	数值	单位(SI)
真空中的光速	c	2.99792458×10^8	$\text{m}\cdot\text{s}^{-1}$
电子电荷	e	$1.602176487\times10^{-19}$	C

物理量名称	符号	数值	单位(SI)
阿伏伽德罗常量	N_A、L	$6.02214179 \times 10^{23}$	mol^{-1}
原子质量单位	u	$1.660538782 \times 10^{-27}$	kg
电子静质量	m_e	$9.10938215 \times 10^{-31}$	kg
质子静质量	m_p	$1.672621637 \times 10^{-27}$	kg
法拉第常量	F	9.64853399×10^4	$C \cdot mol^{-1}$
普朗克常量	h	$6.62606896 \times 10^{-34}$	$J \cdot s$
摩尔气体常数	R	8.314472	$J \cdot K^{-1} \cdot mol^{-1}$
玻尔兹曼常数	k	$1.3806504 \times 10^{-23}$	$J \cdot K^{-1}$
重力加速度	g	9.80665	$m \cdot s^{-2}$
真空介电常数	ε_0	$8.854187817 \times 10^{-12}$	$F \cdot m^{-1}$

参考文献

[1] 安从俊主编. 物理化学实验 [M]. 武汉：华中科技大学出版社，2016.

[2] 北京大学化学学院物理化学实验教学组. 物理化学实验 [M]. 4 版. 北京：北京大学出版社，2002.

[3] 毕韶丹. 物理化学实验 [M]. 北京：清华大学出版社，2018.

[4] 毕玉水. 物理化学实验 [M]. 北京：化学工业出版社，2015.

[5] 蔡邦宏. 物理化学实验教程 [M]. 南京：南京大学出版社，2016.

[6] 崔黎丽. 物理化学实验指导 [M]. 3 版. 北京：人民卫生出版社，2016.

[7] 东北师范大学等校编；孙文东，陆嘉星主编. 物理化学实验 [M]. 3 版. 北京：高等教育出版社，2014.

[8] 复旦大学等编，庄继华等修订. 物理化学实验 [M]. 3 版. 北京：高等教育出版社，2004.

[9] 傅献彩，沈文霞，姚天扬，等. 物理化学：上册 [M]. 5 版. 北京：高等教育出版社，2006.

[10] 高楼军. 物理化学实验与技术 [M]. 杭州：浙江大学出版社，2012.

[11] 孟长功，等. 基础化学实验 [M]. 2 版. 北京：高等教育出版社，2009.

[12] 彭娟，宋伟明，孙彦璞，物理化学实验数据的 Origin 处理 [M]. 北京：化学工业出版社，2019.

[13] 山东大学、山东师范大学等高校合编；顾月姝，宋淑娥主编. 基础化学实验（Ⅲ）——物理化学实验 [M]. 2 版. 北京：化学工业出版社，2016.

[14] 宋皖英. 波长对丙酮碘化反应实验的影响 [J]. 合肥师范学院学报，2008，26（6）：79.

[15] 宿辉等. 物理化学实验 [M]. 北京：北京大学出版社，2011.

[16] 孙春艳，曹红翠，李长顺. 物理化学实验指导 [M]. 北京：科学出版社，2017.

[17] 王伦，方宾主编. 化学实验（下册）[M]. 北京：高等教育出版社，2003.

[18] 王秋长，赵鸿喜，张守民，等. 基础化学实验 [M]. 北京：科学出版社，2003.

[19] 王舜. 物理化学组合实验 [M]. 北京：科学出版社，2011.

[20] 夏海涛. 物理化学实验 [M]. 南京：南京大学出版社，2006.

[21] 谢辉. 物理化学实验 [M]，北京师范大学出版社，2013.

[22] 杨冬花等. 物理化学实验 [M]. 北京：中国矿业大学出版社，2018.

[23] 杨仲年，曹允洁，徐秋红，等. 物理化学实验 [M]. 北京：化学工业出版社，2016.

[24] 张立庆. 物理化学实验 [M]. 杭州：浙江大学出版社，2014.

[25] 张师愚，陈振江，物理化学实验 [M]. 北京：中国医药科技出版社，2014.

[26] 朱明霞，杨北平，郝文博. 物理化学实验 [M]. 哈尔滨：哈尔滨工程大学出版社，2011.